JN298195

# 英語教育と「訳」の効用

Translation in Language Teaching:
An Argument for Reassessment

ガイ・クック／著
Guy Cook

斎藤兆史・北 和丈／訳
Saito Yoshifumi / Kita Kazutake

研究社
KENKYUSHA

*Translation in Language Teaching*
was originally published in English in 2010. This translation is published
by arrangement with Oxford University Press.
© Oxford University Press 2010

# 目　次

謝　辞　　vii
はじめに　　ix

▶第 1 部　歴　史

序　章　　2
　　1. 本書の構成　　5
　　2. 浮上する問題　　7
　　3. 注意すべき用語　　10

第 1 章 ▼ 拒絶──「改革」と直接教授法　　14
　　1. 訳の追放　　14
　　2. 英雄を自称する者たち──改革運動　　16
　　3. 英雄を自称する者たち──直接教授法　　18
　　4. 悪役──文法訳読法　　23
　　5. スウィートな言葉　　30

第 2 章 ▼ 長い沈黙──直接教授法から意味重視へ　　37
　　1. 第 1 の革命──形式重視の直接教授法　　40
　　2. 第 2 の革命──意味重視　　45
　　3. 作業課題中心型言語教育　　49
　　4. 成果の相対性　　53
　　5. 異を唱える声　　56

第 3 章 ▼ 復興の機運──二言語併用の再考　　61
　　1. 学問における機運　　62

2. 政治における機運　　63
　　　3. 地球規模化　　70
　　　4. 多言語使用の広がり　　71
　　　5. 言語切り替えと言語混合　　71
　　　6. 自己規定　　73
　　　7. 教室における既得言語使用　　74
　　　8. 既得言語の復権、そして訳へ　　83

第4章 ▼ 訳すとは何か　　86
　　　1. 本章の基本原理　　86
　　　2. 訳すことの定義　　87
　　　3. 等価性を求めて　　89
　　　4. 等価性を超えて──問題を明示する　　117
　　　5. 明示的な訳と暗示的な訳、異化翻訳と同化翻訳　　120
　　　6. 翻訳者と学習者　　124

▶第2部　議　　論

第5章 ▼ 証拠に基づいた議論　　128
　　　1. 価値観と技術　　128
　　　2. 第2言語習得理論が前提としているもの　　132
　　　3. 第2言語習得研究以外による証拠　　138
　　　4. 影響をめぐる否定論・肯定論　　144
　　　5. 逐語的直訳　　147
　　　6. 「改善」　　150

第6章 ▼ 教育のあり方をめぐる議論　　156
　　　1. 教育課程の哲学　　157
　　　2. 技術的教育としての教育訳　　163
　　　3. 社会変革としての教育訳　　168
　　　4. 人間主義教育としての教育訳　　180
　　　5. 学問的教育としての教育訳　　182

## 第 7 章 ▼ 教育の方法をめぐる議論　186
  1. イバラの道を行く　186
  2. どのような教師か　187
  3. どのような学習者か　192
  4. どのような活動か　200

## 結　論　226

訳者あとがき　229
参考文献　233
索　引　254

# 謝　辞

　とりわけ本書の誕生に深くかかわり、早い段階から詳細かつ有益な改善案を提示してくれたのがデイヴィッド・ベイカー、デニス・サントス、マイケル・スワンの三氏である。三氏の支援、激励、建設的な批判に対し心から感謝申し上げる。本を1冊執筆するのは常に困難で孤独な仕事だが、三氏の存在によって終始それが容易で楽しいものになり、自信を持って作業を続けることができた。

　加えて、カリド・アル゠バルーシ、モナ・ベイカー、デイヴィッド・ブロック、マーティン・バイゲイト、ツァイ・グォジー、ロン・カーター、ヴィクトリア・カスティーリョ、エレナ・ポプツォワ・クック、レギーネ・ハンペル、ニスレーン・ハッサン・アッシュ、マリー゠ノエル・ラミー、イ・ジェウン、テレーザ・リリス、アンドリュー・リトルジョン、バーバラ・サイドルホファー、トニー・スミス、ジョアン・スワンの各氏からいただいた論評、情報、議論、激励、支援、批判、修正（各氏の貢献はどれか1つには限らない）にも感謝申し上げる。また、アン・ハンター氏の巧みで見識にあふれた編集ぶりにも謝意を表したい。

　本書は、わたしがヘンリー・ウィドウソン氏から詳細かつ批判的な論評をいただくことなく執筆した初めての書になる。しかしながら、わたしは自分の考えが氏からの影響を受けていることに随所で気づかされた。親愛の情を込めて、本書を氏に捧げる次第である。

　以下の著作権資料の引用・利用に際して複製許可をいただき、著者・出版社より感謝申し上げる。

　pp. 26–27　出典　J. L. I. フェンネル著　*The Penguin Russian Course: A Complete Course for Beginners*（Penguin Books Ltd, 1961）Copyright © J. L. I. Fennell, 1961.（複製許可）

　p. 29　出典　キャスリーン・スペイト著　*Teach Yourself Italian*（English Universities Press, 1963）Copyright © 1963.（Hodder & Stoughton Ltd. よ

り複製許可）

　p. 95 出典 J. C. キャットフォード著 *A Linguistic Theory of Translation* © Oxford University Press, 1965.（複製許可）

　p. 98–99 出典 ジョンソン、モロー著 *Communicate 1 Students'*. Cambridge University Press, 1979.（複製許可）

　p. 108 出典 ウラディーミル・ナボコフ著 *Pushkin: Eugene Onegin*（pp. vii–x）, 1964.

　p. 188–189 *El Gazette* 2000 年 3 月掲載記事（*El Gazette*, editorial@el-gazette.com より複製許可）

　p. 209 出典 www.able2know.org.（複製許可）

　p. 209–210 出典 http://slowtalk.com.（www.SlowTrav.com より複製許可）

　p. 215 出典 マリア・ゴンザレス゠デイヴィーズ著 *Multiple Voices in the Translation Classroom*（p. 178）, 2004.（John Benjamins Publishing Company, Amsterdam/Philadelphia, www.benjamins.com より複製許可）

　p. 216 出典 シーラー・デラー、マリオ・リンヴォルクリ著 *Using the Mother Tongue*, 2002.（Delta Publishing より複製許可）

　出版に先駆け著作権保有者を調査し連絡を取るよう尽力したものの、ままならない場合もあった。著作権侵害と思わしき部分についてはお詫びするとともに、誤字・脱字のご指摘をいただいた場合は出版社より至急つつしんで訂正を行う所存である。

# はじめに

　本書のはじめに、わたしが何年も前に意思疎通のうえで大失敗をしでかしたという話をしよう。この失敗談は、本書の主題、すなわち、言語教育・学習における訳すことの役割、および異言語間・異文化間の意思疎通に潜む落とし穴などの問題を照らし出すものである。またこの失敗談には、そういった意思疎通上の誤解が生じうる状況において、訳すうえでの問題点と微妙な意味合いを意識することが、衝突を避け理解を促す鍵になるということ、そしてその意識が欠けると逆の結果を生みかねないということを示す意図も込めている。

　まだ若かったわたしは、海外ボランティア事業団（Voluntary Service Overseas＝VSO）の一員であった。このイギリスの国際開発慈善事業団が、貧しい国々を「助ける」べく、理想と意欲に燃える若者を募集していたのに応じたのであった。ジャマイカに赴くことを望んだものの、わたしが派遣されたのは上エジプトの中等学校で、そこで英語を教えることになった。1974年のことである。大学を出たばかりのわたしが得た最初の職であった。

　エジプトに向かう前に、わたしはエジプト・アラビア語の日常会話を学ぶ1週間の集中授業を受けた。当時にあっては最新かつ最先端の授業であった。教師はアラビア語の母語話者であった。読み書きより話すことに力点が置かれていた。反復練習や役割練習が多く、視覚教材もふんだんに用いられていた。訳や英語による説明などはまったくなかった。わたしたちは、自己紹介の仕方や出身地の言い方、駅へ行く道の尋ね方など、初歩的なアラビア語を学んだ。また「実際にある」状況の演技として、店員と客、バスの車掌と乗客などの役を演じた。この楽しい1週間の授業の中で、わたしたちは *in-shâ'-llâh* と発音する言葉を何度か耳にした。教師の（訳をしないかぎりは使わざるをえない）手の動きや顔の表情から察するに、この言葉は何かが不確かであることを表しているらしかった。授業の形式上、何語でできている言葉なのかを知るすべはなかったが、この *in-shâ'-llâh* の

音節はどうやら3つか4つなので、おそらく4語以下の言葉ではないかと思われた。

「たぶん」といったような意味だろうとは推測できたが、もっと正確な意味を知りたかった。わたしはあいまいで不正確なままの「知識」を身に付けるのがいやで、なんらかの説明や訳でもあればいいのに、と思っていた。しかし、英語の使用は厳に慎むべし、ということだったうえ、そういう質問も禁じられていたので、待つよりほかはなかった。そこでわたしは、授業後に教師と話しているとき、この音のかたまりはどういう意味ですか、と英語で尋ねてみた。教師は、そう、*in-shâ'-llâh* は基本的には「たぶん」という意味です、と答えてくれた。それから彼は、直訳すると「神のご意志のままに」という意味です、とも言った。細かく逐語的に言えば、*in*＝if, *shâ'*＝wish, *llâh*＝God, つまり「もし神がお望みなら」ということだった。それから彼は急いで、でもアラビア語話者が *in-shâ'-llâh* と言ったら、基本的には「たぶん」ということなんですよ、とも付け加えた。逆に言えば、わたしが「たぶん」と言いたければ、*in-shâ'-llâh* と言えばよい、ということだった。

生徒は教師を信じるもので、わたしもまたしかり。しかしそれから数ヵ月後、エジプトで暮らしているときに、わたしはこの言葉のせいで痛い目を見ることになった。わたしが別のイギリス人ボランティア1人と（フランスのVSOに属する）フランス人ボランティア2人と一緒に住んでいたアパートには、マフムドという管理人がいた。気さくな老人で、階段の掃除やビンの回収、はたまた犬やいたずら坊主たちを追い払うなど、アパートに関するもろもろの雑用を仕事としていた。そんなわけで、アパートの水道管から水漏れしたときも、わたしたちはマフムドに修理をお願いしたのだが、いっこうに直す気配がない。いつ直してくれるのか、と毎日のように尋ねたものの、彼はいつも、そのうちにね、*in-shâ'-llâh* だよ、と答えるばかりであった。ついに我慢できなくなったわたしは、あやふやなアラビア語で、僕たちははっきりした答えが聞きたいんだ、*in-shâ'-llâh* はもういい、と言った。すると驚いたことに、あのどう見てものんきなマフムドが突然慌てふためいたのである。そのせいでわたしと彼との間に以前のようなよい関係が戻ることは二度となかった。その理由を、限られた言語学的情報からわたしが理解したころには、もはや手遅れであった。彼にとって、

*in-shâ'-llâh* はただ単に「たぶん」を表すものではなく、心に深く根差す宗教的世界観の表現だったのである。

　この失敗談は当たり前のことをあれこれ述べているようでありながら、当時の言語教育が置かれていた（そして多くの生徒、教師にとってはまだ過去のものではない）奇妙な状況に関してもさまざまな問題を投げかけている。まず1つ目の問題は、学生の第1言語を教室から排除するということである。*in-shâ'-llâh* という言葉が登場した時点で、その字義どおりの意味（「神意にかなえば」）と語用論的な意味（「たぶん」）を教え、その両者のバランスについて注意を与えていたほうが、事は簡単でしかも教育的効果があったのではなかろうか。また、もし訳したほうが分かりやすいと学生が感じているのであれば、それを授業内で拒絶する理由がどこにあるだろうか。2つ目の問題は、言語的・文化的差異を考慮することなく、純粋に情報伝達に主眼を置いて訳すことの不適当さである。もともとの語の字義的・逐語的な意味と、言葉のやりとりにかかわっている個々人の立場や信条（横柄な若いイギリス人と、宗教心の強い年配のエジプト人）の両方を無視した（例えば「たぶん」というような）大ざっぱな語用論的な訳し方では、衝突のもとになりこそすれ、衝突を解決することにはなるまい。

　異言語・異文化間の接触や意思疎通は、とりわけアラビア語話者と英語話者の関係においては、実に扱いにくい問題である（残念ながらこれについては、本書を執筆している2009年現在でも、1974年当時と同じことが言える）。衝突と誤解を避けるためには、わたしたちの言うことができるだけ正確かつ明確になるように、2つの言語に関するある程度の知識を持つ必要がある。ある語句が「意思疎通のうえでは」あるいは「語用論的には」どういう意味になるのかを漠然と大ざっぱに知っているだけでは必ずしも十分とは言えない。

　個人間の小規模な接触は、国家間・文化間の中規模・大規模な接触を反映するものであり、またその一部でもある。先述の小さな事件は、当時のわたしを取り巻いていたもっと大きな、すなわち、イスラム世界と西洋、イギリス政府とエジプト政府、海外ボランティア事業団とエジプト教育省の間にあった意思疎通不全が表れたものだったのである。ルクソール男子中等学校での1年目が終わるころ、わたしは、自分たちが実は望まれていない存在であることに気づいた。単一言語話者である未熟な「ボランティ

ア」教員がイングランドから2人もやって来るなどというのは、学校側が要請したことではなかった。わたしたちに職を用意するために2人の経験豊富な現職教員が異動となったが、これが彼らとその家族にとっては苦痛の種であった。都市部での仕事を強く望んでいたのに、その異動先が郊外の村の学校だったからである。とはいえ、わたしはそれほど動揺したわけでもなかった。若さゆえの自信もあり、また英語母語話者として、自分の英語とその教え方のほうが現地の教師よりも優れているに違いないとの強い信念もあった。どうやら生徒たちのほうでは、そう思ってはいなかったようである。試験の芳しからぬ結果がそれを物語っていた。

第1部

# 歴史

# 序　章

　なぜ別の言語を学ぶのか。その最良の方法は何か。何をもって成功と言えるのか。

　言語教育・学習にまつわる活動の役割を評価する書であれば、これらの大きな問題を論じないわけにはいかない。本書もそれを目指して議論を進めていくことになる。しかしながら、本書が提示する解答は、現代の言語教育に関連した多くの文献に見られるものとはかなり趣を異にする。現代の言語学習者にとって、訳すことが言語学習の主要な目的かつ手段であり、また成功を測る主たる基準でもあるべきだというのが、わたしの主張するところである。

　これは伝統を根本から打破する主張である。言語教育の中で訳をすることについては、20世紀に流行し注目を集めた言語教育理論のほとんどがのけ者扱いをしてきた。20世紀末にもなると、大学レベルを除けば、新たな言語の学習を促しうる方法として、訳すことが学術的な文献の中でまともに論じられるようなことはなくなっていた。なぜ訳がこのように迫害されているのかについては若干の解釈を要する。というのも、その理由が明確にされることがほとんどないからである。訳すのはとにかくただよくないと決めつけられることが多く、また仮に俎上に載るとしても冷やかしの対象になるだけであった。訳すのは退屈でやる気をそぐ、という教授法の面からの理由もあったろう。訳すことは言語の習得と処理の妨げになる、という認知の面からの理由もあったろう。はたまた、学生は実社会で訳す活動を必要としない、という実用面からの理由もあったろう。しかしながら、不思議なことに、これらの認識を裏付けるような研究や真面目な議論はほとんど存在しなかったのである。

　とはいえ、論壇の中心にいる一流の（とりわけ英語教育に携わる）理論家からは迫害を受けていながらも、世界中のさまざまなところで、なかんずく学生が単一の言語を共有し、また教師がその言語と学習言語の両方に通じているような（今なお世界中の大部分に見られる）授業の場においては、

訳の使用が続いているのである（Benson 2000）。訳を用いることが大学レベルの言語教育の基本をなしていることに変わりはなく（Malmkjær 2004）、また、英語以外の多くの言語のみならず、英語をはじめとした主要な学習言語の教育においてさえも、訳すことは依然として一般的に行われている。ところが、また別のところでは、訳がほぼ完全に姿を消している場合もある。このように、言語教育にはある種の分断が起きており、一方では単一言語で教えることの優位を当然のものと考え、他方では（そのような動きを知らないにせよ無視するにせよ）訳を用いながら二言語による教育を続けているのである。

　訳の役割を再評価しようというわたしの主張は多岐に渡る。訳の使用に対する批判として従来なされてきた主張よりは懐の深い議論になっているのではないかと思う。訳すことに対するゆえなき非難については、一つ一つはっきりと反論していきたい。それによって、訳が教師にとっても学習者にとっても教育的利益をもたらすものであること、訳が新しい言語を習得するという認知的に困難な作業を促し、助けるものであること、そして訳が多くの言語使用者にとって非常に実用的でぜひとも必要とされる技能であることを示してみたい。その一方で、20世紀に訳が拒絶された背景が、教育的・言語学的なものというより政治的・商業的なものであったこと、そして今この21世紀初頭にあっては、むしろ訳を復権させるべき強力な政治的根拠があるということも示したい。寛容で平和的な世界を望むのであれば、訳すことが果たす教育的役割が重要になってくるのである。

　これらの主張の背後には、一見矛盾する2つの見方がある。1つは、言語教育において訳を行うということを、現代の具体的状況に即して考える見方である。冒頭で述べた動機・手段・評価基準に関する「大きな問題」への答えに絶対的なものはありえず、むしろ個人・地域・時代によって異なる解答が存在する。目下主流となっている概念が形成された時代から現代に至る間にも、言語学習は形を変えているのである。わたしが本書を執筆している2009年に学生が言語を学ぶ裏には、50年ないしは100年前に一般的であったものとは異なる理由があるはずであり、同じことは成功を測る基準についても当てはまる。現代は、電子通信で意思を伝え合い、人が激しく移動し、英語使用が急激に増加し、それゆえに多くの人にとって自己規定が難しくなっている、そんな時代である。したがって本書が「大

きな問題」に対して提示しようとしている解答は、言語を取り巻く多くの状況が劇的に様変わりしている21世紀初頭の数十年間に関するものということになる。時が経てば物事はまた様変わりするため、本書の主張が永久に通用するとは限らない。

　訳に対する2つ目の見方は、歴史を通じて変わることのない言語学習の要素と関連づける見方である。これは1つ目の見方と矛盾するようだが、必ずしもそうとは言えない。変わるものがあれば変わらないものもある、ただそれだけのことである。いろいろなことが様変わりした現代でも、言語を学ぶ一般的な理由の多くは変わっておらず、したがって学習を促す最良の方法や成功の評価基準についても、ある程度は同じことが言えるであろう。これまでも、これからも、人々が言語を学ぶ理由はさまざまであり、必要に迫られる場合もあれば、自ら選択できる場合もある。征服・植民地支配を受けた民として、経済移民として、あるいは奴隷や捕虜として。貿易で儲けるため、あるいは祈りを捧げ崇拝するため。現実の、もしくは潜在的な敵に睨みを利かせるため、あるいは他者の成功から学ぶため。共同体を超えた結婚のため、旅行のため、娯楽のため、社会進出のため、あるいは知的訓練のため。そして、言語のはたらきを理解するため。言語学習についてこのような動機が古くから存在することを考えると、上記の「大きな問題」の答えを導くうえで、今ある言語教育理論以前の状況を振り返ってみるのもよさそうだ。概して、新しい理論は、過去の動機や方法を拒み、嘲る傾向が強い。そこで念頭に置くべきは、言語学習についての学術的な理解がいかに積み上げられてきたとしても、それぞれの学習者の取り組みは新しく一から始まるのであり、ある特定の時代が言語学習に関して最も優れた、あるいは劣った時代であるとの証明はできない、ということである。

　言語教育において訳を行うことが投げかける問題は複雑であり、そのような話題を論じるに当たっては、決まってさまざまな議論が絡み合ってしまうものである。我々の理解を織り成しているそういった議論の糸は、何度も、いろいろなやり方で、ほどいてはまた編みなおしていく必要がある。話を分かりやすく整理するために、各章の中でさまざまな内容をひとまとめにして論じられるよう努めていきたいとは思うものの、同じ議論がいろいろな表題の下に登場し、いろいろな角度からいろいろな見方で論じ

られるということもあろう。それゆえ、読者諸氏のご不興を買わなければよいが、「後で詳述するとおり」といった文句を頻繁に使用することにもなるであろう。しかしながら、もし読者諸氏が本書の最後までご辛抱くださるのであれば、そのころにはこのような議論の糸の一つ一つを十分に語りきることができているのではないかと思う。

## 1. 本書の構成

　第1部「歴史」では、訳すことに対する現代の考え方と、その歴史的起源を考える。言語教育においては、「最新」「最先端」の概念と言いながらその起源がずっと昔にあり、そこに反映されているイデオロギーは、今その概念を支持する者ですら思いもよらず、また賛同もできないものであるといったことが往々にしてある (Kelly 1969)。いま言語教育で起こっていることを理解したければ、その起源を理解する必要があるというのがわたしの信条である。そこでこの第1部は、歴史的な観点から、言語教育の中で訳が辿ってきた近年の道のりを3つの時代に分けて論ずる（ただし、いつの世にも時代に先んじる者、後れる者はあり、また地域間・分野間にもかなりの差異があるので、時代区分については厳密とは言いがたい）。

　第1章では、19世紀末から20世紀への変わり目にかけて、理論家や現場の教師から訳が拒絶されていった様を記述する。

　第2章では、20世紀の言語教育理論が、訳という問題に対して長きにわたる沈黙を保った点を検討する。ほかのことについては積極的な活動と寛容さを見せたこの時代にあって、こと訳すことについては、第2言語習得 (Second Language Acquisition＝SLA) 理論・コミュニケーション重視型言語教育 (Communicative Language Teaching＝CLT) といった優勢な流れの中から一瞥も与えられることがなかった。それはなぜかというのが本章の問いである。

　第3章では、応用言語学の新たな「社会学的転回」(Block 2003a: 1–3) によって、言語教育における訳を復権させる雰囲気が醸成されていく可能性について検討する。この社会学的転回とは、1990年代から2000年代にかけて高まりを見せているもので、従来の応用言語学に比して、言語学習・言語使用の政治的側面や、現代の言語学習者の複雑な立場に対する関心が

高まっていることを示している。

　訳すという行為の定義は容易でなく、またもちろんその理解も簡単ではない。とはいえ、言語教育における訳の使用を支持する議論を展開するに当たっては、主張を明確にするためにも、訳にかかわる言語学的・社会学的な手順について触れておく必要がある。

　このため、第4章は本書の主題、すなわち言語教育における訳の使用という問題から少し離れ、翻訳理論・翻訳研究の知見を用いながら、「訳すとは何か」との難問について考える。

　本書の第2部は、より直接的に言語教育を論じる路線に戻り、訳に対するさまざまな擁護論・反対論について考える。ここでは証拠・教育・教授法という3つの表題の下に論を進めていく。

　第5章では、証拠に基づいた諸議論について考察する。なかんずく、訳が新たな言語の習得を促すのか妨げるのか、また、教師や学生は訳を望んでいるのか忌避しているのかに関して、これまでに証拠として挙げられている事由を検討していく。

　第6章では、教育に関する諸議論を評価する。訳すことが社会的・個人的要求にどこまで応えられるのか、自己実現や成長をどこまで促すのか、異文化間理解といった正の価値観にどこまで寄与するのか、そして言語の知識と意識をどこまで伸ばせるのかが課題となる。

　第7章では、教授法にまつわる諸議論に考察を加え、さまざまな教育現場に置かれている学生に対して、訳がどのくらいの手助けや動機付けとなりうるかを評価していく。言語教育における訳の使用法に関して実用的な指導の手引きをするのは本書の目的とするところではない（それについてはよそを当たっていただきたい）が、この最終章ではいくつかの実際的な問題にも取り組んでみたい。その第1として、さまざまな種類の教師、さまざまな年齢・段階にある学生に適した訳の扱い方を考える。続いて第2に、学生に配慮した形で言語知識や意思伝達能力を伸ばすことができるような、訳を取り入れたさまざまな活動について検討する。

　最後に、ごく簡単な結論として、第1部・第2部で述べてきたことから得られる示唆をまとめ、この100年間にわたる訳の迫害の中で置き去りにされてきた多々ある言語教育の問題の中から、いくつかについて要点を述べたい。

## 2. 浮上する問題

　事情に通じた読者諸氏であれば、本書の主張に対してさまざまな疑問をお持ちになることは必定である。確かにわたしも、これまでこの主題について講演を行ってきた中で、質問を受けることがたびたびあった。そこでわたしはまず最も根本的な疑問について取り上げることにしたい。それに対する解答が、本書において終始重要な意味を持つものだからである。ここで扱うのは、訳はそれ以外の第 1 言語使用とどのような関係にあるか、訳は言語学習の手段であるか目的であるか、そして、わたしの主張はすべての言語の教育に通じるものなのか、いくつかの言語の教育に限定したものなのか、あるいは英語教育に特化したものなのか、という問題である。

### ■ 本書が論ずるのは教室において訳すことのみか、あるいは教室での第 1 言語使用を含むのか

　20 世紀に最も有力であった言語教育理論の多くがもっぱら単一言語での教育を強硬に主張したのに対して、21 世紀初頭は、二言語併用の教育に対する支持が再び盛り上がりを見せている。ここで浮上する問題は、訳擁護論を展開することが、こういった（ヴィヴィアン・クックの手による有名な論文 [V. Cook 2001a] の題名を拝借するならば）「教室における第 1 言語使用」をより一般的に支持する議論とどのような関係にあるのかということである。

　両者には明確な関連があるものの、まったく同一の議論というわけではない。訳すことには学生の言語を使用することが伴うので、既得言語使用の一種ではあるが、それが唯一の形態ではない。説明、授業運営、人間関係の構築など、教師が学生の言語を使用する形はさまざまであり、そこには必ずしも訳が介在するわけではない。学生の既得言語を使用する諸形態の中で、訳すことをそれ以外の活動と分離して考えることは可能であり、したがって二言語併用教育擁護論者が必ずしも訳擁護論者であるということにはならない。既得言語の使用を支持する論者の中には、訳すことに対して懐疑的な者や、それについては特に言及しない者もいる。

　そこでさらに浮上する問題は、本書がこの区別を受け入れるかどうかということである。というのも、本書の主張の多くが、訳だけに限ったもの

ではなく、むしろ二言語併用教育一般に通じるものだからである。わたしは、この2つを分離して考えることはできず、またそうすべきでもないと考えている。「訳対その他の既得言語使用」という二項対立があっても、訳をそこまできっぱりと分離して考えることには実際上無理がある。訳すことは言語間の調整・媒介をする多くの方法の1つであり、仮にこれらの方法を理論上区別したとしても、実際上はごく自然に共存・混在し合うものである。

　いずれにしても、訳すことを厳密に定義・限定することはできず、またそうしようとすればあらゆる問題に直面することになる。一方にはごく厳密な逐語訳、他方にはごくゆるやかな言い換えや解釈があり、その間は古くからよく知られるとおり連続体になっている。ゆるやかな側の境界を越えると、そこから先は訳というくくりに通例含まれない類の意思伝達と同化してしまうのである。翻訳理論家の中には、厳密な定義を与えることが理論的に不可能であることを考慮し、より広い定義について主張する者もいる (Jakobson 1959, Steiner 1998)。この定義は、言語間の訳を比喩的に捉えて言語内の訳と一体のものと見なすもので、ある言葉を別の言葉に変換することや、言い換え・要約・簡略化・現代語訳 (例えばシェイクスピアの英語を現代英語にすること) などのように言語内で変換することも含めている。要するに、訳すという概念を箱の中に入れてしまうのは困難であり、その性質上、近接するさまざまな言語活動や言語使用へと流れ出てしまう。これはさして驚くには当たらない。訳すことは生きて動いている活動であって、死んで博物館に閉じ込められているのとはわけが違う。訳が言語学者や翻訳者のみならず、教師や学生にとっても興味深く刺激的なものでありうるのは、この動的な性質ゆえである。

　言語教育における訳を考えるに当たって、本書はこのような広義の見方を採るのであり、明確に区切られた第1言語使用の下位区分として扱うわけではない。両者は必然的に共存するものである。学生の既得言語の使用を許容・奨励するのであれば、それがある形態の母語使用に限定されるものであって別の形態では認められないと考えるのは、現実的とは言えない。説明・解説・授業運営は不可避的に (より厳密な意味において) 訳を利用するものであり、また訳はその定義上、学生の既得言語を教室に取り戻す主たる方法の1つとなる。ここでは、訳を区分・閉鎖された活動領域として

ではなく、言語教育・学習の過程全体に不可欠な要素の1つと見なすことにする。

　以上のように、本書は訳という作業を2通りの見方で捉えてみたい。ある部分では、これを比較的厳密な形で定義された別個の活動として考える。その一方で、二言語併用教育が広く復権していることの表れとして扱う部分もある。

## ■ 本書が扱うのは手段としての訳か目的としての訳か

　従来、訳すことを目的とした言語教育は、より一般的な目的で行われる言語教育と区別されてきた。前者の場合ならば学生が訳を使って学ぶことには意味があるが、後者の場合は必ずしもそうではない、というのがその主張である。しかしながら、これは甚だ説得力に欠ける区別である。訳す能力は（私的・公的・職業的生活のいずれにおいても）日常的に行われる二言語併用を構成するものであって、翻訳の専門家のみならずすべての学習者に必要とされるものである。ある言語に熟達したけれども訳すことはできないなどというのは奇怪な話で、それはある言語を話せるけれども読めない、読めるけれども話せないという状況と似ている。そういう人もいるにはいるが、それではまともな能力を持っているとは到底言えない。訳ができるということは、二言語を併用した意思疎通能力の重要な要素である。ここで主張したいのは、訳すことはすべての学生に必要だからこそ、言語教育に取り入れるべきだということである。ただし、もう1つ補足的な主張として、言語教育における訳は翻訳技術そのものを伸ばすのみならず、学習言語に関する一般的な知識を深めると同時に単一言語での意思疎通にも利があることを申し述べたい。言語学習に長じた人の場合、二言語にわたる知識が単一言語使用の際にも影響を及ぼすものであり、どちらか片方の言語だけでも独立して存在しうると考えるのは無意味なことである。このような理由から、手段しての訳と目的としての訳を明確に区別することについては容認しかねる。本書の議論は、訳を使用することによって、新たな言語を単一で用いる力も別の言語と併用する力も向上する可能性が常にあるということを前提としている。

■ **本書が扱うのは英語教育のみか、新たに学ぶ言語の教育一般か**

　本書はその大半が言語教育一般における訳を論じており、訳すことを通じて新たな言語を学ぶかぎりにおいて、その論旨はいかなる言語についても当てはまる。しかしながら、本書の内容はそのかなりの部分がとりわけ英語に関するものになっている。これには2つの理由がある。まず第1に、英語は今や広く認知・使用されまた必要とされており、それゆえ英語の学習に取り組む場合には、他の言語を学習する場合と異なる問題がますます生じやすくなっている。また、これに関連することであるが、100年以上もの間、言語教育について最も革新的な思想は英語教育に関して展開され、それが多かれ少なかれ他言語の教育に波及していったのである。なかでも訳への拒絶反応は英語教育において最も顕著であり、おそらくその復権も英語教育で先鞭がつけられた後によそでも受け入れやすくなるであろう。英語教育は、特に学生の言語を知らない母語話者教師の扱いや、母語の異なる学生が混在する場合の教え方などについて、フランス語のような話者の多い国際言語の教育とさまざまな共通点がある。したがって、このような事象に関する議論の多くは英語以外にも当てはまるだろう。話者が少なく地理的分布も限られた言語では、二言語に通じた教師が形はどうあれ訳を活用して、1つの言語を共有する学生に教える傾向が強い。

## 3. 注意すべき用語

　言語教育における訳について何かを書こうとする者にとって、それを論ずるための用語は罠のようなものである。定まった用語は定まった見方を表したものであり、そこには言語教育研究、直接教授法による教育、そして第2言語習得理論の密接な歴史的関連が反映されている。それゆえに、現状に疑問を投げかけたいと思う者はジレンマに直面する。つまり、既存の用語を疑って代案を提示するか、それとも話を簡潔にするために既存の用語の世界観を容認しつつそれを使うか、ということである。わたしは危険を覚悟のうえで、前者の方針を採りたい。論を構成する用語の定義をすることこそ、論そのものの一部となると考えるからである。そこで、この序章を閉じるに当たり、いくつかの重要な用語とその根拠について簡単に

触れておくことにする。さらなる詳細については、議論を進める中で述べることになるであろう。

## ■「教育訳」(TILT=Translation in Language Teaching)

　概してわたしは略語を好まないが、本書中には Translation in Language Teaching (「言語教育における訳」) という言葉が頻出し、またその頭文字をつなげるとうまく実在の単語になることから、以後これを TILT (「教育訳」) と呼ぶことにしたい。本書の題名を *Translation in Language Learning* (言語学習における訳) として、TILL (「学習訳」) という略語を用いることもできたであろう。「教育」と「学習」は、「与える」と「受け取る」のような相補的な語ではないかもしれない (教えから何も学ばない人を相手に教えることもありうる) が、一般的には両者は相伴うものである。わたしがTILL でなく TILT を選んだことに別段意味はない。本書はその両方を論ずるものである (訳者注：本訳では、以後、TILT に対して「教育訳」という訳語を採用する)。

## ■「既得言語」(Own language)

　第 1 言語を獲得しようとしている子どもを除けば、すべての言語学習者はその定義上、少なくとも 1 つの言語の話者であり、少なくとも新たな言語を 1 つ知ることを望んでいる。したがって教育訳について語るとき、我々は必然的に 2 つの言語の関係について語っていることになる。この 2 つを何と呼ぶのが最も適切であろうか。

　既知の言語のほうについては、言語教育と第 2 言語習得理論の文献で最も広く見られるのは「第 1 言語 (first language, 略して L1)」、「生まれつきの言語 (native language)」そして「母語 (mother tongue)」である。しかしながら、これらはすべて不十分である。教室でのやりとりを媒介する言葉が、すべての学生にとって「第 1」言語、つまり生まれて最初に出会った言語であるとは限らないこともある。例えば、ドイツの中等学校における主要言語はドイツ語であるが、そこで学ぶトルコ人学生にとってはそれが必ずしも「第 1」言語であるとは限らない。「生まれつきの」言語というのがややこしくていい加減な用語であるのはよく知られた話で、そこには必ずしも相伴うものではない 3 つの基準 (幼児期の言語・習熟度・自己規

定）が一緒くたにされてしまっている（Rampton 1990）。「母語」という用語に至っては感情的であるばかりでなく不正確ですらある。自分の「母語」が母親の「母語」とは異なる人が大勢いるのは自明のことである。以上の理由から、学生が新たな言語を学ぶ際に（許されるのであれば）用いることができる既知の言語のことを、わたしは「既得言語」（own language）と呼ぶことにしたい。先ほど挙げたドイツで学ぶトルコ人学生の例のように、自己規定の基準となる既知の言語が1つではない学生も多いが、その場合もこの既得言語という用語を使うものとする。

### ■「初学言語」(New language)

では学ぼうとしている言語のほうはどうであろうか。最も一般的な用語としては「第2言語（second language、略してL2）」、「外国語（foreign language）」あるいは「目標言語（target tongue）」などがある。これらもまた不十分な用語である。「第2」と言うとすべての学習者が1つの言語しか知らないような誤った印象を与えるが、既に二言語または複数言語話者である学習者は少なくない。近年の移民事情に当てはめるならば「第2言語学習者」と言った場合、いかにその「第2」が「学習者」ではなく「言語」にかかるのだとしても、「二流の」という不適切な意味合いが生じてしまう可能性もある。これに加えて、英語の使用がこれまでにない世界的な規模で起こっている以上、従来のように「第2言語としての」英語と「外国語としての」英語を区別することはいよいよ難しくなってきている（Crystal 2003）。以上の理由から、わたしはより単純な「初学言語（new language）」という用語を提案する。

### ■ 直接教授法(Direct Method)対二言語併用化(Bilingualization)

初学言語の学習に最も有効なのは、学習者の既得言語と関係付ける方法であるのか、それとも初学言語のみを用いてすべてのことを行う方法であるのか、というのが本書の中心にある問題である。言語に関する上記2つの用語と同様、この両極端の方法についても用語が必要である（むろん、中間的な立場は無限に存在する）。

第1の選択肢について現在用いられているのは、「言語横断的（cross-lingual）」教育（Stern 1992）、「二言語間（inter-lingual）」教育、そして「二

言語併用（bilingual）」教育または（しばしば学習者の既得言語を再び取り入れていく過程が問題になることを念頭に置いた）「二言語併用化（bilingualization）」（Widdowson 2003）などの用語である。また、「言語切り替え（code-switching）」という用語については、論者によっては自然な状況で起こる切り替えのみを指すとする場合もあるが、わたしは教室内で異言語間を行きつ戻りつ移動することを指す用語として使用していきたい。

　学生の既得言語を用いない教育については、「単一言語使用（monolingual）」「単一言語内（intralingual）」という用語が用いられてきている。「直接教授法（Direct Method）」なる用語は19世紀から20世紀への変わり目のある時点で生み出されたものであるが、現在では、当時行われていた特定の教授法のみを指し、その後に現れた方法とはなんらかの形でかなり趣を異にするという意味合いを含むことが多い。しかしながら、わたしはこの「直接教授法」という用語を、学生の既得言語を避けようとするあらゆる方法を広く指し示すものとして用いていきたい。ここには、学生の既得言語は無視すべきであるという思想が20世紀から21世紀を通じてずっと継続している事実を強調する意図がある。以下、第1部では、この思想の継続性についてさらに詳細に論じていくことにする。

# 第1章
▼
# 拒絶
「改革」と直接教授法

## 1. 訳の追放

　訳が追放されてきた、とはどういう意味だろうか。おかしな話だと感じる教師・学習者も少なくないであろう。多くの言語教育の現場では訳が姿を消したことなどなく、中には使いすぎの感さえ存在するからである。訳は今なお世界中で授業内容や試験問題の中心をなしており、また教室での実践も依然多い。その無味乾燥で機械的な手法ゆえに、いきおい独立心の強い教師がその支配からの脱出を望み、それに代わる教授法が登場するやこれぞ待ちに待った解放とばかりに受け止める、ということもしばしばである。また、訳は自習教材の中でも依然として主たる要素であり、例えば（英語話者がほかの言語を学ぶ場合であれば）'Teach Yourself' 'Made Simple' といった売れ筋のシリーズや、ペンギンブックスの語学教材、最近のもので言えば、記録的な売り上げを見せたミシェル・トーマスの音声教材 Tutor to the Stars などにおいては、反復・訳・既得言語による解説といった手法がふんだんに取り入れられている（Thomas 2006, Block 2003b 参照）。はたまた翻訳者・通訳者養成課程においては訳が今なお手段であり目的でもあるというのは、自明のこととはいえ指摘しておくに値する事実である。以上のいずれの例においても、教育訳はれっきとした活動として生き続けており、また組織的に認められてもいる。

　また、訳など使っていないと言い張る授業であっても、非公認ではありながらいわば地下的な形で訳の使用が続いていることは多い。それゆえ、最も強硬に単一言語使用をうたう授業で、その教師が訳をせずに教えるよう養成され、またその旨で契約を交わしている場合でも、ほかにどうしようもなくなれば、ときには（否、かなりよくあることかもしれないが）訳に

頼ることがある。これに加えて、一般的に学生は授業外であれば二言語辞書を引いて「単語の意味」つまり訳すうえでの対応語を調べてもよいことになっており、実際そうすることが前提にもなっている。さらに、学生はクラスメートと小声で話しながら訳すことによる確証を求めたり、授業外で助けを求めたり、あるいは（思考は止めようがないので）自分の頭の中で訳したりもするはずである（Widdowson 2003, 150）。

このように、正当性の度合いこそ違え訳すことは続けられており、教育の権威から認められる形で授業や試験に用いられることも多く、また出版社にも認められて辞書や自習教材の一部をなしている。ところが、この100年近くもの間、訳を常に迫害してきた（そして本書が一石を投じたいと思っている）重要な分野が1つある。それが言語教育理論である。ここでわたしが意味しているのは、言語教育をその主題とし、大半は英語教育に関する内容でありながら、直接間接にあらゆる言語の教育に通じるものであるとの議論を展開する膨大な学問的・専門的研究のことである。言語教育理論は、言語学・心理学・第2言語習得の研究・理論からその知見を得ており、多くの人が「応用言語学」と呼ぶのはこれと同義である[1]。訳を比較的最近まで批判・軽視してきたのはまさにこの研究およびその影響を受けた教育実践・教育指導書であり、その結果、訳すことを続けていく場合は得てして、よくても理論に反しながら、最悪の場合は罪悪感を抱きながら行うことになっている。訳の効用を信じる人でも、批判を受けた場合に自分の立場を弁護しづらい、弁護できないことが多いという状況に置かれてきたのである。

この状況はいかにして生まれたのであろうか。それを特定するのは容易なことではない。世間一般の慣行の中で生まれ、その学問的根拠を後付けされた可能性もある。ブツカムとコールドウェル（Butzkamm and Caldwell

---

[1] コーダーはその大著 *Introducing Applied Linguistics* の中で、「応用言語学のあらゆる分野の中でも、言語学的な発見・原理・技術の効果を証明してみせたという点で外国語教育に及ぶものはない。（中略）『応用言語学』という用語がこの営為と同義に見られることが多いのはそのためである」と述べている（Corder 1973: cover notes）。

2002年版の *The Longman Dictionary of Applied Linguistics*（Richards, Platt, and Weber 2002）は応用言語学の基本的な定義を「第2言語・外国語の学習・教育に関する研究」としている。さらなる議論は G. Cook (2003, 2005) を参照。

2009: 27）によれば、中世の修道士学校では終日ラテン語を話す慣例があり、16世紀イギリスのグラマースクールでは食事時にフランス語を話さなかった生徒に対して罰が科せられ、また植民地の少数原住民族学校ではすべてのことを英語・フランス語・ラテン語のいずれかで行わねばならなかったとのことである。またフィリップソン（Phillipson 1992: 186-187）がイギリスのある公立学校の1808年度報告書を引用するところによると、そこでは保護者の「厳しい指導法」に倣って、「学校内で学生の第1言語を話してはいけないことになっていた」とのことである。後に触れるとおり、このような考え方を最も強固な形で示していたのは学者の論文ではなくむしろ語学学校の実際の教育課程であった。とすれば、言語教育理論の原動力は科学的な発見や理に適った議論ではなくむしろ経済的事情にあるという、喜ばしからぬ可能性が浮上してくる。

## 2. 英雄を自称する者たち——改革運動

　訳を廃する学術的根拠として最も影響力があったのは、19世紀末、多少教育の経験も持ち合わせた音声学者・言語学者らによる自己流の「改革運動（the Reform Movement）」の中で形成された理念であった。代表的な人物としては、ドイツではヴィルヘルム・フィエトル（Wilhelm Viëtor）やヘルマン・クリングハルト（Hermann Klinghardt）、デンマークではオットー・イェスペルセン（Otto Jespersen）、イギリスではヘンリー・スウィート（Henry Sweet）らの名が挙げられる。改革運動の理念（その歴史的変遷はHowatt [2004: 187–210] に詳しい）は、当時では最新の言語学・心理学を基にしており、その意味において、1950, 60年代までそういう用語が存在していなかったとはいえ、これらの改革者は応用言語学の徒であった。とりわけ彼らは、比較的新しい学問であった音声学や「音声言語優先」[2] の

---

　2）　後にソシュールやブルームフィールドは20世紀言語学の原理の1つをなすものであると言明している。「言語と書記は2つの別個の記号体系である。後者は前者を書き表すという目的のためだけに存在している」（Saussure 1974: 23）。「書記は言語ではなく、可視の符号で言語を記録する手段にすぎない」（Bloomfield 1935: 21）。音声言語の優先性は、「話せるように」なると言うことはあっても「話したり書いたりできるように」なるとは言わないこと、「英語話者」とは言っても「英語書記者」とは言わないことなどにも表れている。

理念を頼りにしつつ、話し言葉の重要性を強調した。また心理学からは、記憶に関する理論として当時広まっていた「観念連合理論」を取り入れていた。これは、意味のつながらない文の羅列よりも意味のつながった文章のほうが情報を記憶しやすいことや、文章と出来事の間に関連を持たせることが記憶を促すということなどを主張した理論であった（Howatt 2004: 203–204）。

これらの理念に照らして改革者たちが提唱したのが、言語教育実践の抜本的改革、つまり、もっぱら書き言葉を重視し、作り物の文で人工的に文法規則を例示してそれを演繹的に教えることを重視する形から、話し言葉、意味のつながった文章、教わっている言語そのものを媒介とした学びを重視する形への変革であった。そのほうが学習者の受けもよく、また学習もうまく進むというのが、彼らの確固たる主張であった。初期の「介入研究」（という用語に時代錯誤の感があるが）である、いわゆる「クリングハルト実験」では、新しい理念を実行に移す対象として、シレジアの実科ギムナジウムで学ぶ14歳男子の初学者クラスが選ばれた。生徒の反応については情報が少ないものの、その試みがうまくいかなかったと考える根拠はない。

以上のような理念の影響の奇妙さは、それが当時の流行になったことにあるのでもなければ、はたまた上述の学者たちが自らの学問的知見を言語の教え方・学び方という実社会の問題に応用したことにあるのでもない。異常なのは、言語教育の理念というとたいていは賞味期限の短いものが多い中にあって、この改革運動時の理念があまりにも長い間異論を唱えられることもないまま生き続けてきたということである。その基盤をなしていた言語学・心理学は、既に何度もの革命・反革命を経験している。上述の改革者たちは古臭い19世紀の通時的言語学者であり、その言語に関する理念はやがて来る世紀の新たな言語学（構造言語学であれ、機能言語学であれ、生成文法理論であれ）によって覆されるものだったのである。彼らが言語について述べなければならなかったことの中には、現在では通用しないとおぼしきものが多い。例えばスウィートは、あの言語には「欠陥」がある、あの言語のほうがあの言語より「論理的」でない、「単純」である、などと論じている（Sweet 1899/1964: 194）が、これらはいずれも新しい言語学によって却下されることになる概念であった。にもかかわらず、どういうわけか、応用言語学の理念の多くが短命であるのとはまったくもっ

て対照的に、改革者たちが言語学習について唱えた理念は、本質的な部分を疑われることもなく100年以上生き長らえているのである。

　とはいえ、改革運動は、その当時の行きすぎた教授法への反応としては、多くの点で妥当なものであった。確かに中等学校では、文法的に正しく書くことに無意味なほど力点が置かれ、それに伴って話し言葉や流暢さが軽視されていた。また改革者たちは、初学者に対しても発音記号を用いる点では強いこだわりを見せたものの、訳すことに関しては過剰で狂信的な態度を取らず、その役割に理解を示し、適宜使用することを考慮に入れていた。ホワット (Howatt 1984: 173) によれば、「教師は授業内のやりとりの手段として普段から外国語を話すものとされており、母国語は新出単語の注釈や新出文法事項の解説に限って用いられた」。この運動の中で生まれた代表的著作であるヘンリー・スウィートの『言語の実際的研究』は1899年に初版本が発行されたが、その中では訳に関して1章が割かれ (Sweet 1964: 197–210)、初学者にも上級者にも適宜訳を使用することが推奨されており、また以下のような穏当な見解が示されている。

　　わたしたちが外国語の語句を自国語へ訳すのは、それが意味を知る方便として最も便利であると同時に最も効率がよいからである。
　　　　　　　　　　　　　　　　　　　　　　　　(Sweet 1964: 201)

## 3. 英雄を自称する者たち――直接教授法

　事が行きすぎ始めたのは、以来何度も同じような形で繰り返されてきたとおり、金銭的利害とは無縁の学理的改革者たちの理念が商業分野の発展と相交わり、その流れの中で出版社や語学学校がひたすら強硬で単純な方法に対し偏った関心を向けたことに端を発する。この単純化と金銭的利害という類型の現れが、英語教育がかつてない拡大路線へと舵を切り急速に商業活動としての重要性を高めたのと時を同じくしたのは、決して偶然の一致ではない。改革運動から100年以上が経過した今、ブリティッシュ・カウンシルの報告書によれば、世界全体の英語学習者数は20億人に迫ると推計され (Graddol 2007: 14)、また2008年の英語使用国の年間総収入は、私立語学学校によるものに限っても100億ドルに上ったと見られる

(Baker 2008)。

　改革運動の理念は、中等教育に関するものとして発展してきた。しかしながら、そのさらなる発展の原動力となったのは、アメリカへの移民やヨーロッパの貿易業者・旅行者といった、一般の教育制度の枠外に位置する成人の言語学習者が生み出す新たな市場であった。この両者はともに、言語を速く、しかも極めて実用的な理由を持って学ぶ必要があった。新天地で生き延びて成功を収めるため、あるいは、商売をするため、旅行で必要とされるやりとりに対処するためである。このような市場を当て込んで生まれたのが、新たな言語学習の制度としての私立語学学校である。なかでもよく知られているのが、その祖マクシミリアン・ベルリッツ（Maximilian Berlitz）の名を冠したベルリッツ語学学校である。1882年アメリカで創立されたこの学校は、本国のみならずヨーロッパでも急速に拡大していった。19世紀末までにはアメリカで16校、ヨーロッパで30校が設立され、当初はさまざまなヨーロッパ言語を扱っていたが、次第にその対象は英語に集中するようになった。この学校で実践された理念、いわゆる「ベルリッツ教授法」こそが、訳の拒絶を真に強硬な形で示した初めての例である。それは、訳を一切使用してはならない、書き言葉より話し言葉を重視しなければならない、そして何より、教師は1人の例外もなくその教授言語の母語話者でなければならないという、極めて明快なものであった。これに加えて、ベルリッツの教師は指導書の指針を厳密に守らねばならず、その結果として、このベルリッツ帝国ではあまねく授業内容が統制・調整され、それゆえ（ベルリッツの吹聴するところによれば）学生がベルリッツ系列の学校間で籍を移す場合、その移籍先がどんなに遠く離れていても、以前とまったく同じ授業を受けられるとまで言われた。興味深いことに、この意味でベルリッツ教授法は、1908年以降発展した流れ作業の工場生産というフォード式の原則を先取りしていたのである（Watts 2005）。その教師に対する管理は厳しく、後にベルリッツ語学学校が発展していく過程では、教室にマイクを取り付けて教師の行動を監視し、訳の使用は解雇相当の違反であると規定することによってその根絶を目指したこともあった。

　改革運動とベルリッツ教授法の間には、直接的な因果関係があるわけではなく、また実際あろうはずもない。なぜなら、両者は時を同じくして発生したものだからである。改革運動の皮切りとなったフィエトルによる小

冊子『ゼロから言語教育を始めよ』が発行された1882年は、ベルリッツ語学学校が創立された年でもある。とすれば、両者は別個に発達したものであり、その理由も異なっていたのだと考えねばならない。つまり、前者は学術的・教育的関心から、後者は商業原理によって発達したわけである。また、両者はその着眼点も異なっていた。改革運動の関心は中等教育にあったため、早急に成果を求めたり学生を満足させたりする必要性や切迫感はそれほど強くなかったが、ベルリッツは学費を支払ってくれる顧客を相手にしていた。ところが、この学問的な流れと商業的な流れは、理念と実践の両面で相交わり、強力かつ一貫した論理で構成された新たな言語教育体系を生み出すこととなった。これが直接教授法として知られるようになったのである。

　ベルリッツ語学学校は「直接教授法」という用語を用いておらず、まただれが最初にこの言葉を作ったのかも定かではない（Howatt 2004: 210）。ベルリッツが始めてからよそでも急速に取り入れられていった上述の教育実践を表す言葉として、どういうわけかこの用語が生まれてきたのである。「直接教授法」は本書における重要語の1つであるが、（ほかの重要語と同様に）論者によってその使い方がまちまちであるがゆえに矛盾すら生んでしまう用語でもある。したがって、わたしがどういう意図でこの用語を用いるかについては、この場で明示しておかねばなるまい。わたしが「直接教授法」と言う場合は、目的が訳であるか説明・解説であるかを問わず、学生の既得言語を教室から排除するあらゆる教授法のことを指している。また、わたしは「直接教授法」を、「言語横断的」教育・「二言語併用」教育にそれぞれ対応する概念としての「単一言語内」教育（Stern 1992: 279）・「単一言語使用」教育（Widdowson 2003: 149）と同義であると見なしたい。その意味で、わたしが用いる「直接教授法」は、19世紀から20世紀への変わり目の直前・直後に発達した上述の教授法よりはるかに多くのものを包含しつつ、さらにそこに端を発するほぼすべての教授法・手法にまで意味を広げて、段階的構造教授法（graded structures）・場面教授法（situational teaching）・聴覚口頭教授法（audiolingualism）・コミュニケーション重視型言語教育（communicative language teaching）・作業課題中心型教授法（task-based instruction）・語彙型授業構成（lexical syllabuses）といった主要な教授法や、サイレントウェイ（Silent Way）・全身反応法（Total Physical Response）といった 1970 年代の「新しい教え方」（Stevick 1981）をも（すべてではないが）含んだものである。一見するとばらばらなこれらの教授法・手法はすべて、訳も第 1 言語による説明も用いないという意味では、わたしが言うところの「直接教授法」となる（20 世紀の教授法・手法の歴史に関する概要・解説は Richards and Rodgers 2001, Johnson 2001: 188–190 を参照されたい）。

## ■ 直接教授法の 4 本柱

　直接教授法は、（言語使用・言語学習・有効な言語教授法に関する）多くの強固かつ確固たる前提のうえに築かれたものであり、その前提はさまざまに強度を変えながらもずっと保持されている。これらの前提は、以下本書で述べていく議論のすべてに対して重要な意味を持つことになるため、詳述して名称を与えるだけの価値がある。ここではそれぞれを単一言語主義・自然主義・母語話者主義・絶対主義と呼ぶこととする。本書中ではこれらの前提が幾度となく登場し、その都度詳細に分析を加えていくことになるので、差し当たってはそれぞれについて手短に概略を述べるにとどめる。

- 柱その 1　単一言語主義 (monolingualism)

　第 1 の前提は言語使用そのものに関するものである。すなわち、使用言語数は 1 つを旨とし、訳すことも含め異言語間を行き来する動きは周縁的なものにとどめる、ということである。この前提によれば、教師の主たる使命は、教授言語のみが単独で用いられている状況に対応できるよう学生を指導することであり、二言語以上が用いられる状況は念頭に置かない、ということになる。

- 柱その 2　自然主義 (naturalism)

　第 2 の前提は言語学習に関するもので、ときに言明されている場合もある。すなわち、言語学習は「自然に」進むのが一番よい、ということである。これにはさまざまな意味が含まれているが、詳しくは第 6 章で再び論ずるとして、ここではひとまずそのうちの 2 つを述べるにとどめたい。1 つ目は、人間はある言語が使用される状況に浸りきる中で言葉を「拾って」

覚えていくものであり、そのような状況は教室内でもなんらかの形で再現することができるという考え方、2つ目は、幼児が第1言語を習得する状況もなんらかの形で教室内に再現できるという考え方である。ここには、もう1つ別の前提が暗に含まれている。それは、第1言語習得が典型的には一言語のみを使用することで進むという前提である。換言すれば、直接教授法においては、幼児の言語習得についても、二言語以上に触れながら育ち、意思疎通の状況に慣れていくために言語切り替えの時宜・方法を知らねばならないような子どもは度外視しているということである。

- 柱その3　母語話者主義 (native-speakerism)

子どもがよき模範であるという上記の考え方は、第3の前提とも関連している。これを母語話者主義と呼ぶことにする。これは、当該の言語を母語とする話者の使い方・能力にできるだけ近づくことこそが言語学習の目的である、という考え方である。この考え方については後にまた触れるが、差し当たっては、直接教授法がそこから導き出した3つの帰結について述べておかねばならない。まず、母語話者こそが学習者にとって最良の模範となるということ。母語話者の習得法をなぞることが学習者にとって最良の道であるということ。そして、母語話者こそが最良の教師となるということである。このような考え方は、とりわけ母語話者をどう定義すべきであるかに関してさまざまな物議を醸しており、近年では真正面から異議を唱える者も多い (Coulmas 1981, Rampton 1990, Davies 1995, 2003, Seidl-hofer 1999, Braine 1999, Medgyes 1994)。

- 柱その4　絶対主義 (absolutism)

第4の前提は、絶対的な確信に満ちてはいるものの、実質的な証拠を欠いている。これは、直接教授法こそが成功に通じる唯一の正道であり、学生も二言語併用の教授法よりは直接教授法を好むという前提である。このような実証不足の（そしておそらく実証不可能な）前提が存在するのは、（上述した広義の定義による）直接教授法の繁栄と歩みをともにしてきたのが言語教育・学習に関する新しい科学的研究手法らしきものであることを考えるだにいっそう不思議なことである。というのも、この科学的研究においては、（なかんずく第2言語習得に関する）あらゆる仮説に対して厳密な

（実験による）検証法が適用されるものであり、またあらゆる主張に対して、それがいかに自明のことであろうとも証拠が必要とされるものだからである。このような風潮にもかかわらず、直接教授法の優勢と人気に調査の手が及んだことは、どういうわけか近年までほとんどなかった。しかしながら、後述するとおり、最近の研究では、少なくともある状況について言えば直接教授法のほうが訳すことよりも効果が薄いことや (Rolin-Iantizi and Brownlie 2002, Kaneko 1992, Källkvist 2008, Laufer and Girsai 2008)、学生の中には直接教授法に強い嫌悪を示すものもいること (Brooks-Lewis 2007, 2009) が示唆されている。上述したような絶対的な確信は、直接教授法の起源が学術的なところではなくむしろ商業的なところに存する可能性をさらに強める証拠と言えるかもしれない。なぜならば、このような極端な自信は、自らの主張に対する疑いを一切述べない広告・宣伝の言説に相通ずる特徴 (G. Cook 2007a, 2008a) でありこそすれ、自問や譲歩を旨とする学術的な議論の特徴であるとは思われないからである。訳の不人気ぶりを主張することについても、（論者本人の学生時代の回顧に基づいた）逸話を用いて立証されることはあるものの、その場合も重要な因子を度外視する傾向が強い。それは例えば、自分の受けた教育についてはその方法を問わず批判したがる若者特有の性癖や、先人の考えを拒絶したがるという世代を超えた傾向などである。このような因子は、いかなる新しい教授法に対してもいずれは作用し、初めのうちいかほど人気を博したものであってもその寿命を縮めるもととなる可能性が高い。直接教授法には、自分の若さは永遠のものであるという妄念が内在しているのだ。

## 4. 悪役——文法訳読法

　新しい運動には、打倒すべき旧体制が必要である。それは戯画化・嘲笑の対象であり、またその弱点をさらすことが、自らの美点を対照的に引き立てることにつながる。当時の正統であった文法訳読法は、改革運動にとっても、はたまた新しい直接教授法を用いた語学学校にとっても格好の餌食であった。

　文法訳読法は、19世紀末のヨーロッパの中等学校における現代語教育で主流をなしていた手法であり、また20世紀に入っても、さまざまな批判

を受けてはきたものの、長きにわたってその地位を維持した。それは、現代諸語と地位を争うことになったラテン語・古代ギリシャ語の教育手法を受け継いだものであり、その力点は書き言葉・文法・正確さ・学習言語で著された文学古典の読解を学生の究極目標とすることなどにあった。「従来の言語教育」といったあいまいな言い方をしたり、教育訳について漠然と語ったりする際には、(あくまでその具体的特徴を無視した不正確な物言いではあるが)この文法訳読法のことを指している場合が多いようである。もはや文法訳読法の全盛期ははるか昔のことであり、むしろそろそろ直接教授法のほうこそが「従来の」と呼ばれてもおかしくないほど長い歴史を経てきたにもかかわらず、である。

18世紀末にプロイセンの中等学校用に考案された(Howatt 2004: 151)文法訳読法の本質は、文法規則の解説・学習と、それを目標言語に/から訳すことを組み合わせて言語を教えることにある。これは後に「統合型授業構成」(Wilkins 1972)と呼ばれるものの代表例で、学習項目を定式化し、段階づけしたうえ、それを積み上げ可能な順番で学生に提示することを特徴としている。

> 言語のさまざまな部分を別個に、段階的に教授することによって、部分部分を徐々に蓄積しながら習得させ、最終的に言語の全容を構築させることを狙ったものである。(中略)学習者が触れるのはいつも、意図的に限られた例文である。(中略)学習者の使命は、学習を容易にするために大量の細切れにされた言語を再び統合することである。
> (Wilkins 1976: 2)

文法訳読法の教材を構成している学習項目は個別の文法規則であり、それは難易度によって段階づけられたうえで1回につき数個ずつ提示され、最も「簡単」かつ「重要」なものがその最初となる(ただしこの2つは必ずしも同義とは言えない)。したがって各課ないし各単元はいくつかの新しい規則を中心に展開され、まず学習者の第1言語による説明、次いで暗記・記憶、最後に当該の規則を例示するために作った例文を一つ一つ訳させつつ練習・確認を行う。語彙なしに文法を練習することはできないが、文法訳読法は文法にその中心があり、語彙の提示に関してはいささか無計画な

ところがある。各課ないし各単元ごとに、なんらかの理由で教材作成者によって選び出された単語がいくつか提示され、それぞれ学生の暗記用に訳した場合の対応語が添えてある。つまり、単語の意味を知ることはそれを訳すうえでの対応語を知ることだと考えられているのである。この手法に関しては、訳の練習においては既出の単語・構文のみを用いるべし、という重要な原則がある。換言すれば、学生にとっても教師にとっても、意外な内容は何も含まれていない。知識は累加的・段階的なものであるから、教材を終えるころには当該の言語（つまり文法およびその訳における使用法）を学び終えることができる（ことになっているらしい）。語彙はもちろん各自で無限に増やしていけるものであるから、概して指導を必要とするものではないと考えられている。もう1点、自明のことながら重要なのは、文法訳読法の教材はどれもある特定の一言語の話者向けにできているということである。したがってそれは「フランス語話者のためのドイツ語」「英語話者のための日本語」といった形を取るのであって、直接教授法のようにあらゆる言語的背景を持つ学習者に向けたものにはなっていない。

文法訳読法は「教授法」と表現されることがあるが、典型的な文法訳読教材は何を学ぶかに終始することが多く、ど・の・よ・う・に・学ぶかについてはほとんど何も述べていないということは注目されてしかるべきである。しかしながら、書かれていることも大半は暗示的なものであり、教科書と教材の中身はそっくりそのまま対応していることが多く、また各単元は「章(チャプター)」ではなく「課(レッスン)」と呼ばれていることが多い。自習教材を使って独習する場合は、始めから順番に終わりまで取り組み、規則や語彙項目を出てくるままに理解・記憶し、問題で訳の練習・力試しを行い（本の末尾にある解答を確かめ）、その後時間をかけて復習・見直しをするという具合になる。教室でもこの手順は同様であるが、ここでは教師が新しい規則の理解確認、練習課題の添削、必要に応じての補習や補足説明、独自の解説や説明を行うことになる。この場合の学習は、教科書という権威に大きく依存したものになる（Gray 2002, Santos 2004）。そこにあるのは、全員一斉行動、決まりきった進行手順、規範を基にした試験などによる、教師中心・教師主導の学習である（Clark 1987: 8–9）。さらに言えば、ここに暗示されているのは、古典的人間主義の教育課程で言うところの能力別クラス編成であり、そこに通底するのは、社会の変革を求めたり、新たな経済的要請に適応し

たり、個々の学生のさまざまな自己実現を促したりすることではなく、むしろ世代から世代へと知を受け継いでいくことを旨とする原理である（前掲書 1–100）。

　以上のような一般原理をより具体的に示すためには、一例を挙げて詳細に見ていくのがいいだろう。既述のとおり、文法訳読法はごく最近まで自習教材の主たる要素であった。図 1 に示したのは 19 世紀後半のものではなく、1961 年版の *The Penguin Russian Course*（Fennell 1961）からの抜粋である。これは 1996 年に *The New Penguin Russian Course* として改訂されるまで出版されていたものである。

---

### УРО́К 1　　LESSON 1

#### СЛОВА́РЬ　　VOCABULARY

вода́ water
Во́лга Volga
вот here is
да yes
дом house
доска́ бо́ard, blackboard
и and
кана́л canal
ка́рта map
класс class(room)
ла́мпа lamp
Ленингра́д Leningrad
Москва́ Moscow
мост bridge
па́рта school-desk
план plan
река́ river
сло́во word
стол table
стул chair
там there
тут here
э́то this

#### ГРАММА́ТИКА　　GRAMMAR

**1. Absence of article in Russian**

The Russian language has no article. The noun **дом** may mean 'the house', 'a house', or 'house' depending on the sense.

**2. Omission of Verb corresponding to the English 'is', 'are' in the Present Tense**

In Russian, the verb equivalent to the English 'is', 'are', etc., is not generally used in the present tense.
The sentence **дом там** corresponds to 'the house is there'.
After **вот**, a demonstrative particle meaning 'here

is' 'here are' and used to indicate one or more objects or persons (like the French 'voici' and 'voilà'), no verb is used. Thus

 **Вот** дом.   **Here is** the house.
 **Вот** дом и мост. **Here are** the house and bridge.

The same applies to the neuter form of the demonstrative pronoun **это** which may be used to translate 'it is', 'this is'.

 **Это** дом.   This is a house.

**3. Interrogative Sentences**

Questions in Russian may be denoted by intonation, the word order of the sentence remaining the same as in the affirmative statement:

 **Дом там.**  The house is there. (Affirmative)
 **Дом там?**  Is the house there? (Interrogative)

## ТЕКСТ   TEXT

Вот дом. Вот мост. Дом там. Мост тут. Дом там? Да, дом там. Мост тут? Да, мост тут. Вот стол, стул, ла́мпа. Там ка́рта и доска́. Это ка́рта. Тут Москва́. Там Во́лга. Тут сло́во «ла́мпа». Это вода́. Это мост и дом. Там стул, стол и па́рта. Стол тут, стул там.

**УПРАЖНЕ́НИЯ**  **EXERCISES**

Translate into Russian:

(1) The house is here. (2) The bridge is there.
(3) Here is a house. (4) Here is a bridge.
(5) Here is a lamp, a chair, a table.
(6) The school-desk is there. (7) The plan is here.
(8) This is a map. (9) Here is the Volga.
(19) The canal is here. (11) A bridge is there.
(12) Is this Moscow? (13) Here is Leningrad.
(14) This is a classroom. (15) Is this a map?
(16) Are the house and the river there?
(17) Here is the word 'bridge'.

図1 Fennell 1961: *The Penguin Russian Course*, pp. 3–4.

　抜粋は Lesson 1 となってはいるものの、学生が既にキリル文字とロシア語の発音に習熟していることを前提としている。ロシア語を初めて学ぶ英

語話者はどちらにも難儀し続けるものであるが、同書においてそれは初歩的なこととされ、いささかぞんざいに扱われている感がある。最初に語彙項目があり、そこには英語の対応語と形が似通うものを多めに並べたような配慮の跡も見られる。例えばロシア語の класс (*klass*) は英語の class, лампа (*lampa*) は lamp, стул (*stul*) は chair (英語の stool と似ている) といった具合である。続いて 2 つの文法規則に関する英語の説明があるが、「ロシア語における冠詞の欠如」「英語の現在形 is, are に相当する動詞の省略」といった英語中心主義的な表現が見られ、あたかも英語文法が規範でロシア語はそこからの逸脱であると言わんばかりである ('Absence of article in Russian' という見出しそのものに冠詞が欠けているのがまたなんとも皮肉で興味深い)。ロシア語と英語の際立った文法的差違として頻繁に目にするこの 2 つの規則が最初の項目として選ばれたのは、おそらく両言語の対照分析に基づいた結果なのであろう。冠詞の欠如は、同様に冠詞を持たない中国語の話者にとっては言うまでもないことであり、また現在形の連結詞の欠如も、同じ特徴を有するアラビア語の話者にとっては説明を要するものではない。実際的な面から言えば、これらの規則を早いうちに説明しておくのには、学生が「the はロシア語で何と言うんですか」「is はロシア語で . . .」というような無駄な質問を何度もしなくていいようにする意図もある。以上の規則と語彙を学んだら、学生はその両方を含んだ「家はここにある」「橋はあそこにある」「ここにヴォルガ川がある」などの文を訳しながら理解を確認する。それが終わって第 2 課に進むと、また新しい規則と語彙が登場し、それを第 1 課で学んだ内容と組み合わせてまた新しい文を訳していくのである。

　以上のような文法規則の説明は十分簡明なものではあるが、一方で学生に「冠詞」「現在時制」といった文法用語の予備知識があることが前提とされている点は指摘しておかねばならない。また、このような方針で学ぶことが、文法一般に関する説明言語 (metalanguage) を学生に教授することにつながる点にも注意が必要である。自習教材ではこのような用語法の知識が当たり前のこととして扱われてはいるが、それを教師が使いながらロシア語も文法用語も同時に教える状況がありうることは想像にかたくない。

　しかしながら、教材を読み進めていくと、無理からぬこととはいえ、このような文法の説明はずっと複雑で不可解なものになっていく。別の自習

教材である 1962 年版の *Teach Yourself Italian* から、イタリア語の仮定法[3]の使い方に関する説明を例として見てみよう (Speight 1962: 141)。この種の説明はその冗長さが特徴なので、多少長めに引用してもよかろう。

> 従属節内での仮定法の時制は、主節内の直接法動詞の時制によって決定される。(中略) 規則は以下のとおりである。
> 1. 主節内の動詞が直接法現在または命令法未来である場合、従属節内の動詞は仮定法現在または仮定法現在完了となる。
> 2. 主節内の動詞がそれ以外の (ただし現在完了を除く) 直接法時制である場合、従属節の動詞は仮定法半過去または仮定法過去完了となる。
> 3. 主節内の動詞が現在完了である場合、従属節内の動詞は、その内容が現在を表すか過去を表すかによって、仮定法現在ないしは仮定法半過去のいずれかとなる。

文法訳読法を批判する側の言い分は想像にかたくない。文法訳読法は流暢さをないがしろにしてもっぱら文法の正確さばかり重視し、また会話の練習をないがしろにして書くことばかり重視している。実在するひとまとまりの文章ではなく、作り物の例文の細切れを用いている。言語を使う能力ではなくその知識を教授しており、概して不自然で権威主義的で退屈だ、というのがその主張である。

　これらはいずれももっともな批判である。とりわけ学習言語が話されている国を訪れるなどして実際の会話の中で使ってみたいと思っている学生に、上記のイタリア語文法のような説明が不満を与えるであろうことは容易に想像できる。とはいえ、このような批判が妥当だとして、それでも文法訳読法にまったく利がないということにならないのは、いくたりかの論者が認めているとおりである (Larsen-Freeman 2000: 11–23)。これは全か無かの問題ではない。ひとまとまりの文章、実際の使用例、話し言葉、流暢さ、学習者中心の活動など、ないがしろにされている言語使用の諸要素に焦点を当てるような活動があれば、文法訳読法は補足・修正することが

---

3) この引用の「仮定法」「命令法」といった用語の使用からも分かるように、この種の説明にはラテン語・古代ギリシャ語から受け継いだ文法用語が頻繁に使用される。

できる。ひいき目に見れば、文法訳読法は文法の正確さ、文法に関する説明言語、書き言葉における訳の技術を伸ばすものであり、また、おそらく一番重要なことだが、文法訳読法は学生・教師の両者にとって無難かつ系統立った筋道を与えるものであるとも言える。ついでながら、教授言語にあまり堪能でない教師、業務が煩瑣すぎて授業準備に長い時間を使えない教師には、文法訳読法はとりわけおあつらえ向きのものとなるであろう。このような教師にとっては、文法訳読法が無難かつ確実な選択肢ということにもなりうる。本に書かれたとおりにすれば授業計画ができる。自分が教材をどのくらい理解しているのかを前もって確認することができる。（系統立った形を採らない教え方をした場合に多々あるような）意外な言語使用が出てくることもないので、自分の知識に穴があることが露見して学生の前で恥をかくこともなければ、誤った情報や説明によってその穴を隠そうとすることで事態が悪化することもない。

　とはいえ、文法訳読法に欠点があるのは明らかであり、バランスの取れた能力を身に付けたいと考えている学生に対して総合的な学習の筋道を与えることができるものとは言いがたい。しかしながら、文法訳読法への批判を盾に取ってあらゆるすべての訳の使用に対する反論を展開するのは論理のすり替えである。文法訳読法は、訳を使用する唯一の形などではない。実際、文法訳読法が養成する訳の技術やその評価基準は特異なものであって、時間的制約や、文字どおりでない自由な訳の可能性などはほとんど考慮されることがない。したがって、文法訳読法における訳の用い方をこき下ろすことで訳の使用一般を非難するのは、書き取りのみによる作文授業を批判することで作文教授そのものを難じたり、文脈から切り離された音を暗誦することの欠点を指摘することで発音教授を非難したりするのと同様で、説得力のある議論とはならない。にもかかわらず、これこそが文法訳読法に対する非難の実態であった。文法訳読法の欠点に関する観察に基づいて、あらゆる訳の使用が問答無用で拒否されたのである。

## 5. スウィートな言葉

　文法訳読法に対する反対論が当初いかなる性質・特徴を持つものであったかを例示するために、一般論から具体論へと話を移して、ヘンリー・ス

ウィートの『言語の実際的研究』の一節を取り上げてみたい。この書は長きにわたって影響力を及ぼし続けており、1899年の初版以来65年間も重版され、おそらくは現在でも言語教育関連書籍の中で史上最大の普及度と影響力を誇るものの1つと数えられるに至っている。スウィートはカリスマ的な影響力を持つ人物であった（バーナード・ショーの戯曲『ピグマリオン』およびそのミュージカル版である『マイ・フェア・レディ』に登場するヒギンス教授のモデルとなったのがほかならぬ彼である）。彼の筆致には魅惑的なほどの雄弁さがある。ある一節の中で、彼が文法訳読法の練習課題によく見られるような作り物の例文を嘲っている部分がある。彼によれば、そのような例文を用いることは、

> 本当に自然かつ慣用的な言葉のつながりを排除して（中略）無味乾燥なものを生み出すことになる。それは記憶に残らないばかりか、多くは実生活でまずお目にかかることのないようなものである。例えば「わたしの叔母の猫はあなたの叔父の犬よりも不誠実である（The cat of my aunt is more treacherous than the dog of your uncle）」「わたしたちはあなたの従姉妹について話し、またあなたの従姉妹のアメリアは彼女の叔父と叔母に愛されている（We speak about your cousin, and your cousin Amelia is loved by her uncle and aunt）」「わたしの息子たちは公爵の鏡を買った（My sons have bought the mirrors of the duke）」「馬は虎よりも背が高い（Horses are taller than tigers）」といった具合である。わたしが学生時分にこのような手法でギリシャ語を学んだ（というより、学ぶふりをしていた）ときには、先生が教科書の練習課題に出てくる言葉を組み換えて新奇な組み合わせを作っていたが、挙げ句の果てに、仏頂面に微かな笑みを浮かべて彼が編み出したのが「哲学者は雌鳥の下顎を引っ張った（The philosopher pulled the lower jaw of the hen）」という文であった。これだけはほかのギリシャ語を全部忘れてしまった後でもずっと頭から離れなかった。
>
> 　　　　　　　　　　　　　　　　　　　（Sweet［1899］1964: 73）

一教師の奇妙さも教育の慣習全般の奇妙さもまとめて効果的にこき下ろした説得力と滑稽味溢れる語り口には、なるほどと頷かされてしまう。1冊

全体がこのような具合なので、この書がなぜ成功を収めたのかは推して知るべしである。しかしながら、細かく読んでみると、その議論の論理には（語り口とは裏腹で）疑わしいところがあり、またその論点についても、スウィートが事を単純化しているように思われてくるところがある。

　この愉快な逸話には、明らかな矛盾がある。まず、文法訳読法における作り物の例文は「無味乾燥」で「記憶に残らない」ことが批判されている。かと思うと、そのわずか数行後には、「ほかのギリシャ語を全部忘れてしまった後でもずっと頭から離れなかった」文が例として挙げられるのである。こういった文は、完全に忘れてしまいそうでありながら完璧に覚えてしまうものでもある、ということになるだろう。

　「現実の言語」を提唱する現代の論者と同じように、スウィートは「本当に自然かつ慣用的な」言葉のほうが「無味乾燥」な言葉のつながりよりも利があると述べていながら、その後者の例として逸話の締めくくりに挙げている文が、裏目に出て主張に反するものになっているのである。ほかにどんなギリシャ語を「学ぶふりをし」たのかはともかくとして、彼は間違いなく、最後の奇怪な文に表れたギリシャ語をしっかりと覚えたのである。実際、件の一節の直後に続く行で、彼はこの文の古代ギリシャ語訳を正確に引用している。わたし自身の経験も、この文の覚えやすさを裏付けている。わたしはこの文を難なく覚えることができ、またわざわざ調べるまでもなく例として用いることができている。

　よく考えてみればこれは驚くべきことではない。言語の使用例の中でも一語一句覚えてしまうのが一番簡単なのは、日常生活で言い回しの正確さを気にせずに用いられるようなありふれた言葉ではなく、珍奇さ、高尚さ、古めかしさなどの点で際立った言葉や、リズムや韻などの並列構造で強調された言葉、内容に重みや感情が込められた言葉などのほうである（G. Cook 1994, 2000: 170）。一語一句思い出せる見込みが最も高いのは、祈りの言葉、ジョーク、文学、歌、落書き、大衆紙の見出し、修辞に満ちたスピーチなどである（Keenan et al. 1977, Bates et al. 1980）。意味内容が奇妙であればあるほど、それを覚える見込みは高まる。「哲学者は雌鳥の下顎を引っ張った」という文も、まさにそのばかばかしさゆえにこそ、このような精鋭の仲間入りを果たしたのだと思われる。正確に覚えられるからこそ、この文はギリシャ語でほかの文を作るときに頼れる手本となりうるのであ

る。したがって、「哲学者は雌鳥の下顎を引っ張った」のようなとんでもなくおかしな文が教育の面では役立つものとなる一方で、「現実の」例文はつまらなくてすぐ忘れてしまうため、教育的な利がはるかに少ないということにもなりうるのである (G. Cook 2001a)。スウィートはこの可能性に対する反証を提示してはいない。むしろ証明してしまっているのである。

　以上のようなことから浮上してくるのが、ありのままの現実と人為的な産物のどちらが学習に利をもたらすか、というさらに大きな問題である。スウィートの考えでは、教室の外でお目にかかることがない、またはその見込みが薄い文は、教室の中での例文としても絶対によくないものであることになる。しかしながら、「わたしの叔母の猫はあなたの叔父の犬よりも不誠実である」という文や、「あなたの叔父の犬」「公爵の鏡」「雌鳥の下顎」「あなたの叔父の庭師」という言葉は、(現代のコミュニケーション重視の教材でよく見られる例文のように) 口語による会話の言葉をまねたり教えたりしようとして作られたのではなく、文法的な要点を示すという教授上の目的で用いるために作られたのである。このような事情からすると、お門違いの目的を持ち出したうえ、それが達成できていないからといって上述の例文を批判するのは間違いなのではないかと思われる。検討すべきなのは、目的そのものの妥当性である。実用に即した英語の模範として考えれば、上述の例は確かによいものとは言いがたい。直感でもコーパスからでも分かるように、生物を修飾語とする場合は前置修飾の所有構文 (your uncle's dog など) のほうが後置修飾の所有構文 (the dog of your uncle など) よりも英語らしい形である。とはいえ、フランス語やスペイン語をはじめとした、同様の条件で後置修飾のほうがよく用いられる言語へと訳させるための例文ということであれば、上述の例のように普通の英語を歪めた形は、学生が *le chien de mon oncle, el perro de mi tío* といったように正しく訳すための一助となる。

　それでも、文法訳読法に対するスウィートの反対論は長く強く影響を及ぼすことになった。訳に用いるばかばかしい例文をこき下ろすことは、状況によっては笑いを呼ぶことも請け合いであるため、今や常套手段になっている。とはいえ、滑稽な例文は何の役にも立たないということにはならない。事実はまったく逆である可能性もある。

　例えばイギリスの著名な言語学者であるファース (J. R. Firth) は1935年

の言語学会における講演で、同様のジョークによって同様の趣旨のことを述べている。スウィートと同じく、彼の議論もパロディに頼ったものになっている。

> 「わたしはあなたの父のペンを見たことがないが、あなたの叔父の庭師の本を読んだことがある (I have not seen your father's pen, but I have read the book of your uncle's gardener)」といった文法教材でよく目にするような例文は、文法の水準にとどまったものである。意味論的な観点から言えばただの戯言である。「わたしの医者の曾祖父は猫の羽根の毛焼きをしているだろう (My doctor's great-grandfather will be singeing the cat's wings)」という例文は、音声学・語彙素論・統語論の文脈ではともかくとして、意味論的には十分満足な文脈を与えるものとは言えない。　　　　　　　　　　　　　　(Firth 1957: 24)

ファースはほかのところでも、そういった例文は「経験として観察・正当化することができる出来事」にはなんら関係を持ちえないので無意味である、と論じている (Firth 1968: 175)。ファースとスウィートが同じ手口のごまかしをしていることに気づくであろう。彼らは、自らの論の証拠とするために、英語の文法が歪められた例文を、実際の教科書から採るのではなく意図的に作り上げているのである。この策略の皮肉は、ともすれば見逃してしまいがちである。つまり、これでは作り物の例文の作り物を例として挙げている、ということになるのである。さらに言えば、猫に羽根があるといった非現実的なことは、「経験として」は起こらないかもしれないが、虚構・空想・遊びの中では当然ありうることであり、そのいずれもが言語学習に一役買っているのである。物語の中では、ファースの以前にも以後にも羽根の生えた猫は（例えばヘンリー・ソロー [Henry Thoreau] の『森の生活——ウォールデン』[1854] やアーシュラ・ル゠グウィンの『空飛び猫』[Le Guin 1998] などにおいて）数多く登場しており、その世界では猫の羽根を毛焼きしてはいけない理由などないのである。

　作り物の例文に反対する声は、これ以降も伝統としてたびたび聞かれている。次のマイケル・ルイス (Michael Lewis) の「許してもよい」という物言いからは、作り物の例文を挙げるなど罪も同然であると考えているこ

とがうかがえる。

> 形としては正しい英語になっていても実際に使用されているとは想像しがたいような例文が、教科書にも散見し、また文法の練習でも用いられていた。
> 　（中略）それはそれとして許してもよいが、教師や教科書執筆者がそんな例文を用いるとなればそうはいかない。　　　（Lewis 1993: 13）

しかしながら、文法訳読法はこのような批判に息の根を止められるようなこともなく、ときには非難されつつもさまざまな場所で生き延びている（Benson 2000）。今なお文法訳読法にお目にかかれる教科書や授業構成はまだ世界中にたくさんある。もっとも、第3章で確認するとおり、既得言語や訳の使用が形こそ違えど世界中で再評価されつつある中で、一部には文法訳読法の最後の砦を直接教授法に攻略されそうなところもあるのは皮肉なことである。

　だが、文法訳読法の批判を敷衍してあらゆる訳の使用が批判されたことは、言語教育の文献や教育一般の中に深々と爪痕を残した。単一言語による指導のほうが二言語による指導より自然である、帰納的学習が演繹的学習より優れている、成人学習者は母語話者の幼児と同じ筋道を辿るべきである、といった諸理念は、1970年代のコミュニケーション重視による言語教育革命に通底するものとなり、それが目下最先端を行くものとされている2000年代の動向にも及んでいるのである。

　とはいえ、文法訳読法を攻撃することは、その成否にかかわらず、訳の使用一般を攻撃することと同義ではない。実際のところ、改革運動ではそのような主張がなされることはなかった。既に述べたとおり、『言語の実際的研究』中の別の箇所で、スウィートは訳や明示的な文法指導を支持する姿勢を見せている。さまざまな教育現場における訳を一切禁じ、また何十年もの間理論・研究の中で訳をないがしろにしてきた原理は、改革運動が展開した学術的な議論の血を引くものとは言えない。だとすれば、事はむしろ学習者・教授者の人口統計上の変化を引き金としたご都合主義の色合いが強いものであると結論づけざるをえない。

　訳を葬り去る実際的な理由としては、言語的背景の異なる学生からなる

クラスでは使用できないこと、学生の話す言語を解しない母語話者教師には使用できないことがあった。また、そこには直接教授法を推進する背景となった商業的・政治的利己主義も存在した。出版社や私立学校は、直接教授法のおかげで、あらゆる教師があらゆる学生に対して使え、したがって世界中に市場展開できるような教材を作ることができた。自国の言語を直接教授法で教えることになっている国からすれば、母語話者を教師または専門家として輸出できること、学習言語が使われている国で学びたいという風潮が学生の中にあること、そして制度が改まることに伴って広く影響が波及していくことなどには、政治・商業の両面での利があった。直接教授法の誕生と時を同じくして英語出版業界に新たな大量生産時代が到来したこと、そして直接教授法の概念がヨーロッパ国民主義の全盛期における二大工業国（イギリスとドイツ）で発展した考えをよりどころとしたことは、おそらく偶然の一致ではない。直接教授法は大量生産・国家構築・帝国主義と歩調を合わせたものだったのである。「一つの国家、一つの国民、一つの言語」というお寒いスローガンを英語教育用に「一つの授業、一つの学習者、一つの言語」と書き換えるなど、造作もないことだ。

第2章
▼
# 長い沈黙
### 直接教授法から意味重視へ

　前章では19世紀から20世紀の変わり目において訳が追放された理由を検討した。教育訳に対する当時の反対論には教育的・言語学的な本質が欠けていたこと、訳が拒絶された背後には何かほかの推進力の存在が疑われることを念頭に置くと、その後の100年に起こった出来事の興味深い側面が見えてくるのである。本章はこのような観点から20世紀という時代を捉えていく。

　学術的な文献を調査する際、何かの存在より、何かの不在のほうが興味深いことがある。何かが不在ということは、単に何か見すごされたものがあるか、あるいは、どうせ当座の研究には無関係だという意見が大勢を占めるに決まっているから検討には値しないと判断されたものがある、ということになる。これが、フランスの哲学者ブルデュー（Bourdieu 1977: 164）がギリシャ語のドクサ（*doxa*＝臆見、思い込み）という用語で呼ぶところの、「自然界・社会において何かが自明のように思われている」という現象である。学術的思想に潜むこのような盲点とそれが生じる理由は、場合によっては十分一考に値するものであり、その研究は学問に携わる者の責務である（少なくとも、それがあるべき姿である）。

　何かに関する言及を避けるのは、それが何らかの点で優勢なイデオロギーを脅かすことを、意識的にせよ無意識的にせよ感じ取るからなのかもしれない。研究者の中には、語られないこと、あるいは議論の隙間にこそ、当事者の共有しているイデオロギーを構成するものがあるとの主張も見られる（Althusser 1971: 136–169, Macherey 1978: 87, Fairclough 1989: 78–90）。例えば教育の議論においては、学校で宗教教育をすべきか、クラスの規模はどのくらいにすべきか、などといった具体的な問題は提起されるとしても、学校なる概念そのもの、つまり、子どもがほぼ毎日家を出て専

用の建物に集い両親以外の大人による管理を受けるという事実を疑問視することは決してない。そのような、普段論じられない物事がひとたび話題に上ることで議論の隙間が埋まると、それをきっかけとして重要な難問の検討が始まることにもなりうる。訳すことは、これと同種の現象なのかもしれない。つまり、優勢なイデオロギーが脅かされる可能性を危惧するがゆえに、議論から遠ざけられている、というわけである。

　直接教授法の陣営による教育訳の批判は見事に奏功し、訳の使用こそまだ多くの場所で続いたものの、訳に関する議論については、1900年代からごく最近まで、主たる言語教育関連文献からは事実上姿を消した。これは、訳が検討・評価を経た末に根拠をもって拒絶されたのではなく、ただ単に無視されたということである。したがって、20世紀に現れた教育訳反対論について異議を唱えようにも、そんなものがほとんど存在しない以上、いかんともしがたい。これは控えめに言っても奇妙な状況である。19世紀の改革を支持する学問的主張が、（前章の最後に述べたとおり）訳の使用一般をうんぬんしたものではなく、文法訳読法におけるごく限られた形態での訳の使用のみを念頭に置いたものであったこと、20世紀が言語教育・学習のあらゆる側面に対して理に適った研究を行うことを旨とした時代であったことを考え合わせれば、事はなおのこと奇怪である。訳に関する主張は、きちんと耳を傾けられることもなく大ざっぱに切り捨てられたのだと言ってよかろう。

　それゆえ、言語教育・学習の分野における近年の主要な概説書を眺めてみても、訳に関する言及が見られることはまずない。例えばヘッジ（Hedge 2000）、カーターとヌナン（Carter and Nunan 2001）、ジョンソン（Johnson 2001）、リチャーズとロジャーズ（Richards and Rodgers 2001）らの著作は言語教育に関する優れた入門書ではあるが、その最新版でさえ、訳についてはまったくの無視を貫くか歴史的現象としてわずかに触れる程度にとどまっている。中にはハーマー（Harmer 2007: 133）のように、学生の既得言語使用に対する草の根での支持が広がっていることに対応し、訳に関する議論に割く紙面を最新版の出版に当たって増やしている場合もあるが、これについては第3章でまた触れる。第2言語習得の概説書においても状況は酷似している。ロッド・エリス（Rod Ellis）はその大家として第2言語習得研究の包括的な概説書を著し続けているが（Ellis 1985, 1993, 2003,

2008)、そのいずれにも訳に関連する項目や節は見当たらない。ミッチェルとマイルズ (Mitchell and Myles 2004) やライトバウンとスパダ (Lightbown and Spada 2006) の著作をはじめ、広く使用されている概説書・入門書はほかにもあるが、状況は同じである。公正を期するために言えば、だからといってこれらの著者ばかりを非難するのは適当ではない。言語教育・学習のどちらに対する方法論を概説しているにせよ、上記の著者たちは、ここ数十年で訳の役割についてどのような議論が交わされたのかを正確に述べているにすぎない。そう、議論はほぼ皆無だったのである。

訳については理に適った反対論も証拠もない中で、それでもこの章では、訳が分析の対象外とされてきた歴史を辿りつつその理解を試みたい。本章はその枠組みとして、20世紀の言語教育理論が2つの革命を経験した時代であると捉えることにする。1つは言語横断的教育から単一言語内教育への転換（つまり、前章で述べた19世紀末の直接教授法時代の到来）、もう1つは1970年代以降の形式重視から意味重視への（ただしあくまで単一言語内教育というくくりの中で起きた）転換である。以下にこの枠組みを図示する（図2参照）。

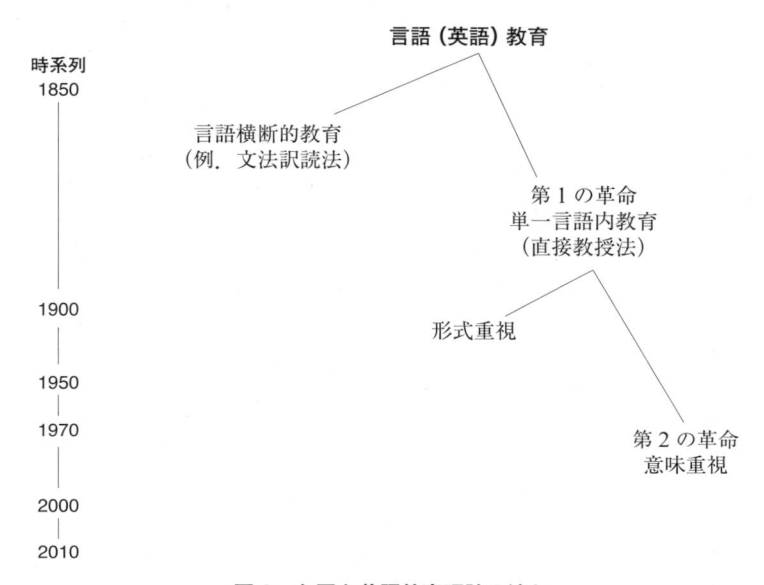

**図2　主要な英語教育理論の流れ**

このような単純化は正当性に欠けるのではないかと見る向きも多かろう。2つの革命といっても、その当時にあってはそれぞれ実にさまざまでしかも相いれないような動きが同時に起こっていたはずだからである。しかしながら、21世紀の視点から振り返ってみるならば、この見方は正当なものと言えるのではないかとわたしは考えている。本章では、このような歴史的変化の概略的な捉え方が妥当であることを実証していきたい。

ただし、第1の革命はその当初からいくつか複数の現代語を念頭に置いたものであった（改革運動もベルリッツ語学学校も、その考え方は英語のみならずフランス語・ドイツ語をはじめとしたその他のヨーロッパ言語にも適用された）のに対して、第2の革命では、後に他言語の教育にも影響が波及したと思われる節こそあれ（Grenfell 2002; Pachler et al. 2008）、最初はほぼ完全に英語のみが念頭に置かれていたことは付記しておきたい。

## 1. 第1の革命——形式重視の直接教授法

第1の革命とは、前章で論じたとおり、学生の既得言語の使用を控え、学習言語そのものを媒介としてすべてを行うことを目指した動きであった。この転換は、過去との明確な断絶を示しているようでありながら、皮肉にもそこには文法訳読法の特徴が数多く残されていた。指導こそ目標言語で行われてはいたものの、その構成は形式を重視したものであり、言語の学習はすなわち文法項目の学習であるとの概念が基になっていた。論者によっては、これは第2の革命後でも変わらず、外国語としての英語（English as a Foreign Language＝EFL）の教科書の中で人気を博したものには、いかにコミュニケーション重視や作業課題重視の体を装っていても、必ずその中心に文法型授業構成があると述べている場合もある（Littlejohn 1992）。その真偽はともかくとしても、1970年代の意味重視の革命以前に普及していたあらゆる主要な教授法において、教授言語が項目化され、段階的に提示・練習されていたことは確かである。例文もほとんどの場合は特定の文法項目を例示するために人工的に作られたものであって、意味を理解したい、意味が通じるようにものが言いたいという意思疎通上の動機から「自然に」浮上してくるものではなかった。これは、当時の教授理念・教授法・教授技術（Anthony 1963）に大きな差が認められないと言っているのではない。

聴覚口頭教授法においては反復による習慣形成こそが文法を正確に習得する最良の道とされ、段階的構造教授法においては文法規則の意識的な理解が重視され、はたまた場面教授法においては（名称が示すとおり）構造を使用場面の中に組み込もうという試みがなされた。

練習課題には、置換表、文の書き換えや完成、穴埋め、対話完成などさまざまな形があろう。しかしながら、どの方式を採るにしても、学生の活動の前に説明の時間が取られ、学生の練習に先立って教師から学習内容が公式として明示される傾向は強かった。まず規則を公式化してからそれを実践に移すというこの演繹的な方法は、訳の迫害の後も生き延びこそしたものの、その衰退は免れなかった。新出単語や複雑な文法規則を学生の既得言語に頼らずに説明することは、よく知られるように、冗談としか思えないほど難しいものである（というのはスウィートも指摘するとおりである（Sweet 1899/1964: 201））。例えば、前章で紹介したイタリア語の仮定法のような厄介な用法をイタリア語で説明することになったら、学生が理解できる見込みがいかほどあったであろうか。文法規則の公式の中には、その説明しようとしている内容を超えた文法の例が含まれていることが多い。語彙項目に関しても、訳なしで説明するのは同様に困難である。教室の設置物（「椅子」「机」など）やそのほか絵や身振りで表せるようなもの（「車」「花」）であればともかく、抽象的な用語や文法用語ではそうはいかない。よほど直接教授法に凝り固まった頑固者でもなければ、訳や第 1 言語の説明のほうが効率がいいことは明らかに分かるはずである。さらに言えば、言語横断的教育においては、訳すうえでの対応語を示す際にも、必ずしも完全な対応語とは言えない点について解説を施すことにより、ほかの文脈で学生がその単語を誤用する危険を軽減することができる。例えばロシア語の рука（*ruka*）という語は、hand という（学習のごく早い段階で登場しそうな）言葉をロシア語に訳す場合の適切な対応語となることが多いが、これについては直接教授法の授業でも容易に説明することができる。しかし、この語は hand とは異なり、肩から指先までの間のすべて（つまり arm と hand を合わせた部分）を指す言葉であって、文脈次第では arm と訳すべき場合がある。このことを図示して説明することもできようが、第 1 言語による解説を用いたほうがはるかに事は容易である。

初期の直接教授法に続いて現れたさまざまな動きや方法論、およびそれ

に付随する言語教育・学習理論の中で、訳が迫害を例外的に逃れたものはごくわずかで、しかも短命であった。大きな成果を挙げたことで知られるアメリカ陸軍式教授法 (American Army Method) は、第二次世界大戦末期に軍人の短期育成を目的として発達したもので、学生に対し目標言語で話しかける母語話者と、その内容に説明・解説を加えるよう訓練された (構造) 言語学者を同時に配するという斬新な方式を採った。慣例的な意味で言えば、これは訳を使用した教授法ではなく、原理的にはむしろそれに反するものであったが、それでも陸軍式教授法は既知の言語を未知の言語への媒介とするのを基礎とするのが一般的であり、実際には訳が利用されることも多かった (Angiolillo 1947)。1970 年代に少人数教育の革新的手法として提示されたサジェストペディア (Suggestopaedia, 暗示学適用法) (Lozanov 1978) は、学生の心理的負担の軽減こそが言語学習成功の鍵であるとの概念を基にしていた。そのため、柔らかい家具や座りやすい椅子を整え、バロック音楽を流し、ヨガの呼吸法を取り入れる、といったことが行われた。この教授法では、学生が聞いた内容を理解できずに不安になることを避ける意味で訳が与えられることもあったが、学生自身に訳すことを要求することはなかった。当時はそのほかにも革新的な手法が提示されたが、中でも全身反応法 (Total Physical Response＝TPR) (Asher 1977) は、創始者ジェームズ・アッシャー (James Asher) こそその著作の中で教育訳に対し強硬に反対する姿勢を貫いているものの、話すことではなく指示を行動で表現することによって学習するという手法を広義に解釈すれば (言葉から身振りへと[1]) 訳すことの一種と見ることもできる。同時期に登場したまた別の新しい「教え方」である共同体言語学習 (Community Language Learning) (Curran 1976) は、カール・ロジャース (Carl Rogers) 式の精神療法に由来する、学習者の「全人的」発達を目指したもので、言語学習活動はあらかじめ決められた形ではなく、学生と助言者 (つまり教師) との間の話し合いから浮上する形で行うべきである、との主張を展開した。共同体言語学習はこの原則に従って、不可避的な選択肢として訳すことを許容しており、また実際にも訳を活用する場合のほうが多かった。だとすれば、余談であるが、ほかの教授法を用いた場合においても、もし学習者

---

1) これをヤコブソンは「記号間翻訳」(intersemiotic translation) と呼んでいる (Jakobson 1959)。

の希望がもっと採り入れられていたならば、訳がこれほどまでに厄介払いされることはなかったのではないかという気もしてくる。以上4つの教授法（陸軍式教授法・サジェストペディア・全身反応法・共同体言語学習）はいずれも、主流として発展したものに比すれば小さな、短期間の影響を及ぼすにとどまっている。

　直接教授法優位の時代にあって、その絶対主義の度合いはさまざまであったと言える。事は単に学生の既得言語を受け入れるか拒むかという以上の複雑さをはらんでいたのである。大ざっぱに言えば、言語教育理論が学生の既得言語を遠ざけてきた流れには2つの段階があり、それぞれが上述の2つの革命の時期と一致する。第1の段階では、学生が既得言語と初学言語を比較する実際的な方便として訳を使用することこそ禁じられてはいたが、言語教育および教材作成に関する学術研究においては、既得言語と初学言語の関係を分析することから得られる知見が利用され続けていた。ある意味では、ある言語を他言語の話者に教える方法の背後には常に差異に対する意識が存在するものであり、言語Aを言語Bの話者に教えることを目的とした教材ではおのずと既知の差異を基本に据えた作成方針が採られるものではある。しかしながら、この一般原理が最も体系的に、かつ最も強い影響を及ぼす形で具現化されたのは、1940年代の構造言語学・記述言語学に端を発し1970年代に広く許容されるに至った対照分析仮説（Contrastive Analysis Hypothesis）においてである。この仮説についてはフリーズ（Charles Carpenter Fries）が以下のとおり簡潔に要約している（Fries 1945）。

　　学習言語に関する科学的記述と、学習者の母語に関する同様の記述との綿密な比較に基づいて作成される教材こそが最も効果的である。

言語教育にこの動きをもたらすきっかけとなった書として広く知られている『文化と言語学』の中で、ラドー（Lado 1957）は体系的比較の方法やそれを授業構成・教授法・試験に応用する方法を示した。そこに通底しているのは、かいつまんで言えば、学習者の話す言語が目下学んでいる言語とどういう点において異なるのかを理解すれば、学習者が経験する困難は予測・矯正が可能であるという前提であった。例えば、日本語には /h/ の音素は存在するが /f/ の音素は存在しない事実からすると、日本語話者が /h//f/

両方の音素が存在する言語を学ぶ場合には、英語の /fæt/ と /hæt/ のように /f/ と /h/ の差で区別される最少対語に苦労するはずだということになる。この仮説は当時の教授法に深大な影響をもたらした。例えば聴覚口頭教授法は、既得言語の習慣は「学習の上書き (over-learning)」によって初学言語の習慣と入れ替えねばならないという概念を基にしており、また、段階的構造・発音教授法による教材の内容や順序は対照分析によって決定されていた。言語教育を目的とした対照分析の研究は 1970 年代から 1980 年代にかけて活況を呈し続けた (James 1980, Fisiak 1981, Odlin 1989)。チョムスキー (Noam Chomsky) の影響によって、言語学および第 1 言語習得研究は言語間の差異よりも類似性を追求する方向へとあまねく転換しつつあったが、そのような理論的枠組みの中でさえも言語教育を目的とした対照分析が絶えることはなく (di Pietro 1971)、初学言語と既得言語の変数設定[2]の差異や類似性が言語学習に影響を与えるかどうかといった問題について議論が交わされた (V. Cook and Newson 1996, Towell and Hawkins 1994)。

対照分析仮説に依拠することがすなわち訳の使用を意味するわけではなく、また分析によって得られた知見は言語教育に応用されこそすれ学生に直接提示されるようなものではなかったが、それでもこの仮説には間接的ながら学習者の既得言語の存在を擁護する側面がある。そのような間接的なあり方にさえ疑義を呈し、第 2 の段階への狼煙を上げることになったのは、1970 年代以降広く許容されるようになった第 2 言語習得における中間言語 (Selinker 1972) および自然習得 (Krashen 1982) の理論であった。これは、既得言語による干渉は誤用を生む数ある原因のうちの 1 つにすぎないこと、そして、すべての学習者はその既得言語にかかわらず同様の習得過程を辿り、同様の困難を経験するということを主張するものであった。これらの概念が第 2 言語習得研究において広く容認される一方で、学界の外では今日に至るまで対照分析仮説が支持され続けていることからすると、中間言語理論および自然習得理論の登場は、さまざまな意味で理論と実践

---

[2] チョムスキーの理念によれば、変数とは生得的な普遍文法 (Universal Grammar) 中の不定要素で、幼児の言語習得の早い段階でそれぞれ異なる設定が与えられるとされている。ある特定の変数設定がいくつかの異言語間で共有されている場合もある。

が複雑に乖離していく転換点を示すものであったと言える。教師の中では対照分析の知見に対する関心も需要も依然として高く、その証拠に、例えばスワンとスミスの手による *Learner English* (Swan and Smith 2001) のような書は、世界の17の主要言語および4つの地域言語群のそれぞれと対照した場合の英語の難点を提示して好評を博した。

## 2. 第2の革命——意味重視

　対照分析の知見に基づいた構造重視の言語教育からの脱却を図る動きに伴って、1970年代には単一言語教育を志向した2つの動きが、互いに関連する形で登場した。それが自然習得式教授法（Natural Approach）とコミュニケーション重視型言語教育である。言語学習および言語使用に関する理念をめぐり、心理言語学と社会言語学によってある種の挟み撃ち作戦が展開される中で、自然習得式教授法およびコミュニケーション重視型言語教育に着想を与えたのは、第1に新しい第2言語習得研究、第2にデル・ハイムズのコミュニケーション能力（communicative competence）理論（Hymes 1972）であった。前者は言語習得において形式に意識を向ける必要はないという考えを、後者は（少なくとも最も人口に膾炙した言い方をするならば）言語学習者の究極の目標は意思疎通を達成することであって形式を正確に習得することではないという主張を生むことになった。この2つの動きは、理論的背景にもその帰結にも大きな違いがあるにもかかわらず、ある重要な信念を1つ共有していた。つまり、言語学習を成功させるためには形式より意味に目を向けるべきだ、という考え方である。ただし、両者はその主張の根拠を異にしている。自然習得式教授法、およびその基となった初期の第2言語習得理論の場合には、「理解可能な入力（comprehensible input）」からの刺激を起点として注意が意味に向けられると、認知の働きによって無意識下での言語習得が起こる、という理念があった（Krashen 1985: 2）。これに対してコミュニケーション重視型言語教育の場合には、言語学習者の究極の目的は意思疎通であるから、学習者にとって最も重要な活動は、自分の言葉で何かを達成すること、そして他者が言葉によって達成しようとしている内容を理解することである、という信念があった。形式を習得するのはあくまでこの必要に応じるためであって、形

式自体を目的とするのではない、というわけである。これは、極端な言い方をすれば、意味的な役割を持たない（フランス語の文法的性や英語の三人称現在を示す形態素 s などの）形式は重要ではない、意味が通じる表現（例えば 'Me go sleep now'）であれば文法的に正しい表現（例えば 'I'm going to sleep now'）と比べても妥当性の面で大差はない、などということにもなりうる（Taylor 1988）。

　学生が文法規則自体に意識を向けることこそ禁じられていたものの、当時の第 2 言語習得研究の話題は、依然としてその規則を学生がいかに習得するかという点に終始していた。一方、コミュニケーション重視型言語教育では、意思疎通の実用面に注意が向けられ、文法の正確さはこの「上位の」働きに資するかぎりにおいてのみ必要性を認められるものと見なされた（どちらの動きにおいても、語彙や発音について論じられることはあまりなかった）。この両者の影響が相まって起こったのが、言語教育理論・実践における第 2 の、まさに大革命と呼ぶにふさしい動きであった。その結果として、形式重視の教育活動は、ロングとロビンソン（Long and Robinson 1998）の言葉を借りれば、「失敗に結びつく」ものと断じられ、さらなる憂き目を見ることになったのである。

> 文法に基づいた授業構成、言語学的に「単純化」された教材、明示的な文法説明、即時かつ強制による学生の発話、文型練習、訳、誤文「訂正」などといった広く用いられている教育手法については、教室での言語学習の成功を説明する要素として擁護されることが多い。しかしながら、初学者数および疑似初学者数に比した習得完了者数の割合が証明するとおり、上記の手法はむしろ失敗に結びつくことが多い。そのような手法によって、あるいはそのような手法であったにもかかわらず成功を収める学習者が存在するとしても、そのような手法のおかげで成功するということはないと思われる。　　　　　　（強調筆者）

一体全体何を証拠としてこのように大言しているのかまったく分からない。「初学者数および疑似初学者数に比した習得完了者数の割合」が分かるとすれば、あらゆる場所のあらゆる言語学習者に関する情報資料が利用可能であり、また言語の「習得完了」とは何かについての正確な定義が存在する

ことになるのだが。

　上記2つの動きは、起源も理念も異にしながら、よく似た学習活動や言語提示の方法を目指していた。学習者が触れる例は「意味がある」「現実の」言葉であるべきで、「人工的に」形式に焦点を当てた言葉であってはならない、というのである。つまり、両者は以下のような単純な二項対立による分離を前提としていた。

　　意味――形式
　　現実――人工物

さらに共通していたのは、自らの学習を自覚的に管理するという学生の役割を軽視したことである。習得は無意識下で起こるものであり、自然習得式教授法であれば理解可能な入力に向けられる注意、コミュニケーション重視型言語教育であれば意思疎通がそのきっかけとなると考えられていた。第2言語習得理論においては、言語習得は呼吸や消化と同じく自動化・内化された生物的な働きであるとされ、その見方が今日に至るまで広く受け入れられている。ヴィヴィアン・クック（V. Cook 2002）は以下のように述べている。

　　食物中のビタミンを消化器系が処理するのと同様に、言語習得のための入力は主として頭脳が処理する情報を供給するものとなる。入力となる文は、頭脳の発達に必須の言語要素が含まれているかぎり、どのような内容のものであっても構わない。食物から鉄分が採れるかぎり、その味がどうであろうが、あるいは食べたのがレバーだろうがホウレンソウだろうが大差はないのである。

言語学習を無意識下の働きへと格下げし、またその結果として、最悪の場合は学生を意思も希望も持たない言語習得装置として扱うことになるにもかかわらず、上記2つの動きは自らを学生の自主性の解放者・促進者と称し、形式に注意を向けることを重視した従来の教授法を権威主義的・抑圧的と断じたのである。

　第1の直接教授法革命において、形式を重視し続けると言いながらも自

らその手段（つまり第1言語による説明）を放棄したという問題が内在したことを考えると、第2の革命はさまざまな意味で、自らがつけた傷口に対するまたとない癒しであり、また間違いなく大勢の人を納得させるものでもあった。あまつさえ第2の革命は時代の寵児でもあった。1960年代の社会的・政治的革命とそれに類する動き、および当時進行中であった中国の文化大革命に続くものとして、第2の直接教授法革命はそれと同様に統制・伝統からの解放であるという触れ込みで登場した。形式の重視は意味の重視に、退屈で人工的な練習課題は「現実の」「コミュニケーション重視の」活動に、教師と教科書の権威は新しい「学習者中心の」内容に取って代わられることになった。とはいえ、革命の支持者こそこれらの変化を全面的に信じていたものの、この第2の革命は解放を装った新たな形の抑圧であったと見ることも可能である。というのも、革命がもたらしたのは「許容される活動」の数の劇的な減少だったからである。訳の禁止が徹底化されただけでなく、そのほかにも十分な実践を経てきた言語学習活動の多くに対して強い抑止力が働くことになった。形式を演繹的に教授・処理すると規則に対する明示的な意識が強くなりすぎてしまう、書き取り・一斉音読・繰り返し・暗記は言語の「本当の」使われ方とは違う、反復練習・教壇での教授行為・訂正は権威主義的だ、といった具合である。しかしながら、この選択肢の削減が、どういうわけか機会の拡大として歓迎されたのである。

　当時の多種多様な動きをひとくくりにするわたしの見方は、その間にある重要な差異を無視しているとの謗りを免れない。また、激動の当時を生き抜き現代もなお言語教育理論の形成に活発に寄与している論者たちからは、間違いなく批判を浴びることになろう。それは、1968年の世界同時革命を主導した諸派閥が、「左翼」の名でひとくくりにされるのをよしとしないのと同じことである。しかしながら、内部での微妙な差異はともかくとして、言語教育をめぐる当時のさまざまな動きには、すべてをまとめて1つの大きな転換と見なせるだけの特徴が共有されていた。統合型授業構成の対概念としての分析型授業構成（Wilkins 1972）、機能型授業構成（Wilkins 1976）、自然言語学習（Krashen and Terrell 1983）、コミュニケーション重視型言語教育（Brumfit and Johnson 1979, Littlewood 1981）、手順型授業構成（Prabhu 1984）、過程型授業構成（Breen 1984, 1987, Candlin 1984,

1987)、相互作用仮説（Long 1983）などを支持するあらゆる議論には、相通ずる部分が実に多い。形式を段階化して項目ごとに扱うことや「人工的な」例文を使用することには一様に反対の姿勢が見られた。また、「学習課程」や「学習言語」の観点ではなく学生の観点から必要とされるものを重視する姿勢も共有されていた。皮肉なことに、この学習者中心主義には、学生の自己規定にかかわる重要な要素についての認識が欠けていた。ほかでもない、学生の既得言語である。

　原理的な差異はともかくとして、目的と実践の面でこのような共通性が存在したことこそが、わたしが20世紀の言語教育の流れを2つの大きな転換という理想化した形で捉えようとする根拠である。この二大転換の影響は、時を同じくして起こった社会的・政治的転換と同様に、やや衰えを見せつつあるものの、今日でもなおその名残を留めている。

## 3. 作業課題中心型言語教育

　意味・意思疎通の達成・学習者中心主義・「現実の」言語など、当時脚光を浴びた要素は、言語教育をめぐって研究主導で提示される理念の中に現在でもよく見られるものである。とりわけ作業課題中心型言語教育（Task-based language teaching＝TBLT）は、初期の第2言語習得研究に触発された教授法およびコミュニケーション重視型言語教育の両方の血を引くものと考えてよかろう。言語教育理論研究者の中で、訳すことも含めた「伝統的な」教授法に代わるものとして頭一つ抜けた存在と認識されていることからも、ここでこの教授法を論じることは妥当であると言える。

　作業課題について標準的に広く受け入れられている定義・例には上記の基準を想起させる部分がある。作業課題は「実社会の」活動、すなわち教室外における実際の言語使用時に学生が行う物事と関係があるものでなければならないというのがその基本概念である。例えば、サムダとバイゲイト（Samuda and Bygate 2008: 69）によれば、作業課題とは

> ある非言語的成果を達成するために何らかの条件を満たしながら言語を使用する活動全体のことであり、その過程や結果として言語学習を促すことを主な目的とする。

作業課題中心型言語教育の理論はその多くが明らかに第2言語習得の研究に基盤を置いたものであり、またその利点や想定される効用を述べるうえでよりどころとしているのも第2言語習得の理論である（例えば Skehan 1998, Bygate, Skehan, and Swain 2001, Ellis 2003, Samuda and Bygate 2008）。しかしながら、現代の第2言語習得理論は、自然習得式教授法の極端主義によってあらゆる明示的な文法形式の教授が拒絶された1970年代初頭と比べれば既に長足の進歩を遂げており、これによって現代の作業課題中心型言語教育の主張も以前より洗練の度を増したものとなっている。現在では、シュミット（Schmidt 1990）に同調する形で、学生が目にしたり使用したりする言語形式への「気づき（noticing）」を促すことが重視されている。個々の文法形式を明示的に教えることについては「個別形式重視（focus on formS）」と呼ばれ依然として拒絶されているものの、「意味および意思疎通を優先とした授業の中で偶発的に登場する言語要素に学生の注意を」（Long 1991）向けさせるという定義での「形式重視（focus on form）」については利があるものと考えられている。また、「特定の構造の使用を強制する」（Loschky and Bley-Vroman 1993）ものとしての「焦点設定済み作業課題（focused task）」や「構造仕込み（structure trapping）」作業課題といったものがあるほか、さらには作業課題を反復する実践も行われ、「おのおのの学習者がそれぞれ異なった形で自分の中間言語を成長させる一助となりうる」（Lynch 2000）、「学生が既に持っている知識を行動に結びつけることになる」（Bygate and Samuda 2005）などの見解が示されている。このような進歩は、言語学習が辿る過程の複雑さを改めて示し、さまざまな観点・方法を許容することになったという点では賞賛に値する。あらゆる習得は無意識のものという教義一辺倒の時代を過去に追いやったのである。ところが、それによって作業課題中心型言語教育や第2言語習得理論は、まったく新しい地平へ展開するどころか、奇妙な堂々巡りを始めることにもなった。もともとは双方が反復による形式・練習というものを否定していながら、結局それを擁護することになっているという逆説が生じたのである。

　このような発展の経緯から、「作業課題（tasks）」という用語と（「伝統的な」訳や段階的構造教授法による授業と結びつけられることの多い）「練習課題（exercises）」という用語は、前者が特定の成果を得るための言語使用

を重視したもの、後者は使用目的が特定されていない特定の言語項目の練習を意味するものであるという最低限の違いこそあれ、その明確な差異については消滅してもおかしくない状況にある。実際、この危機的状況は作業課題中心型言語教育の支持者自身も認識しており、それに対する反応として、一方では上記のような発展形を背教の徒として拒絶しつつ、

> 作業課題という用語は、「コミュニケーション分析型作業課題（meta-communicative tasks）」を含むものと拡大解釈されることもある。これは、言語形式を重視し、学習者が言語を操りながら形式に関する一般規則を構築していくことを狙った練習課題である。しかしながら、形式に対して明示的に焦点を当てることを作業課題の定義に含めてしまうと、教室で起こることのほぼすべてがこの枠に入ってしまうように思われる。そのため本書では、作業課題という用語をコミュニケーション重視型作業課題（communicative tasks）に限定して用い、コミュニケーション分析型作業課題は定義から除外する。
> 　　　　　　　　　　　　　　　　　（Willis and Willis 2001）

という見解が示され、他方では、逆説的状況を許容する形で、

> 「作業課題」とは、主として意味に焦点を当てた言語使用を要求する活動である。これに対して「練習課題」とは、主として形式に焦点を当てた言語使用を要求する活動である。とはいえ、作業課題にしても練習課題にしても、言語学習という大枠の目的は同じであり、その差異は目的を達するための手段にあることは認識しておく必要がある。
> 　　　　　　　　　　　　　　　　　　　　　（Ellis 2003: 3）

との意見も提示されている。ただし後者は、学生に明示される表の目的と教師が思い描く裏の目的には大きな違いがある、という留保付きの主張である。

　実際のところ、作業課題には小手先のごまかしのような面がある。学習者に対しては、大事なのは成果だということを理解させる必要があ

る。さもなくば、学習者が目的を履き違えて、言葉を使うのではなくとにかく言葉を発すればよいのだと考えることが危惧されるからである。しかしながら、作業課題が本当に目的としているのは、学習者が首尾よく成果を得ることではなく、学習者が言語学習を発展させるような形で言葉を使ってくれることなのである。そもそも、作業課題自体の成果には特に教育的な意義があるわけではないだろう。例えば、学習者が2つの絵の違いをうまく言い当てられるかどうかは、言語学習にとって重要なことではない。　　　　　　　　　（Ellis 2003: 8）

　とはいえ、作業課題に関する発展の経緯は完全な堂々巡りに陥っているわけではない。言語形式を中心として教え方を組み立てているという意味では、第2の革命以前へ回帰している部分もあるが、第1の革命以前への回帰、すなわち、訳すことも念頭に置いた言語横断的な授業の組み立てへの動きは未だ見られない。作業課題中心型言語教育の関連文献において、訳すという行為が作業課題として提示されることは皆無である。しかしながら、訳の使用は、通常の定義で言うところの作業課題の基準を難なく満たしてしまうのである[3]。訳は教室外で行われる実社会の活動である。また、訳は、その意味が通じるかどうかで成否が分かれるという点において、結果志向の営みである。さらに、訳は形式への注意を促すことにつながるが、これは形式そのものを目的とした結果ではなく、意思疎通上の必要から副次的に生じるものである。以上のような、作業課題と練習課題の差異、その関係性、作業課題型授業構成に練習や形式重視などの要素を再導入する必要性といった論点は、教育訳の擁護論を展開するうえでも極めて重要なものとなる。第7章で論じるとおり、意思疎通と形式という一見まったく重なることのない焦点は、訳すという営みによって再統合することができるのだ。
　もう1つ、意味重視の有効性に対する確信を持ち続けている有力な取り組みとしては、内容中心型言語教育（content-based language teaching）が挙げられる。これは、初学言語を媒介としてさまざまな授業科目を教えることで、学生がその言語の能力を伸ばすと同時にその科目の知識も身に付

---

3)　もっとも、近年では、教育訳を支持する議論の中で、訳が作業課題として論じられている場合もある。例えば Howells (2009) を参照。

けていくことを狙ったものである。これは世界各地で特に英語教育に取り入れられている手法であるが、ことヨーロッパにおいては、EU が CLIL[4]という略語を用いて積極的に推進した（Marsh 2002）結果、なおも英語が選ばれる場合が圧倒的に多いものの、それ以外の言語の教育にも適用されるものとなっている。1980年代の第2の革命およびカナダにおける初期のイマージョン（immersion）学校教育（Dalton-Puffer 2007: 255–261）の概念をよりどころとしたこの手法においては、意味こそが教育・学習において重視されるべき点であると考えられている。また、言語形式にことさらに注意を向けるのは付加的な活動であり、言語切り替えや訳（CLIL の用語で言うところの「言語移動（trans-languaging）」）は衰退していく（べき）活動であると見なされている（Marsh 2002: 98）。

## 4. 成果の相対性

　作業課題中心型言語教育や内容中心型言語教育をはじめ、意味重視の効用を高らかにうたう教授法につきまとう大きな問題は、その見解を支持する決定的な証拠があるのか、というよりそもそもそんなものがありうるのかということである。言語学習の成否を評価する基準は言語教育の手法の数だけ存在する。見方を変えれば、我田引水で判断するかぎり、実際のところどんな教授法でもその成果を立証できるということである。授業内作業課題における振る舞いを物差しにして作業課題中心型言語教育を評価したり、特定の授業科目の内容を論じる力を物差しにして内容中心型言語教育を評価すれば、うまく行っているように見えるのは当然であり、同じ理屈で言うならば、授業で扱った語彙・構造を活用して書かれた文を正確に訳す力を基準にすれば文法訳読法は役に立つということになるだろう。いかなる教授法について予測を立てても、ある程度は自己充足的なものになってしまうのである。もちろんこれは諸刃の剣であって、個別形式重視や訳も含め、どのような教授法を擁護する主張であっても同様の非難を免れることはできない。とはいえ、作業課題中心型言語教育や内容中心型言語教

---

　　[4]　内容言語統合学習（Content and Language Integrated Learning）の略。別の略語に EMILE（*Enseignement d'une Matière par l'Intégration d'une Langue Etrangère*）がある。

育をめぐる主張がときに直接教授法の絶対主義を思わせるほど強硬なものになることを考えると、この弱点には特別な意味が生じてくる。

　作業課題中心型言語教育がよって立つ研究分野は第2言語習得理論だけではない。何百万語にも及ぶ実用言語情報を自動的に分析するコーパス言語学は、言語記述に大きな革命をもたらし (Sinclair 1991, 2004, Stubbs 1996, 2001)、また言語の心的表象のありように関してさまざまな概念を生み出している (Wray 2002, Hoey 2005)。作業課題中心型言語教育を唱導する主たる論者の中には、この思想的枠組みを採用し、コーパス言語学を言語教育にかかわる研究のよりどころとしていることを明言したうえで、「現実の言語」というコーパス言語学の関心事を、授業内に「実社会の」状況を作り出すという作業課題中心型言語教育の取り組みに結びつけようとしている者もある (Willis and Willis 2001)。ヘンリー・スウィートと同じく、これらの論者は作り物の例文に対し強い反感を抱いている。また、この種の作業課題中心型言語教育と密接に関連する形で、言語コーパスの中で実用が確認された例文しか用いない「語彙型授業シラバス」(Willis 1990) や「語彙的アプローチ」(Lewis 1993, 1996) を求める論も展開されている。内容中心型言語教育においても、特定の授業科目を深く学ぶ中で触れることになる「現実の言語」に目を向けることの利が示唆されている。

　しかしながら、このように現実の言語と実社会の活動を結びつけることは逆説を生むことになる。概して言えば、コーパスの大部分は、ましてそれが言語教育に用いられるコーパスであればなおのこと、特定の言語を既に知っている人間が実際に用いた言葉の記録である。一方、学習者はその定義上、ある言語の習得過程にある者ということになる。これに加えて、言語学習の例文に用いられるコーパスは、そのほとんどが母語話者の言語使用を記録することを狙ったものである。一方、学習者はその定義上、非母語話者ということになる。研究用として学習者から収集したコーパスを用いることはあるが (Granger 2002)、英語教育の教材に用いるコーパスは、英語を単一で使用した場合の記録であって、他言語との混合で用いられる場面を含んでいないことが多い。しかしながら、このような混合した言語間での切り替えは、現実の多言語社会ではよく見られる現象であり、とりわけ学習者同士がある言語を共有している状況ではごく自然な方略として用いられるのである。以上のことを総合すると、母語話者の単一言語

によるコーパスを渉猟して教室にもたらされた例文の言葉は、学習者が必死で作業課題に取り組んでいるときに用いる言葉とはまったくの別物である、ということになる。コーパスに記録された「現実の」言語使用はそもそも教室外の世界に由来するものであるがゆえに、頻繁に訳が飛び交うような教室内での言語に含まれる異質の「現実」とはまったくもって対照的なものとなる。単一言語使用による現実の世界と二言語使用による人工的な世界、という対比がよく当たり前のように言われるが、実際のところは、互いに相いれない2種類の「現実」があると言えるかもしれない。現実的な形で作業課題を完了しようと思えば、学習者が慣用語法に合わない形式や言語切り替え、訳などに頼ることは大いにありうるであろう。逆に、母語話者的な言葉遣いを真似しようとすれば、非現実的に聞こえるばかりか、あまつさえ意思疎通を阻害することもあろう。最初に使われたときには生き生きとしていた表現も、模倣の対象になってしまえばその生気を失うというわけである。教室外で現れたときに「現実（real）」であり「本当（genuine）」であったものも教室内で用いれば非現実的（inauthentic）になってしまう、というウィドウソン（Widdowson 1978: 80）の指摘には説得力がある。現実性（authenticity）とは、言語そのものの性質ではなく、それが意思疎通に用いられたときに生じる性質なのである。

　ウィドウソンによるこの区別を基に、ヴァンライアー（van Lier 1996: 127–128）はさらに一歩踏み込んで、あらゆる言語使用例の中で最も現実から遠そうなものにも現実性があるとの興味深い主張を行っている。なんと、文法訳読法の文法説明と作り物の例文である。

　　興味深いことに、ここ数年で何度か目にしてきたいわゆるコミュニケーション重視の教室よりも、わたしが学生時代に受けた文法訳読式の伝統的な語学授業のほうが、ある意味ではよほど現実性を重視していたのではないかと思われる。ただし、わたしにとっては現実的に思われたという意味であって、ほかの学生の中には非現実的と感じた者もきっといたであろうということは強調しておかねばなるまい。

## 5. 異を唱える声

　1970年代末から1990年代に及ぶ第2の革命の全盛期においても、訳を擁護する声がまるでなかったというわけではない。ほとんどの場合は、試験 (Matthews-Breský 1972)、読み書き能力 (Baynham 1983)、専門英語教育 (English for Specific Purposes＝ESP) (Tudor 1987)、読解 (Cohen and Hawras 1996) といった特定の文脈における訳の使用を支持する声が散発的に上がる程度であった。より一般的な再評価を求める主張もあるにはあったものの (Green 1970, Atkinson 1987, G. Cook 1991, 1997, Hummel 1995, Malmkjær 1995/1996)、それが議論の本流で注目を集めることはなかった。しかしながら、当時の主要な思想家の中には、目を引くような擁護論を提示する者もあった。

　前節の末で論じたウィドウソンによる現実と現実性という区別は、コミュニケーション中心主義運動に関する主要文献の1つである『コミュニケーションのための言語教育』の中で提示されたものである。この書の終盤にかけて、2つの概念の差異に関する議論を展開する中で、著者は訳への支持を明言している。(当時の慣例で総称男性代名詞を用いつつ) ウィドウソンが述べるところによれば、

> 　第1の原則が意味しているのは、言語学習者は作業課題に取り組むうえで自分が何をしているのかに意識を向けるべきであるということ、またその作業課題が本当の意思疎通上の目的を果たすための言葉遣いに関するものであることを認識すべきだということである。この原則によれば、当然ながら、学習の対象となる言葉が学習者の既得知識と結びつくよう配慮せよ、その既得知識を深化・増進する形で言語を使用させよ、ということになる。要するに、通常用いているような形で言葉を使用させよ、ということである。(中略) この原則を敷衍すれば、学習の対象とする言葉を学習者の既得言語と結びつけよ、ということにもなろう。その狙いは、学習者に目下学んでいる外国語を自分の既得言語と同じようなものだと思わせること、意思疎通の行動として同じように使用させることである。そのためには、既得言語の意思疎通ではどのような言葉遣いをしているかについて、学習者の知識を参考

にしながら考えることも妥当であるように思われる。つまり、訳を活用することも妥当ではないか、ということである。
(Widdowson 1978: 159)

とはいえ、この一節は、件の名著の最後から 6 頁目になってようやく、本筋の議論の付け足しに近い形で添えられているにすぎない。また、ウィドウソンは専門英語教育用にコミュニケーションを重視した訳の練習課題を考案してもいるが (Widdowson 1979: 101–112)、それもコミュニケーション重視型言語教育の実践に広く取り入れられているわけではない。

　訳擁護論を提示しているもう 1 人の大家は、英語教育史研究家のトニー・ホワット (Tony Howatt) である。その著作からは既に前章でたびたび引用しているが、その初版において、彼は自らの調査を踏まえ、

訳の実践は、納得できる根拠もないままあまりにも苛烈に、あまりにも長い間非難を受け続けている。そろそろ専門的な再検討が必要であろう。
(Howatt 1984: 161)

との結論を述べている。この点については第 2 版でも繰り返されているが、その版の協力執筆者こそ、だれあろうヘンリー・ウィドウソンである。

言語教育における訳の役割、とりわけ学校・大学で上級の学生を教える場合の教育的価値については、強い擁護論が存在し続けている。適切に扱えば、訳は現代にはびこる極度の功利的成果主義をうまく中和する手段となる。ただし、19 世紀の改革運動の提唱者たちが指摘した落とし穴はまだ消えていないため、訳の使用には依然として難題がつきまとう。
(Howatt 2004: 312)

このほか、H. H. スターンも訳の使用について論じている大家の 1 人である。種々の授業構成法や教授法を概観する中で、スターンは 1 章を割いて、彼の用語で言うところの「言語横断型 (cross-lingual)」授業構成法 (つまり学生の既得言語を利用するもの) と「単一言語型 (intra-lingual)」授業構成法 (つまり学生の既得言語を利用しないもの) のそれぞれの長所を述べて

いる (Stern 1992: 279–300)。といっても、スターンはこの両者をあちらかこちらかの二項対立で見るのではなく、さまざまな中間的・混成的な形を含んだ連続体の両端であると見ている。この見方によれば、訳は言語横断的活動として考えうるいくつかの形の1つということになる。そのほかの言語横断的活動には、例えば「第1言語と第2言語の比較」、「二言語辞書の利用」、文章を第2言語で読みながらその解説を第1言語で行う「文章の解釈的扱い」などがある。極端な見解が提示されがちな問題に対して、言語横断型・単一言語型双方の取り組みに関する対立意見を中立的に評価するスターンの姿勢は賞賛に値する。どちらにもそれぞれ利点はあるが、そのどちらを選ぶかは具体的な目的・状況次第である、というのがその主張である。

> もし第2言語による意思疎通の技術が主たる目的であるならば、主として単一言語型の手法を用いることになろう。しかしながら、もし言語間の媒介をする技術 (つまり翻訳や通訳) が目的であるならば、言語横断型の手法が重要な役割を担うことになろう。(Stern 1992: 301)

スターンはこのような枠組みによって双方の主張を示したうえで、訳という現象はどうしても起こってしまうものだとの現実的な観察に基づいた論を貫きつつ、訳に対する独断的な反対論については、いずれの立場にとっても不利益になるとして遺憾の意を示している。

> 言語横断的手法がそれ自体として単一言語的手法を補完できるものであることをより明確に認識すれば、それが単一言語的手法の効果を高めることにつながる、ということを提案したい。

また、言語横断的手法を選択する立場については、以下のように主張している。

> 我々の中に深く根差した第1言語の知識やそこから不可避的に生じる干渉・転移を出発点とし、それを所与の心理的条件として利用してはどうだろうか。学習者が第1言語を用いる事実を否定する必要はない。

むしろそれを基盤に据えながら、学習者が徐々に新たな第2言語の体
　　系を構築していくための一助として、2つの言語の類似性・差異を指
　　摘していくことも可能である。　　　　　　　　(Stern 1992: 284)

ただし、スターンの主張の大部分は二言語併用教育に関するものであり、
訳そのものについては（いささか冷淡な態度を示しつつ）二言語併用教育に
絶対に必要な要素というわけではないと考えている節もある。
　最後に、この時代から次の時代への橋渡し的な見解として、クレア・ク
ラムシ (Claire Kramsch) の論を紹介しておく。その著書『文化・状況と言
語教育』の中で、クラムシは翻訳を用いた比較対照をためらうことなく推
奨しつつ (Kramsch 1993: 163-169)、以下のように主張している。

　　著者が選択した言葉の言説としての価値に焦点を当てるには、それを
　　別の言語へ翻訳したものと比較するのも方法の1つである。
　　　　　　　　　　　　　　　　　　　　　　(Kramsch 1993: 148)

あくまで英語教育でなくドイツ語教育の、しかも上級の学習者を対象とし
た場合について述べたものである（上の引用はリルケの詩 'Der Panther'
[「ヒョウ」] の翻訳について論じたものである）が、その筆致からはより幅
広い文脈を念頭に置いていることがうかがえる。
　最後に挙げた2人の論者、すなわちスターンとクラムシには、言語学習
における訳および二言語併用的手法を支持する姿勢のほかにもう1つ共通
した特徴がある。英米の論者の声に席巻されていた第2の革命当時の英語
教育理論研究者の中にあって、この両者はいずれも英語母語話者ではない
のである。スターンは1933年に祖国ドイツを後にしてイギリスへ赴き（そ
の地で自らの母語たるドイツ語を用いて反ナチスの宣伝活動を展開し[5]）、
その後1968年に移住したカナダで、フランス語・英語併用の教育課程の
策定に尽力した。クレア・クラムシはフランスに生まれたが、1963年にア
メリカへ移住し、コーネル大学・マサチューセッツ工科大学で教鞭を執っ
た後、現在はカリフォルニア大学バークレー校でドイツ語学・外国語習得

---

5)　ジュリアン・ハウスとの私信による。

学の教授を務めている。

　この両者は学習者としての成功例であり、二言語を用いて、または二言語間をまたいで活動するのを常としていた。1987年にこの世を去ったスターンは、その思想こそ進歩的であったものの、言語教育にかかわる思想家としては多くの点で一世代前の人物であった。その主著 (1983, 1992) で展開された壮大な物語には、いささか混乱気味であった20世紀の英語教育史に秩序と合理性をもたらそうとの狙いがあったが、その後の脱近代主義思想に基づいた慎重な地域主義の見方からすれば、スターンの論法には受け入れがたいものがあろう。一方、クレア・クラムシの主張には2つの世代を超えて通用する部分があり、それはヘンリー・ウィドウソンの主張と同じく、言語教育の二言語併用化を希求する動きとしてこの21世紀に具現化されようとしている。次章はこの動きに視点を移していくことにする。

# 第3章

## 復興の機運
### 二言語併用の再考

　20世紀に注目を集めた言語教育理論において支配的であった絶対主義的な単一言語主義とは対照的に、21世紀初頭のこの10年間においては、学生の既得言語使用に対する関心と支持が高まりを見せている。とはいえこの二言語併用化への動きには、必ずしも訳を支持する姿勢が伴っているわけではない。つまり、19世紀の拒絶に続く20世紀の長い沈黙は、まだわずかに破られたにすぎない。二言語を有益かつ体系的な形で併用する方法として、訳が主たる役割を果たすことは明白であるにもかかわらず、それを全面的に受け入れようとする姿勢が見られないことは一種の謎である。その理由として1つ考えられるのは、教育訳が文法訳読法と結びついた印象を払拭しきれておらず、文法訳読法の学問的な堅苦しさ、書き言葉における形式の正確さにばかり注目する点などが、実際の意思疎通のための言語使用からは大きくかけ離れたもののように思われてしまったということである。初期の直接教授法が教育訳を文法訳読法と混同したことによって、教育訳はそれ以外のあらゆる教育・学習活動とはまったく異質のものとしてはっきりと隔離され、あまつさえ訳すという形以外で学生の既得言語を用いる方法とも引き離されてしまったのである。訳は無味乾燥で学問的な印象を持たれ、二言語併用の意思疎通を織り成す糸どころか、「実社会の」言語および活動とはまったくの対極をなすと考えられるようになったのである。

　だとすれば、近年二言語併用による学習が支持を集める中で、教育訳が今もなお冷遇されることが多いのも無理からぬことである。どういうわけか、教育訳だけは二言語併用学習の中で別種のものとして見られているという印象は拭えていない。学生の既得言語使用を求める声こそ上がってはいるが、それも訳の使用を求めることとは距離を置いたままである。しか

し、これはまったくもって根拠を欠いた帰結である。教育訳は、文法訳読法のような形で言語形式に関する知見を与えるだけではなく、そのほかの言語横断的活動を行う中で必然的に生じ、またやがてそれと同化していく、活発な意思疎通活動なのである。これと相通ずる見方について序章で既に述べていることを思い出されたい。すなわち、訳をそのほかの二言語併用の活動と別個で扱うことは不可能であり、もしそうすべきだと主張するのであればいささか無理があり説得力にも欠ける、という見解である。例えば、学生の既得言語を用いて説明する場合、その途中に訳が一切起こらないということや、逆に訳が活動の中心である場合、その途中に学生の既得言語による説明が一切与えられないのは、想像しがたい状況である。これに加えて、二言語併用化を支持する議論は、明言するとしないとにかかわらず、そのまま教育訳の擁護論としても同様の効力を持つのである。

　本章は、学問研究・社会一般・言語教育のそれぞれにおいて二言語・多言語併用がどの程度支持されているか、そして、趨勢の変化が教育訳にもたらした有利な状況とはいかなるものかを検討していく。この新たな機運こそが、教育訳にとっての（十分条件とは言わないまでも）必要条件となるのである。

## 1. 学問における機運

　21世紀も10年が経過した今、学界における言語教育・学習への取り組み方には抜本的な変化が生じつつあり、前世紀に頑強さの度を強めた根深い思想にも風穴の空く気配が見える。この新たな機運は、言語研究そのものの動向、さらに広い文脈で言えば世界全体の社会的・政治的変化に影響を受けたものである。言語学においては、言語を文脈から切り離すという従来の観念が、心と社会、形式と意味、教室と現実、母語話者と非母語話者、共時的研究と通時的研究などといった厳格な二項対立とともに、より複雑かつ流動的な分析区分に取って代わられつつある。異言語間の境界についてもそのあいまいさや不確かさが指摘され（Harris 1998, Rampton 2005）、はたまた言語と映像・音楽・身振りといったその他の意思疎通形態との境界についても同様の見方が提示されている（Kress and Leeuwen 2001, Norris 2004）。第2言語習得研究を含む応用言語学においては、分

野を特徴付ける主要な研究対象として言語を据える点は変わらないながらも、そこには新たな「社会学的展開（social turn）」（Block 2003a）が見られ、社会学理論（Sealey and Carter 2004）、バフチン（Mikhail Bakhtin）の批評理論（Kelly Hall et al. 2004, Ball and Freedman 2004）、社会文化理論（Lantolf 2000）、民族学（Creese 2008）、複雑系理論（Larsen-Freeman and Cameron 2008）などの学問分野・研究手法を基にした取り組みも増えつつある。また、このような諸分野は言語研究に新たな関心事・視点・観念を与える源でもある。言語を物象化されたものとして見なすのではなく、

> 歴史に依存した、日常の会話・やりとりの参加者同士が交渉する中で形作られる現象であると見なしたうえで、言語と権力の関係、言語と歴史の関係、人間が言語を通じてお互いの位置づけ、歴史の中での位置づけを行う様などを考える　　　　　　　　　　（Kramsch 2008）

という生態学的手法（van Lier 2000, 2004, Kramsch 2002）は、このような背景から生まれてきたものである。また、複雑さ・多様性・差異・不確かさといったものへの認識も高まりを見せている。国際的な意思疎通を記述する場合に、単一の英語（English）ではなく種々の英語（Englishes）の存在（Kachru 1985）、英語の所有権をめぐる多様性（Widdowson 1994）、非母語話者の英語に関する共通語（*lingua franca*）としての妥当性（Jenkins 2000, 2007; Seidhofer 2002, 2010）などが論じられる傾向が強まっていることからも、この新たな裾野の広がりをはっきりとうかがうことができる。

## 2. 政治における機運

　知の革命の必然として、上述の変化は時を同じくして政治・社会で起きているさらに規模の大きな変化と対比することができる。現在我々が目の当たりにしている言語研究の革命、およびその内部・周辺で起きている争いは、このような大きな変化の反響・反映なのである。そしてこの 1990 年代から 2000 年代は、よく論じられるように、文化的慣行、国家や経済の勢力均衡、言語による意思疎通の技術のみならず、文化的・国家的・言語的な自己規定のあり様そのものが激変している時代である。人が激しく

移動し、地球規模で意思疎通が行われる現代では、かつてさまざまな民族主義的イデオロギーの基礎をなしていた (Joseph 2004) 国家・文化・言語を単純に同一視する見方 (Brumfit 2001: 55–63, Carter and Sealey 2007) は通用しないのである。

　しかしながら、より流動的で連続性のある自己規定のあり様を認める傾向に反して、停滞・保守・排除を求める力もなお強く存在する。この変化の流れを食い止めんとする勢力の守旧的反動は、権力・影響力を伴って依然続いているのである。民族主義は多くの地域で優勢を保っており、それはしばしば単一言語による純血主義という形で顕在化している。世界各地の激烈かつ解決困難な対立は、旧来の民族的・言語的・文化的・宗教的性格を保持しようとする力から生じている場合が多い。本書が主張したいのは、既に第1章で述べたとおり、英語をはじめとした主要な国際言語の教育において学生の既得言語使用を抑圧しようとすることには、以上のような保守的な運動となんらかの点で共通する部分がある、ということである。

　ある言語を民族的・宗教的・国際的な意思疎通の手段として奨励する際には（賛成論者も反対論者も意図的に無視していることが多いが）明確にしておくべき重要な区別がある。それは、ある言語を奨励することが、他の言語の犠牲を伴って、ひいては他の言語を抑圧する手段として行われる場合と、他の言語の不利益にならない形で、言語障壁を越えた意思疎通の手段として行われる場合との区別である。以下の論においては、ある言語を奨励する政策・実践の中でも、他言語の使用を許容しさらには促進するものと、特定の1つを除いたあらゆる他言語を積極的に抑圧・忌避することによって多言語状況を廃し単一言語状況を目指すものを分けて考えることが肝要である。このような二項対立は、どのような規模でも見られる可能性がある。例えば、社会全体の規模で言えば、一言語を除いて公的な地位が与えられないこともあれば、その逆に、特定の公用語[1]とともに少数言語の権利をも積極的に保護・保証する方策が採られることもあろう。教育政策においては、特定の国家言語の教育にのみ資源が投じられ、そのほかの共同体言語の教育には一切投じられないこともあろう。教室での授業実

---

1) 公用語とは、特定の法的地位を有して官庁・立法府・行政府に使用される言語のことである。「国家言語」という用語はこれに比して漠然と、多様な意味合いで用いられ、特定の国民・国家・領土に結びつくものと考えられている言語のことを指す。

践においては、二言語併用が忌避、あるいは積極的に禁止されることもあれば、それが好意的に捉えられ奨励されることもあろう。家庭や共同体においては、継承語［訳者注：移民の家庭などで、子どもが親から受け継ぐ、現地語とは異なる言語］が廃止されることも、はたまた積極的に保持されることもあろう（もちろん、実際上はどの規模においても、両極の間に位置する中間的な立場が数多く存在する）。

このような議論が過熱の度を増す中で、とりわけ英語に関しては、そのような二項対立など存在せず、ある言語が優位に立つことはそのほかの言語の衰退を必然的に伴うどころかむしろ促すことにもなるとしたうえで、特定言語の奨励を「言語帝国主義 (linguistic imperialism)」であると断じている論者もいる (Phillipson 1992)。他方では、世界共通語（具体的には英語）の発達は必ずしも他言語への害を伴うものではないとする見方もある (Crystal 2003)。この2つの対立した見解をめぐっては、激しいやりとりが交わされている (Phillipson 1999, Crystal 2000a)。両者ともその議論の中で抑圧の存在を明白に立証しているわけではないが、フィリップソンは、後者の見方は誤った自由主義を通して図らずも抑圧を支援するという罠に陥っていると考え、一方クリスタルは、その批判への反論として言語学において十分立証されている見方を挙げつつ、限られた情報を基に民間や政治の場でなされている主張を退け、二言語併用はどちらの言語にとってもまったく害を及ぼすものではない、したがって特定の世界共通語または国家言語を幅広い意思疎通の目的で奨励しながら同時にその他の言語の保護・奨励も行うということにはなんの矛盾もない、としている。

以上のことを念頭に置きつつ、国際的な英語教育を、各英語使用国の言語政策・言語教育の発展という広い文脈で考察してみよう。アメリカでは、英語唯一主義運動、すなわち英語を現状のような全50州中48州[2]の公用語ではなく国家全体の公用語とすることを目指す運動が巻き起こっている。2006年、2007年の上院の議決[3]にも示されるとおり、この運動は特に

---

2) ルイジアナ州の公用語はフランス語および英語、ハワイ州の公用語はハワイ語と英語である。
3) 2006年の改正移民法案は、英語を「共通の統一言語」と定めた。後の移民改革法案に対しても同様の改正案が2007年に可決された。ただしいずれの法案もまだ立法化には至っていない。

ジョージ・W・ブッシュ政権において活発に展開されたが、その歴史そのものは長い。それが最も極端な形で見られるのは、セオドア・ローズヴェルト大統領による 1914 年の演説である。ほかでもない、折しも英語教育における直接教授法の全盛期で、それが急速に拡大した時期に当たる。

> この国が受け入れることのできる言語はただ 1 つ、それは英語であります。なんとなれば、その坩堝の中でわが人民が、多言語話者の館に住まう住人ではなく、アメリカ人、アメリカ国民となることを企図するからであります。　　　　　　　　　　（Roosevelt 1926: 554）

このような議論においては必然的に教育政策も論じられることになる。「落ちこぼれゼロ法」下院審議決議案の、俗に第 3 編（Title III）と呼ばれる部分には以下のような文言があった。

> 英語は合衆国の共通言語であり、すべての合衆国国民および合衆国に在住する者はその能力の十全たる育成のため英語の能力を有することが望ましい。（下院 1 号決議案第 3 編 3102 項）
> 　　　　　　　　　　　　（Johnson 2010 中の引用より）

この文言は表面上こそ穏当で理に適うものであるが、英語唯一主義論争の文脈で考えた場合、二言語併用の維持・促進を目指す合衆国全体の政策という観点からの懸念を生むことになった。ジョンソン（Johnson 2010）の言葉を借りれば、

> 英語学習者の英語習得に積極的な姿勢を見せる一方で（中略）第 3 編は二言語併用による能力開発式教育の段階的廃止と、能力移行式、すなわち英語単一使用による教授手法の段階的導入という懸念を誘発している。

要するに、アメリカの全国民が意思疎通の手段として理解している言語が 1 つ存在することの利は疑うまでもなく、またその目標を追い求める理由も十分ではあるが、一方で英語唯一主義運動およびそれに伴う法制化・政

策がその他の言語の補助ではなくその排除へ向かうと考える理由も十分に存在するということである。この運動は、支持者の多くが宗教的原理主義を唱えていることもあってか、その多言語主義に対する姿勢にどこかしら創世記第11章第1〜9節、すなわちバベルの塔の物語を思わせるものがある。天にも届かんとする塔を作ろうとした人間に神が天罰を下すこの物語の中では、

　　世界中は同じ言葉を使って、同じように話していた

という望ましい状態が、

　　直ちに彼らの言葉を混乱させ、互いの言葉が聞き分けられぬように

するという神のみ業によって望ましからぬ状態に変えられてしまう。言葉が1つしか存在しなかったならば、それはそれは誠に結構な世の中であったろう。

　本書執筆中の2009年時点では、オバマ政権下において政策になんらかの変化があるかどうかは断言できないが、選挙運動時の発言から判断するかぎり、オバマ大統領が英語唯一主義運動に好意的であるとは思われない。

　　英語だけを使用することにこだわって奔走する人々があるようですが、わたしは理解に苦しみます。彼らが望むのは法案の通過でしょう。そして、我々は英語だけを望むのだ、と言うのでしょう。確かにわたしも、移民が英語を学ぶべきであるとの意見には賛同できます。しかしながらこのことはご理解いただきたい。移民はどのみち英語を学ぶのですから、そのことを懸念するのはやめにしましょう。むしろ子どもがスペイン語を話せるようにしておく必要があります。子どもが二言語を操れるようになるにはどうすればよいか、それを考えようではありませんか。　　　　（バラク・オバマ2008年の選挙演説より[4]）

---

4)　http://www.youtube.com/watch?v=qiGhntWrLxs（2009年2月21日閲覧）

イギリスおよびアイルランドでは、名称こそ違えど、英語唯一主義に類した運動が展開されてきた歴史ははるかに長い。クロムウェルによる1650年代のアイルランド侵略では、アイルランド語を話すことがカトリック思想および民族主義に結びつくとして抑圧の対象とされ、その結果アイルランドの人口が半減したばかりか、既に進行していたアイルランド語の衰退にも拍車がかかることになった（Barnard 1975: 170–180, O'Connell 2001）。それから100年の間を置かず、スコットランドでは、1745年の反乱を契機としてイングランドによるスコットランド・ゲール語の迫害が強化され、その使用が犯罪と定められた結果、スコットランド・ゲール語はほぼ殲滅されることになった。なお、ウェールズでは近年ウェールズ語が積極的に奨励され、その衰退を食い止める努力が続いている。一方、これ以外の新参の諸言語については、その話者数も多く[5]、またいろいろな状況で訳として提示されたり使用されたりするにもかかわらず、イギリスの教育制度では顧みられることがない。言語教育はほぼヨーロッパ言語（ほとんどの場合はフランス語かドイツ語）に集中しており、それよりは話者が多いはずのさまざまな少数言語を教育課程に導入しようという試みは一切ない。2003年制定の法律では、狭義の「イギリス文化」に関する知識に加えて英語の能力[6]を持つ（と試験で評価される）ことが、新たにイギリス国籍を取得する条件と定められた。元内務大臣デイヴィッド・ブランケットの主張は、英語で話すことに関するこの政府からの要求を、既にイギリス国民として生活している人々の家庭にまで敷衍しているかのようであった。

　　親が英語で話すことは、家庭における子どもとの会話が、その歴史ある母語に加えて英語でも可能になるということであり、また現代文化に触れる幅を広げることでもある。また、これは世代間の関係に巣食

---

　5）　国勢調査にはこの問題に関連する質問項目が含まれていないため、イギリス住民の使用言語に関する公式の数字は不明である。しかしながら、2000年の研究によれば、ロンドンの学校の児童・生徒の16.18%が家庭において英語以外の6つの言語（アラビア語、ベンガル語およびシレット語、グジャラート語、ヒンディー語およびウルドゥー語、パンジャブ語、トルコ語）を、さらに15.96%がそのほかの33言語を使用しており、家庭でも英語を用いているのは67.86%にとどまる（Baker and Mohieldeen 2000: 5）。
　6）　またはウェールズ語、スコットランド・ゲール語の能力も可。

う、相互に矛盾した状況の克服にもつながる。最近の国勢調査によれば、アジア系イギリス人家庭のなんと 30% において、英語が話されていないということである。　　　　　　　　　　（Blunkett 2002）

　アメリカと同様にイギリスでも、国内で使用されるその他の言語を犠牲にして英語優位の状況が奨励されていると考えてよさそうだ。
　セオドア・ローズヴェルトやデイヴィッド・ブランケットには失礼ながら、アメリカやイギリスはカチュル（Kachru 1985）が言うところの「内円圏（Inner Circle）」に属する英語使用国、つまり、国民に英語母語話者が圧倒的に多い「英語の伝統的な文化・言語基盤」[7]であり、したがって英語が国家の独自性・統一性を表す言語として維持されるのはごく当たり前のことではないか、という反論もあろう。しかしながらこうした反論は、両国への移民の数やそれによる国民の言語状況[8]への影響や、英語唯一主義を唱える人々の心情にありがちな排外主義的性質を無視した見方である。このような言語多様性に対する否定的な態度や、多言語状況を（バベルの塔の物語に見られるように）呪わしき状況と見る考えは、英語圏の右翼分子や英語使用を奨励する人々に限ったものではない。暴力・差別・権利剥奪などによってほかの言語を犠牲にしつつ特定の言語を押しつけることは、人類の歴史の中でうんざりするほど何度も繰り返されてきた現象である（Shohamy 2006: 132）。一例を挙げるならば、ファシスト体制下のスペインにおいてフランコがスペイン語を奨励した際には、バスク語・カタロニア語・ガリーシア語などのイベリア半島諸語を公文書、学校の授業、標識などに使用することを禁じるという犠牲が伴った。大半のヨーロッパ列強のみならず、ほかにも多くの国家が、その版図に存在する言語のうち特定の 1 つを除いたすべての言語に対して、遅かれ早かれ同様の政策を採ってきたのである。

---

　7）　そのほかオーストラリア・英語圏カナダ・英語圏カリブ諸国・アイルランド・ニュージーランドも含む。
　8）　実際、カチュル（Kachru 1985）の分類に異を唱える根拠として、大量の人口移動により言語に関する人口統計に大きな影響が出ていることを挙げる研究者は多い（Canagarajah 1999, Cooke and Simpson 2008: 3, Park and Wee 2009）。

## 3. 地球規模化

　人の移動が激しさを増したことは地球規模化（globalization）の一要素ではあるが、それをどの程度まで地球規模化の原因ないし結果であると考えるのかについては議論の余地がある。地球規模化の定義はさまざまな文脈で、さまざまな形でなされているが、差し当たり本書では以下の定義が役に立つ。

> 現在まさに目の当たりにしている、地域的・国家的・国際的な規模での意思疎通・出来事・活動・関係の相互関連性がこれまでにないほどに強まっていく過程。　　　　　　　　　　　（Block 2006: 3）

　地球規模化に関する文献はその多くが経済や通信技術などの側面に着目しているが、そこには言語現象という側面もある。実際、ブルデュー（Bourdieu 1991）の言う「言語資本（linguistic capital）」、つまり（例えば出版社や教師、翻訳者などによって）取引可能な商品としての言語知識という概念を持ち出せば、地球規模化の言語的側面は経済的側面と別個のものではなくむしろその一部ということになる。お気づきのとおり、訳は本質的に（ブロックの定義から一言拝借すれば）「相互関連性」にかかわる営みである。訳は異言語間の分離を放置するのではなくそこに関連を見出そうとするものであり、したがって地球規模化と共鳴する部分が実に大きい。地球規模での意思疎通は主として訳によって促される、否、促され続けているのである。

　そのほかのあらゆる側面と同様で、言語使用をめぐっても、地球規模化に関する解釈はさまざまであり、場合によってはそれぞれ矛盾し合う解釈が提示されることもある。アメリカ化（Ritzer 1998）、あるいは広く同質化を促す力のことを遠回しに述べた表現と論じる者あり、異質化へと向かう推進力と論じる者あり、はたまた世界的な見方と地域的な見方の複雑な相互作用と論じる者あり、という具合である。ロバートソン（Robertson 1995）は「地球地域化（glocalization）」という造語を用いて、「地球規模化に伴うのは地域的なものによる世界的なものの支配ではなく、両者の共同関係であると論じている」（Block and Cameron 2002a: 3）。いずれにして

も、現代の言語状況や言語教育・学習の発展を考えるうえで、地球規模化がもたらす影響の重要性は明らかである。2000年代の応用言語学において地球規模化およびその言語的影響が注目を集めていることも驚くには当たらない（Block and Cameron 2002b, Dörnyei, Csizér and Németh 2006, Rubdy and Saraceni 2006, Edge 2006, Fairclough 2006, Pennycook 2007, McElhinny 2008, Rubdy and Tan 2008）。

## 4. 多言語使用の広がり

　二言語併用・多言語使用は、言語学においても政治の言説においても周縁に追いやられていることが多いものの、個人的・社会的な言語使用において常に幅広く見られる重要な要素である。人の移動や地球規模化が急激に進んでいるこの現代、とりわけかつては単一言語使用が基本であった社会に多くの移民が押し寄せている場合には、その重要性がいよいよ高まっている。クリスタル（Crystal 1997）は、単一言語使用は既に世界の主流から外れた現象であり、個人にとっても社会にとっても、二言語・多言語を使用する場合のほうが多いと推定している。実際、単一言語による社会という概念は、世界の大部分において、言語学的な事実というよりは政治的な色合いのついた神話に近いものになっていると論じることもできよう。

　単一言語使用の傾向が比較的強く、特定の一言語が伝統的に国家の独自性と強く結びつき、一方で少数言語に対しては無視・抑圧を続けてきたようなヨーロッパの国民国家においてさえも、現状は大きく様変わりしている。帝国の終焉によって、イギリス・フランス・オランダといったかつての帝国主義国家は、多言語・多文化状況が最も顕在化している国家となっている。例えば2000年の調査では、ロンドンの学校において350の言語が話されていることが明らかになった（Baker and Eversley 2000）。そのほか、シドニーやニューヨークをはじめとした「内円圏」に属する国の「英語使用」都市にも、同様の状況が見られることが多い。

## 5. 言語切り替えと言語混合

　そのような多言語状況に生じる言語切り替え、言語混合、そして訳は、

私的な場から公的な場まで、また二言語話者の内輪話から世界に発信するメディア・政治のような場まで、あらゆる状況において起こるものである。移民の家庭では、老齢の世代が現地語に疎く、若い世代が継承語に疎く、その中間の世代は両言語にある程度通じているという状況ゆえに、異言語間の切り替え・擦り合わせが必要なことが多い。異言語話者間の結婚に関しても同様で、双方の意思疎通において言語混合が（主として一方の言語を用いながら時折もう一方の言語が一言二言混じる程度であるとしても）頻繁に起こるだけでなく、単一言語話者である親戚・友人とやりとりをする場合にも訳がどうしても必要になることが多い。教育の現場でもこれに類したことが必要になる。例えばロンドンの学校では、まだ英語力のおぼつかない新入生がいる場合、二言語を操る「相棒」役の同級生と一組にして、新入生が自分で流暢に英語を使えるようになるまで通訳や説明をさせるところもある。また、生徒の間では、遊びとして、あるいは社交上の動機からお互いの言語を用いることも多く、これをランプトン（Rampton 2005）は「交差（crossing）」と呼んでいる。職場においては、従業員が現地語以外の言語を共有している場合、言語切り替えはありふれた現象となる。より公式な形では、例えば世界中に存在する二ヶ国語秘書のような従業員の業務は、二言語以上を操りまたその媒介をする能力があることが前提となっている。さらに公的な分野で言えば、通訳、翻訳、二言語・多言語使用による文書・包装・告知文の使用といった事象もある。例えば、ヨーロッパの運転免許証には 9 つの言語で身分が記載されている。食品の原材料は二言語以上を用いて表示されているのが普通である。また、飛行機の運航状況は英語に加えてさらにあと 1 つ以上の言語で提示されることが多い。マスメディアにおいては、外国映画の字幕・吹き替えなどを含めて、ある言語の話者が別の言語で制作されたものを理解できるようにするためにさまざまな手段が用いられる。国際的な広告においても、（単に理解を促すという以上の複雑な理由からではあるものの）言語混合はごく普通のことである（Bhatia 1992, Tanaka 1994, G. Cook 2001b: 89–90, Kelly-Holmes 2004, Smith 2006）。

## 6. 自己規定

　地球規模化は、否応なく自己規定の問題をはらんでいる。理由は明白で、人の移動と国家を超えた接触が増加し、またそれに伴って異なる言語の話者が接することになれば、その当事者は自らの自己規定、つまり他の人間との関係において自分が何者であるかについての考え方を変えざるをえなくなるかもしれないからである。それゆえ、2000年代の応用言語学においてはこの問題を扱った研究が実に多い（Norton 2000, Kanno 2003, De Fina 2003, Pavlenko and Blackledge 2004, Joseph 2004, Benwell and Stokoe 2006, De Fina et al. 2006, Omoniyi and White 2006, Block 2006, 2007, Riley 2007, Lin 2008, Caldas-Coulthard and Iedema 2008, Dörnyei and Ushioda 2009)。

　自由主義的研究・マルクス主義的研究のいずれにおいても、社会的・言語的活動および自己規定は、それが体現するさらに規模の大きな社会制度の観点から説明・記述される（Rampton 2000）。これに歩調を合わせる形で、社会言語学による自己規定の理解は、階級、ジェンダー、民族、年齢、また最近では性的志向といった大きな分類によってなされてきた。仮にこの見方を維持するとすれば、国家を超えた動きや意思疎通の重要性が増していることを反映して、上記の分類にいくつか新たなものを加えることになるかもしれない。例えば、「移民」「移住者」「国籍離脱者」などを別々の分類として検討することもできよう。

　しかしながら、地球規模化に対しては、単に新しい分類を加えても間に合わず、自己規定を理解・記述する新たな方法が必要になるという見方もあろう（あるいはもしかすると、あらゆる歴史的文脈における自己規定の概念を問い直してみるのもよいかもしれない）。近年の自己規定に関する研究では、そのような代案が脱近代主義の枠組みから提示されている。これは、自己規定とは社会的に構築された語りであり、それを個々人が折り合いをつけながら自分の言葉・行動・所有物・衣服の中に投影するのだという考え方である。そこにあるのは、

　　我々が自ら善悪を判断しつつ、絶えず変わりゆくあり余るほどの選択
　　肢から自分自身を「組み立てる」という感覚　　　（Rampton 2000）

である。このような自己構築が目下進行している中では、（2つ以上の言語を選択肢として持っている人にとっての）言語の選択も意思疎通の重要な要素となるだろう。クラムシとホワイトサイド（Kramsch and Whiteside 2008）は生態学的かつ明らかに脱近代主義的な観点からこの問題に取り組み、メキシコからカリフォルニアへの2人のユカテック系移民、パン屋のベトナム人店主、アングロサクソン系アメリカ人研究者がサンフランシスコで出会った場合のお互いの言語選択について調査している。この研究で明らかになったのは、さまざまな場面での（英語・マヤ語・スペイン語・ベトナム語からの）言語選択が、話者の言語能力や効果的に情報伝達を行う必要性だけでなく、特定の場面においてある言語を別の言語に優先して選ぶことの記号的価値に対する意識からも影響を受けるということである。クラムシとホワイトサイドはこれを「記号的能力（symbolic competence）」（Kramsch 2006）と呼んでいる。言語間の切り替えは、やりとりの力学の内部にある要因、およびその言語の歴史や権力関係を想起させるような要因の複雑な相互作用から影響を受けるものなのである。

　これに類した見方を提示しているのが、ペニクックによるヒップホップの言語の研究である。ヒップホップの持つ通文化的・国際的な影響力が、言語と文化を分離する従来の見方に対抗するものとして作用していると論じたうえで（Pennycook 2007: 118）、ペニクックはヒップホップに散見する言語混合を、「歌詞の解釈的意味」というより「政治的声明」に近いものと捉えている。

> 経済や地域音楽産業の構造（限られた録音設備は地域の慣習・言語に対して不利に働く）から、言語政策、言語イデオロギー、美学原理、地域・地方の社会的・文化的関心などをめぐる歴史的背景まで、言語の選択は地域の状況に深く根差したものである。
>
> 　　　　　　　　　　　　　　　　　　　　　（Pennycook 2007: 137）

## 7. 教室における既得言語使用

　二言語併用や言語切り替えに対する認識が変化し、自己規定を維持・構築するうえでのその政治的・個人的な重要性に対する意識が高まったこと

が一因となってか、英語教育および応用言語学研究では、語学の授業における学生の既得言語使用とそれに対する教師の方針への関心が高まっている。近年の研究や教材には、その慎重さや熱心さの違いこそあれ、言語切り替えを支持するもの、それを排除してきた直接教授法の教理に批判的な姿勢を示しているものも多い。既に指摘したとおり、このような研究・教材の中には訳について言及しているものもあるとはいえ、それがそのまま訳の擁護論を形成しているわけではない。しかしながら、それによって訳がより身近なものになり、従来よりはるかに好意的な雰囲気が醸成されているのは確かである。

　ただし、このような研究の中に見られる主張は必ずしもすべてが同種のものではなく、そこにはある程度の区別が必要である。自己規定や世界の新たな言語秩序などの問題を基にした主張ばかりが展開されているわけではなく、また、学問的に発想を広げたところですべてが脱近代という枠に収まるわけでもない。例えばヴィヴィアン・クックは、後述する重要な論文（V. Cook 2001a）の中で、第2言語習得理論と教育実践の両方の観点から、「第1言語は避けるべしという旧来の金科玉条を再検討する」ことを論じている。

　既得言語の使用を支持する主張の中には、本章の始めに概説したような変化について、より直接的に論じているものもある。これは、言語切り替えの遍在と不可避性、およびそれが学生の自己規定や感情にもたらす望ましい効果に関連した主張である。注目すべきは、さまざまな状況・規模・言語に関する研究から同様の結論が得られていることである。英語教育に関して言えば、アデンドーフ（Adendorff 1996）が研究した南アフリカの高校、カミレリ（Camilleri 1996）が研究したマルタの中等学校、クロムダル（Cromdal 2005）が研究したスウェーデンの4年生クラスにおける共同文書処理のいずれの場合にも、言語切り替えによってクラスの統一感・一体感（別の研究では学習の動機付けや成功を促すと認められている要因である（Dörnyei and Murphey 2003））が高まったことがその発見として挙げられている。また、言語切り替えが（表面上は反対の姿勢を示している教師からさえ）想像以上に頻繁に見られることも、さまざまな状況を対照とした研究から明らかになっている。アーサー（Arthur 1996）はボツワナの小学校で、ローリン゠イアンジティとブラウンリー（Rolin-Ianziti and Brownlie

2002）はオーストラリアの大学の初級フランス語授業で、キムとエルダー（Kim and Elder 2005）はニュージーランドの中等学校における4つの異なる言語の授業で、エドストロム（Edstrom 2006）やポリオとダフ（Polio and Duff 1994）はアメリカの大学における外国語教育で、それぞれ同様のことを確認している。ミッチェル（Mitchell 1988: 28）はイギリスの学校の語学教師に対する聞き込みの中で、初学言語を終始使い続けるのは「習熟度の低いクラスでは無理だ」と考えられていることを確認している。マカロ（Macaro 1997: 96）はいくつかの研究を総括し、またイギリスの中等学校の教師による初学言語・既得言語使用を綿密に調査した自らの研究からの知見も加えたうえで、単一言語状況における授業で初学言語のみ、あるいはほぼ初学言語のみを用いることはほとんどないと結論付けている。

　こういった研究を複雑にするのが、ホッブズら（Hobbs et al. 2010）の研究でも確認されているように、教師の文化的・教育的背景次第で言語切り替えの使用やそれに対する考え方が大きく異なってくるということである。ホッブズらは、あるイギリスの中等学校の日本語教師に関する研究の中で、母語話者教師よりも非母語話者教師のほうが言語切り替えに対してはるかに好意的であることを確認している。考え方の地域差は、教室での言語切り替えを支持する学術論文の出所を考えてみても明らかである。例えば、カナダには二言語併用教育の歴史があるため、そのような考え方が広まりやすい土壌が整っている。最も雄弁で説得力のある議論にはカナダ人の手によるものやカナダで出版されているものが多い（Stern 1992, Auerbach 1993, V. Cook 2001a, Rolin-Ianziti and Brownlie 2002, Edstrom 2006, Cummins 2007）。

　論者の中には、語学授業において言語切り替えがよく見られることをただ記述するにとどまらず、直接的・間接的にその使用の支持を唱えるものも多いが、その根拠はさまざまである。ニクラ（Nikula 2007）は、フィンランドにおける内容中心授業の研究の中で、言語切り替えが心理的によい効果をもたらしたと判断している。ファーガソン（Ferguson 2003）は、独立を果たした後のアフリカ諸国における英語・フランス語・ポルトガル語を媒介とした授業の中で言語切り替えが広く使用されていることを報告したうえで、言語計画に携わる者がこれを意思疎通・教育の糧としてもっと利用すべきであると主張している。リン（Lin 1996）は、香港の中等学校の

英語授業を研究する中で、授業内での広東語使用は「香港における英語の象徴的支配に対する教師・学生の地域的・実際的反応」であると見ている。クマラヴァディヴェル (Kumaravadivelu 2003: 250) は、既得言語の使用が「少数民族の子どもたちにとって心理的・社会的な支えとなり、家庭環境と学校環境の間にぜひとも必要な連続性を与える」ことにもなりうると述べている。ファブリシオとサントス (Fabrício and Santos 2006) は、ブラジルの高校生に英語とポルトガル語を混合して用いることを議論させ、この問題をさらに広い社会的文脈で考えるように促す術について例を挙げつつ論じている。カナガラジャ (Canagarajah 1999) は、スリランカのタミル語話者に対する英語授業について、地域の出来事に関係のある問題を議論する際に教師や学生が既得言語へどのように切り替えるかを述べたうえで、言語切り替えは「学生を安心させ、教師の共感を伝え、さらに総じて言えば、よりくつろいだ雰囲気を醸成する」(Canagarajah 1999: 132) 一助になると結論付けている。プロドロモウ (Prodromou 2002: 5) は、逆説的でありながらも妥当な議論を持ち出している。既得言語の使用が、目下学習している言語の単一使用を助けることになる、というのである。

　　我々の戦略目標は常に、最大限まで目標言語でやりとりを行うことであり、母語の役割は授業におけるそのやりとりの質と量を高めることでこそあれ、それを制限し低下させることではない。

もともとは教室における既得言語使用におおむね慎重な立場から始まった研究でも、調査を進めた結果、巡り巡って既得言語使用に立ち返る場合がある。例えばエドストロム (Edstrom 2006) は、自分がスペイン語を教えている際の英語使用について綿密な分析を行っている。最初は英語の使用は教授上望ましくないという先入観を持って調査を始め、既得言語使用は習得を促すものではないと一貫して主張したものの、最終的にエドストロムが出した結論は、個々人として学生と接する場合には「道義的責任」から英語で話しかけねばならないときがある、というものであった。エドストロムはある学生とのやりとりについて以下のように述べている。

　　この時点でわたしは彼の心情が本当に気にかかり、無意識のうちに英

語、すなわち、率直なところ我々全員にとって最も「現実的な」言語に切り替えてしまった。(中略) 要するに、学生に対する個々人としての、人間としての関心が、ときに第2言語習得の過程に対する関心に勝ることがあるというわけである。

レヴィン (Levine 2003) は、アメリカの大学における外国語への見方・考え方を研究するに当たり、「目標言語の総使用量は、その言語に対して学生が抱く不安とはっきりと関係がある」という仮説から出発した。分かりやすく言えば、言語切り替えが多いと学生は不安になる、とレヴィンは考えたのである。ところが、その結果は逆であった。既得言語が使われれば使われるほど、初学言語に対する学生の不安は減少したのである。ここで (エドストロムと同様) レヴィンが賢明だったのは、最初の前提を覆すようなこの証拠を認めたことである。

そのほか、語学授業における言語切り替えの実態を証拠として、二言語併用教育を積極的に推進する研究もある。ブルックス゠ルイス (Brooks-Lewis 2009) は、メキシコ人の成人学習者を対象とした研究の中で、異論はありつつも、圧倒的多数の被調査者がスペイン語を織り交ぜた英語授業に対して好意的であったことを確認している。フィスク゠オング (Fisk-Ong 1999) は、18ヶ国における既得言語および訳に対しての教師の考え方を扱った未公刊の調査の中で、被調査者が猛烈に反対するか、やましいながらも支持するかのどちらかに分かれたという結果を受けて、この両者の姿勢はいずれも外部からの圧力によるものであると結論付けている。トーマス (Thomas 1999) は、スロバキアの英語教師が、英米で広まっている単一言語による言語教育に対してはおおむね否定的であることを確認している。

しかしながら、学生の既得言語使用の擁護論として最も説得力があるのは、上述のような具体的な実証研究に基づいたものではなく、問題全体をより幅広く捉えた理論研究から提示された2つの主張である。ヴィヴィアン・クックの論文「教室における第1言語使用」(V. Cook 2001a) が目的としたのは、

100年以上にわたって固く閉ざされてきた言語教育の扉、すなわち教室における体系的な第1言語使用という開かずの間を開くときが来た

と提言することであった。ヴィヴィアン・クックは、まず単一言語教育およびその主流に反するいくつかの教授法に関する歴史を辿りながら、初期の直接教授法のみならずコミュニケーション重視型・作業中心型教育の主たる前提ともなっている

> 話し言葉は書き言葉よりも基礎的なものである、文法を明示的に論じることは避けるべきである、言語は細切れの部分としてではなく総体として学ぶべきである

といった考え方に疑義を呈している。また、同様のあらゆる教授法において「第1言語が話題に上るとすれば、いかにしてその使用を最小限にとどめるかという助言を与える場合だけである」とも述べている。ヴィヴィアン・クックの主張の大半は心理言語学的なものであり、その批判は、学生の頭の中で2つの言語を分離することが教育の目標であるという前提や、(彼の言葉を拝借すれば)第2言語学習は第1言語学習を潜在的に繰り返したものであると考える誤謬に対して向けられている。しかしながらこれに続く議論はより実践的なもので、その多くは上述の実証研究における発見に同調する形で、説明・理解確認・授業運営・規律維持・関係構築・試験などのための既得言語使用を擁護する論を展開している。

ウィドウソンは、その論文「地域に根差した学習と二言語併用化」(Widdowson 2003: 149–165) において、心理言語学・授業実践・政治などのさまざまな観点に立ちつつ、他言語話者への英語教育が自ら招いた問題である単一言語主義へのこだわりに終止符を打ち、代わって学習者の既得言語を

> 既知の言語に頼りつつ (中略) 未知の言語を学ぼうとすれば必ず経験する二言語併用化の過程

の糧として用いることを強く主張している。ウィドウソンは、単一言語教育の誤謬のもとは、英語学習者がどのような形で英語と接するのか、どのような目的でそれを学んでいるのかということに関する誤解にあると見ている。あたかも学習者の既得言語など存在しないかのように見なし、学習者を特定の一地域の単一言語話者・母語話者の観点へ誘導しようとすれ

ば、現状について著しく誤った理解を持つことになる。学習者は、頭の中だけであるにせよ常に初学言語を自らの既得言語と関連付けるものであり、仮にそれが禁じられても、抵抗の手段として同じことを続けるであろう、というのである。

## ■ ブツカムとコールドウェルの *The Bilingual Reform*

　上述した研究はいずれも二言語併用教育再導入の擁護論形成に一役買っているものであるが、その中には２つの種類がある。１つは、極めて具体的な状況に即した形で二言語併用による授業の特定の利点や特徴に焦点を当てた研究であり、もう１つは、教室での授業実践に移すには（比喩的な言い方をすれば）ある程度の「翻訳」を要するような一般論としての理論的主張である。この両者はそれぞれが独自の形で新しい取り組みの重要な要素となってはいるものの、いずれも包括的な枠組みを生み出すには至っていない。

　そのような包括的な見方を提示している画期的な書が、ブツカムとコールドウェルによる『二言語併用による改革——外国語教育のパラダイム・シフト』（Butzkamm and Caldwell 2009）である。単一言語主義者と二言語併用主義者の論争にまつわる歴史・理念を見事に学問的に消化した筆者らの議論は、その大半が教室という現場の現実をめぐるものである。その論点はいずれも、自らの失敗や成功について語る学習者や教師の言葉からの引用によって例証されており、いささか冷淡な印象がある第２言語習得理論の文献とはとりわけ対照的で、かなりの説得力がある。

　しかしながら、この書は実用的な手ほどきをするにとどまらず、ある種の政治的声明のような要素も含んでいる。この書は冒頭の一文から「母語をめぐる旧来の禁忌は一掃されるであろう」（Butzkamm and Caldwell 2009: 13）と訴えかけており、またその教育に関する議論にも手加減は一切ない。ブツカムとコールドウェルの（用語で言うところの）母語に関する主張は、単に「柔軟で融通のきく姿勢を取るための言い訳をまた１つ増やす」だけのものではなく、母語使用を必須のもの、「それ以外のいかなる言語を学ぶ場合においても基礎となるもの」（Butzkamm and Caldwell 2009: 13）と見なしたうえでの体系的計画である。また、そこには旧来の正統である直接教授法による母語話者主義とうまく共存しようなどという意図は

見られない。

> 教師自身が（中略）二言語話者、つまり、目標言語にも生徒の言語にもある程度堪能であるべきである。
> （Butzkamm and Caldwell 2009: 25）

とはいえその狙いは、教師の能力不足を隠す術として、習熟度の低い学生の補助として、指導や意思疎通の主たる手段として、あるいは母語で教わったことのある言葉以外は用いないという甚だ形式的なやり方で母語を用いるという旧来の悪弊を復活させることにあるのではない（ということを、筆者らはこれまた面白い例を挙げながら論じている）。むしろ筆者らが支持しているのは、とりわけ自発的な意思疎通と授業運営における（筆者らが「言語浴」と表現するところの）非常に積極的な初学言語の使い方である。その主張は次のようなものである。

> 逆説的ながら、狙いを明確にした慎重な第1言語使用によって、教室内に外国語の雰囲気を醸成しやすくなるのである。
> （Butzkamm and Caldwell 2009: 33）

ブツカムとコールドウェルの手法は間違いなく意思疎通と意味を重視したものであるが、この用語に関する筆者らの理解には重要なただし書きがつく。従来の意味重視の教授法とは異なり、ブツカムとコールドウェルが重視しているのは、ヴィヴィアン・クック（V. Cook 2001b: 94）が「言語解読（decoding）」と「言語解析（code breaking）」と呼ぶ区別、すなわち学生が単に発話の機能だけを理解することと、その機能が言語化される方法を理解したうえでその型を1回きりではなく生産的に利用できるようになることの区別である。その例証としてブツカムとコールドウェルは、フランス語学習者が *S'il vous plaît* を単に全体として「どうかお願いします（please）」と理解している場合と、それを分析して「もしそれをあなたが好むならば（if it you pleases / if it pleases you）」と認識している場合を対比している（Butzkamm and Caldwell 2009: 92[9]）。後者のように言語解析

---

9) Butzkamm 2001 も参照のこと。

を含んだ理解をしていなければ、*si le vin vous plaît*（「ワインがお好きならば［If you like the wine］」）といった具合に同じ型を使って新しい言葉を作ることはできないというわけである。

　さらにブツカムとコールドウェルは、従来の意味重視の教授法であれば学習者が初学言語に熟達するまでに必要な言語量を再現するほどの時間が確保でき、その言語量は母語話者の子どもが言語習得の過程で触れるのに匹敵するものであるという観念のばかばかしさについても指摘している。筆者らが従来の学校教育で言語を学ぶことはできないとする

> 理由は単純で、ただ外国語学習で言葉に触れているだけでは、十分な量に触れられることは絶対にありえないからである。
> 　　　　　　　　　　　　　　（Butzkamm and Caldwell 2009: 30）

　要するに母語使用は、自然な第1言語の習得と、指導による第2言語の習得との差異を補う術だということである。この書の大半は母語使用を全般的に扱っているが、その議論は本章の冒頭で述べたような、訳だけを別物として隔離するようなものではない。それどころか、この書には訳について扱うことを明言した1章が存在するのみならず、1冊を通じて訳という主題が繰り返し論じられている。ブツカムとコールドウェルが行っている教育訳についての実践的な提案については、第7章で再び取り上げることにする。

## ■ 教育訳への支持論

　しかしながら、二言語併用教育ではなく教育訳にこそ焦点を当てるべきである、という議論は依然としてごくまれである。近年、例外的なものとして（わたしが本書の結論に手をつけているところで）著された重要な書が『第2言語教育・学習における訳』（Witte, Harden, and Ramos de Oliveira Harden 2009）である。この論文集において、編者・執筆者はさまざまな状況で、さまざまな目的（インターネットでの意思疎通、言語意識、正確さと流暢さ、異文化理解能力、文学的理解）を持って用いられる教育訳の妥当性・有用性を強く主張している。そのほか、二言語併用教育全般ではなくあえて教育訳を擁護する議論については、拙著も参照されたい（G. Cook

1991, 1997, 2007b, 2008b）。

## 8. 既得言語の復権、そして訳へ

　このように、近年は言語教育に学生の既得言語を再導入することを支持する証拠や議論が数多く見られ、それと同時に、これまで既得言語が排除されてきたことに対する懸念も生じている。その根拠はさまざまである。政治的な根拠を挙げる者は、第1言語の使用がとりわけ英語教育における言語帝国主義を打破する一助となり、学生の自己規定を単一言語ではなく二言語によって形成・維持することにも役立つと主張している。教育的な根拠を挙げる者は、既得言語使用が異なる文化や異なる考え方の理解を促すと主張している。多言語社会、地球規模化した世界を生きる学習者にとっての必要性を指摘する者、単一言語話者の単一言語による意思疎通が標準であるという誤謬を指摘する者もある。教育実践に絡んだ議論を展開する者は、既得言語使用が解説の迅速化・効率化をもたらし、動機付けを促し疎外感を減じ、教師と学習者の間によい関係を構築する一助となると主張している。二言語話者である教師の多くは、学生の既得言語を排除することによって、どう考えても有用な道具を奪われることになると考えている。さらに根本的な（そしておそらく最も説得力のある）主張として、既得言語使用は教育・学習の方法としてごく自然に起こるものであるから、拒絶するのではなくむしろ利用していくべきであるという見解もある。

　つまるところ、言語横断的教育への回帰を支持する趨勢が強まっているということである。しかしながら、学生の既得言語の再導入を求めることは、必ずしも訳を擁護することにはならない。理由は明白で、訳は既得言語使用の一例でこそあれ、唯一の形態ではありえないからである。既得言語使用から訳へ歩を進めることは容易そうでありながら、訳に対する積年の深い不信感がその行く手を阻んでいる。直接教授法信仰の根は深く、訳への反感はなお根強いがゆえに、多くの論者にとってはこの一歩があまりにも遠く見えてしまう。したがって、単一言語的方針の慎重な見直しを図ろうとする場合でも、訳に関しては概して二の足を踏むようなことが多い。既得言語使用を最も強く支持する論客でさえ、全面的な支持を表明することにはためらいがあるように思われる。例えばヴィヴィアン・クック（V. Cook

2001a) は徹底して第 1 言語使用の擁護論を展開しているが、話が訳に及ぶのはようやく論文の末尾になってからであり、そこで「訳すという用語に関しては、その侮蔑的な響きを考慮して (中略) ここまで触れないようにしてきた」と認めている。ヴィヴィアン・クックは訳を支持しているようにも見えるが、その物言いはなんともあいまいである。例えば以下のような記述がある。

> 第 1 言語に対する忌避の動きが緩和されれば、訳 (にまつわるそのほかの問題点はともかくとして、訳自体) が誤りである本質的な理由はなくなる。

「本質的な理由はなくなる」という物言いからは、非本質的な理由は存在する、ということがうかがわれる。ただし「そのほかの問題点」はヴィヴィアン・クックも明言していない。同様にスターン (Stern 1992) も、言語横断的教育と単一言語内教育について偏りのない対比をしていながら、訳に限っては極めて慎重で、学習言語から学生の既得言語へ訳すことしか認めず[10]、また訳を多少なりとも支持するような言葉を述べる場合には、過去の訳使用が「過剰」(Stern 1992: 293) であったことに関して何度となくただし書きをつけている。2 つの手法の利点を評価するに当たっても、少なくとも授業構成の一部としては単一言語内教育を擁護するという念の入れようで、「当たり前のことながら、どの程度であれ第 2 言語の能力を獲得しようというのであれば、なんらかの形で単一言語内教育の方法を用いないわけにはいかない」(Stern 1992: 285) と述べている。

このように、既得言語使用の擁護論はそのまま訳擁護論になるわけではないので、この 2 つを混同してはならない。前者を積極的に推進しつつ後者には否定的である論者も多く、あまつさえ既得言語使用の復権が訳にも道を開くことになろうなどとは思いもよらない論者もあるように思われる。

訳は既得言語使用の一種ではあるが、それを支持することにはより具体的でしかも異論を呼びかねない提案が伴う。二言語併用の授業のそこかしこに多少は訳を用いることがあるにしても、訳にかかわる要素はその大部

---

10) この標準的な見方に対する異論は Campbell 1998 を参照。

分が過去との決定的な隔絶を想起させるものであるから、依然としてかつての直接教授法が行った魔女狩りのような扱いを受けるのでは、と考えている論者も多いようである。歩を進めることに対するこのようなためらいや気後れゆえに、本章はその題名を「復興」ではなく「復興の機運」にとどめたのである。

# 第4章
## 訳すとは何か

### 1. 本章の基本原理

　ここまでの議論においては、意味をはっきりと特定することもなく、ごく当たり前のように用いてきた用語が1つある。それは「訳」という言葉、過程（訳す際に起こること）、結果（ある言語で書かれたものを別の言語で訳したと考えられる文章）のいずれとも解釈できる、この「訳」という言葉そのものである。教育訳をめぐる議論の中核をなすものとはいえ、訳すということの定義には一筋縄ではいかない難しさがあり、おそらくそれゆえにこそ、多くの重要語の例に漏れず、「訳」という言葉は定義を省略して用いられることが多い。このつかみどころのない、それでもつかんでおかねばならない言葉の意味を捉えることが本章の狙いである。

　本書の最初の3章では、教育訳の歴史を概観した。本章に続く第2部では、教育訳を支持する議論およびその証拠について検討する。これらはいずれも訳の教育的利用に直接かかわる内容を扱っている。この2つの部分に挟まれる形の本章は、ともすればそのような教育的関心から一歩はみ出しているように思われるかもしれない。しかしながらその真意は、訳の本質および訳をめぐる諸問題を理解することが、教育訳に関する理解を得るために必要であるのみならず、言語学習者自身にとっても有益である、という点にある。

　20世紀の言語教育においては、言語のはたらきに関する形式的・学術的知識を言語学習の過程とは別個のものと見なし、あたかも言語学の知見は言語学習者には関係がないかのごとく扱うのが主流であった。学生に必要なのは言語に関する学術的知識ではなくそれを使う能力なのです、この2つははっきりと区別できるものです、と（どこか人を見下したような調子で）

言うわけである。このいささか人工的な二項対立による見方が広く普及していることもあって、本章の議論が効果的な言語教育・学習にまつわる議論とは噛み合わないように思われる向きもあろう。しかしながら、ここで主張したいのは、訳すという営みの記述・分析が言語学習・言語使用の成功に貢献するところ大であり、そのためには理論的枠組みやなんらかの説明言語が必要になるということである。これは何も、すべての学習者がそのような枠組み・説明言語を事細かに熟知していなければならないと言うのではない。教育訳同様、その利用は適宜判断に基づいて行う必要がある。それでも、もし訳について議論するのであれば、(ごく幼い学習者についてはともかくとして) ある程度はその記述にかかわる技術や意識的な内省が必要になる。

　学生にとっては、訳をめぐる問題を議論し理解することによって、初学言語のはたらきやその既得言語との類似・差異に関する独特の知見を得ることができる。また、このような両言語の特徴や差異が頭の中に定着し、初学言語を単独で用いるにせよ訳すために用いるにせよ、その使用により自信を持ち、確実な成果を収めることができるようになる。さらに、学生が優れた翻訳者になろうというのであれば、差異や難しさを意識的に理解し、文脈的要因や当事者の目的・必要を考慮しつつ適切な訳を選択することができなければならない。既に論じたとおり、訳の2つの役割 (手段としての訳と目的としての訳) を従来のように別個に考える必要はない。訳は特殊な目的を持った学習でもなければ総合的な学習のおまけでもない。それは、単一言語使用と二言語併用のいずれを目指すのであれ、言語学習の主たる目的の一部をなす欠くことのできない要素なのである。

　このように、翻訳理論・翻訳研究は言語学習と無関係のものでは決してなく、したがってその両者を分離しておくべきではない。そんな巨大な学問分野のすべてを概観しようとは言わないまでも、少なくともその領域に一歩足を踏み入れてみる必要はあろう、というのが本章の意図するところである。

## 2. 訳すことの定義

　訳に関する一般的な見方として、言葉の意味をある言語から別の言語へと移す、というものがあるが、これはその語源であるラテン語 *translatum* が、「移す」の意を表す *transferre*, すなわち英語の transfer の語源となっ

た動詞の変化形であることにも表れている。おそらくはその必然的帰結として、この見方には訳による損失という概念が伴う。つまり、訳すうえですべてのことを「移す」ことはできないという考え方である。これゆえに、中には訳すという営みを裏切り行為であると見る人もある。イタリア語の語呂合わせを含んだ格言で言えば、*Traduttore, Traditore* (the translator is a traitor [翻訳家は反逆者なり]) ということである。とはいえ、異言語間の意思疎通において訳は不可欠であり、またその損失は避けられないものであるから、この裏切りという誇張表現は正確さにも正当さにも欠けるように思われる。

　損失といってもその種類はさまざまである。原文の音のつながりや語順が重要である場合、ある単語とその翻訳上の対応語の含意が異なる場合、ある言語の語彙になんらかの概念を表す言葉が欠けている場合、などである。例えばロシア語には、英語の privacy に当たる言葉が存在しない (Pavlenko 2005)。さらに、損失はこのような言語的差異だけではなく、もっと一般的な要因に由来する場合もある。文章がある文化的状況から別の文化的状況に移動すれば、その意味には変化が生じる。翻訳の読者は、原文の読者ならば持っているはずの背景的知識を持っていない場合が多々ある。もし意味を移すことが目標だとすれば、訳すという営みはすべて失敗に終わる定めにある。完全な訳は絶対に存在しないからである。

　さらに突き詰めれば、意味の移動という概念には、言葉のはたらきに関する極めて疑わしい見方が伴っている。これは、言葉の意味は(時に「mentalese [心的言語]」と呼ばれる [Pinker 1994: 55–82])いかなる言語形式からも独立した形で表されるものであり、原文であれその翻訳であれ、言語形式とは関係のないこの同一の心的表象を言語化したものにすぎないのであるから、その点ではいずれにせよ同じものである、という見方である。これは、言語相対性の思想、すなわち各言語は経験をそれぞれ異なる形で言語化することによってものの見方に影響を与えるという思想 (Whorf 1964, Pavlenko 2005) を強く否定するものである。確かに、そもそも訳という営みの存在そのものについても、(異言語間には構造の点でもものの見方の点でも有意な類似性が存在しないのだとすればそもそも訳すこと自体が不可能であるはずなので) ある意味で最も強硬な形での言語相対性理論に対する反証となる部分はある。しかしながら、その一方で、文章の原文

に当たらないかぎりは捉えられないような意味の要素があることもまた事実なのである。以下ではその理由について説明を試みたい。このような立場を取るからといって、それが極端な言語相対性理論にくみすることと必ずしも同義ではないことは申し添えておく。

## 3. 等価性を求めて

　理由は前節で述べたことに限らないが、たいていの言語学者は意味の移動という概念をよしとせず、より緩やかな等価性の概念を支持している。これは、訳すということを

　　言葉の意味をある記号様式から別の記号様式へと移動すること
　　　　　　　　　　　　　　　　　　　　　　　（Dostert 1955）

ではなく

　　ある言語による文章形式を別の言語による文章形式に置き換えること
　　　　　　　　　　　　　　　　　　　　　　（Catford 1965: 20）

とする考え方である。この定義では、等価性とは何かということに関する、解けたら賞金に値するほどの難問がうやむやのままになっている。つまり、共有している単語が1つも存在しないばかりか（書記体系の異なる言語間での訳の場合は）使用している記号すら同じではない2つの文章が、それでもどういうわけか同じものと見なされている、という不可解な現象である。言い換えれば、ある2つの等価な文章が、表面上はまったく異質のものでありうるということである。このような等価性の本質を言語学の言葉で捉えようとすることが、さまざまな意味で現代の翻訳理論の出発点になっている。

　まずは翻訳理論の中で等価性の本質がどのように捉えられているのかを見てみよう。それを足がかりとしつつ、本章の後半では、訳をまったく別の先鋭的な視点から捉える近年の考え方へと歩を進めたい。

　この100年近くの間、言語学・言語教育・翻訳理論は、お互いの影が重なり合って見えるほどによく似た道筋を辿っている。大ざっぱな言い方を

すれば、言語学の焦点は、もっぱら「下層の」言語形式に関心を向けるあり方から、その形式が行為を伴った談話（discourse）としてどのように用いられるかに関心を向けるあり方へと変化してきた。この転換が波及・影響して、言語教育理論においても関心の方向が形式の正確さから意思疎通へと移ったことは第2章で述べたとおりである。翻訳理論もこれらと同様の軌道を辿り、1970年代以降は語用論的な、かつ／または談話としての等価性への関心が高まっている。また最近ではさらなる転換によって、訳すという営みを制度化された、かつ制度を構築するものと捉える流れも見られる。このような発展は、学問分野としての名称が「翻訳理論（translation theory）」から「翻訳研究（translation studies）」へと変化していることにも反映されている（Bassnett 1980/1991）。本章の目的は、以上のような発展のそれぞれについて、その主たる特徴およびその教育訳との関連を記述しつつ検討することである。翻訳理論および翻訳研究と同様の軌道を辿ること、つまり、初期の段階ではなるべく言語的・意味的等価性に着目し、後の段階で初めて談話としての等価性に焦点を当てることは、言語学習者にとっても利するところがあると言えるかもしれない。

## ■ 等価性の諸階層

　言語は、さまざまな階層に存在するものとして分析することができる。学派によって多少の差異はあるものの[1]、たいていの言語学の理念では、多かれ少なかれ以下の構図にのっとった形でこの階層を捉えている。まず「底」の位置には（話し言葉の場合に関する）音韻と（書き言葉の場合に関する）書記素がある。これらが次の階層では（意味単位としての）形態素をなし、さらにそれが文を形成する。形態素・語彙・統語法の選択が文に意

---

1) この単純化した図式には必然的に難点が伴う。わたしの概説に対しては、言語学の諸学派から見れば反論したくなる点が1つや2つはあるだろうと予想される。比較言語学の観点からは、書記素と形態素の関係は書記体系の違いによってさまざまであることが指摘されよう。機能言語学の観点からは、語彙にこそ「最も精密な文法」（Halliday 1976: 69）があるとの理由により、形態素・統語法・語彙素を「語彙文法（lexicogrammar）」という単一の体系として扱うことが好まれるであろう。その発想を基にして、コーパス言語学ではさらに語彙と文法の区別に対して疑問が投げかけられ（Sinclair 1991, 2004）、単語はただその品詞に従って文法構造の中に当てはめられるものではなく、連語関係において別の語と共起したり、結合関係にお

味を与えることになる。文は結束性を保つ手段によって結びつけられ、ある程度の長さの文章を形成する。

　このような言語の特性はすべて、言語の使用法いかんにかかわらず形式の点のみから考えることができる。しかしながら、文脈の中での意思疎通行為として考える場合には、実際に使用されるあらゆる言語に対して語用論的な意味が加わる。つまり、言葉がある特定の力を持ち、言語使用の当事者に対してなんらかの機能を果たすということである。そこには、当事者による（音韻・語彙・文法・結束性等の）言語形式の処理の仕方のみならず、その場の状況も含めた文脈、身振りや映像など言語以外の意思疎通法、当事者の背景的・文化的知識、思考、感情、意図、そして当事者が意識している意思疎通行為の種類（ジャンル）など、さまざまな要因が作用している。このような要因・階層をすべて含めた総体が談話である。

　混乱を避けるため、ここで用語法に関するさらに2つの点について触れておきたい。1つは発話（utterance）と文（sentence）の違い、もう1つは文章（text）と談話（discourse）の違いである。発話というのは、だれかがある文脈でなんらかの行為に及ぶために用いる一続きの言葉を指す。発話は文法的に不完全であることも、あるいは文法規則にのっとっていないこともありうる。一方、文というのは、文脈に関係なく純粋に形式の観点のみから見て文法的に完全な言語単位を指す。文は作り物である場合も、実際に用いられたものである場合もある。（すべてではないにしても）多くの発話は同時に文でもあるが、文に関してはすべてが発話というわけではない。文章と談話については論者によって定義がまちまちであるが、わたしは次のような意味で用いる。文章とは、文脈と切り離して考えた場合の一続きの言葉である。談話とは、書き言葉・話し言葉を問わず、文脈の中で

---

いて特定の文法構造を選択したりする傾向があるのだとの主張がなされるであろう。さらに上部の階層へ目をやれば、学派によっては、意味と語用の区別を一切せず、あらゆる意味は話者間の交渉によって生じるのであって文脈に依存するものであると見なす場合もあろう。ジャンルというものの定義もさまざまである（Martin 1985, Swales 1990）。また、その上位語としての「ディスコース（discourse）」も使い方の定まらない用語であるのはよく知られたことで（Pennycook 1994）、2文以上の文章というのとほぼ同義である場合あり、総体としての意思疎通行為を表す場合あり、はたまた可算名詞（discourses）として使用し、制度化されたイデオロギーが（一部は）言語の用い方によって表現されている様を論じる場合あり、という具合である。

考えた場合の一続きの言葉である。発話という言葉は話し言葉のみについて、文章という言葉は書き言葉のみについて用いられることもあるが、本書では両方とも話し言葉・書き言葉を問わずに用いることとする。

### ■ 意味の等価性

あるものが別の言語からの訳であるとされるのは、その音や語順が同じだからではなく意味が同じだからである、というのが訳に関する一般的な見方である。階層別の等価性という観点から言い換えれば、意味の階層がその他すべての階層に優先するとの前提が一般に受け入れられているということになる。訳は原文と同じ現実の（あるいは架空の）出来事を表しているのだ、というわけである。しかしながらこの単純な発想はすぐに破綻を来す。ある言語で述べられたこととまったく同じ意味を別の言語で再現することは、さまざまな理由から不可能だからである。短くて一見単純なロシア語の文を例に取ってみよう。

　　Я пришла (*Ia prishla*)

多くの場合、これは以下のように訳すのが適当である。

　　I've arrived.

両方の言葉が同じ出来事を表し、同じ状況で発せられるものであるというのがその理由である。ある会議に遅れてやって来た人が会場に到着するや否や *Ia prishla* (Я пришла) と言ったとすれば、それを耳にした通訳者がこれを I've arrived. と訳しても差し支えはないだろう。だが、この2つの言葉が述べている出来事はいささか異なる。最初の *Ia* (Я) については問題ない。ロシア語にも英語にも話者自身のことを指す単語[2]（一人称単数の代

---

　　2) 事がそれほど単純ではない言語もある。一人称が性によって活用する言語もあれば (Fillmore 1992)、社会的地位によって異なる形が用いられる言語もある。ディクソン (Dixon 1980: 247) によれば、オーストラリアのアドニャマダナ (Adnyamadhanha) 語には一人称包括二重代名詞（相手と自分を同時に表す代名詞）に10の形が存在する。

名詞³⁾）があり、それが主語となる場合に用いられる形も存在する。つまり *Ia*（Я）が表す意味は I 以上でも以下でもない（とはいえ一見単純なこの言葉にも厄介な点がある。英語ではともかくとして、ロシア語の場合は *Ia*［Я］が脱落することがある。You and I をロシア語に訳すと *my s toboi*［мы с тобой］、つまり文字どおりの意味で言えば We with you となる）。いずれにしても、I を *Ia*（Я）とするのは、完璧な訳に限りなく近いものである。

しかしながら、次の *prishla*（пришла）という語に関しては、「意味」を完全に変換するのであれば大きな問題が生じる。これは何も上級の、あるいは文学的なロシア語にかかわるような難解な問題ではない。むしろ日常的な言葉遣いにかかわる、イギリス人のロシア語学習者やロシア人の英語学習者にとっては学習の初期に出くわす困難としてよく知られたものである。また、これに類した問題はどんな言語を学ぶにしても早い段階で生じることがあり、その意味では教育訳に大いに関連のある問題であるとも言える。

第1に、ロシア語には英語の arrive に当たる動詞が2つ存在する。1つは「徒歩で到着する」ことを意味する *priiti*（прийти）であり、もう1つは「交通機関を用いて到着する」ことを意味する *priekhat*（приехать）である。この両方の意味を同時に表せる動詞は存在しない。この2つの動詞を混同するのはロシア語学習者にはありがちなことであり、その区別が分からなければ、パリからモスクワまで歩いて辿りついた、台所から広間まで交通機関を用いたなどと言いかねないわけである。第2に、ロシア語の動詞は完了相、すなわち動作が完了したことを示す形か、未完了相、すなわち動作が未完であるかまたは繰り返されていることを示す形のどちらかでなければならない。⁴⁾ 今の場合、動詞 *prishla*（пришла）は完了相であるから、動作は完了している。また、*prishla*（пришла）は過去のことも表す。ロシア語の動詞には過去形が1つしかなく、英語で言うところの過去（I arrived）

---

3) ロシア語ではこの語には文法上の機能によって4つの形が存在する。ロシア語には6種類の格があるが、こと *Ia*（я）に関しては、対格と生格、造格と前置格が同じ形を採る（主格=*Ia*［я］、対格および生格=*menia*［меня］、与格=*Mne*［мне］、造格および前置格=*Mnoi*［мной］）。

4) *priiti*（прийти）などの動作動詞に関しては、未完了相は動作の未完了ではなく反復を表す。

と、即時性や関係の継続性を示す現在完了（I have arrived）との区別に対応するものが存在しない。第3に、ロシア語の過去形では話者の性別が示される。*prishla*（пришла）は女性形なので、話者が女性だということになる（男性話者であれば *Ia prishel*［Я пришёл］と言う）。

　ここで重要なのは、以上すべての要素がロシア語学習者にとっては必須のものだということである。ロシア語話者が「到着した」ことを述べる場合は、それが徒歩だったのか交通機関を用いたのか、動作が完了したのか繰り返されているのか、そして話者が男性か女性かを示さないわけにはいかないのである。

　では、以上のことを踏まえて、この2語による日常的な言葉 *ia prishla* をどう訳せばよいのだろうか。いかなる言語でも、上に述べたようなことを表現するのは可能ではあるが、場合によってはかなり回りくどい言い方になってしまうかもしれない。例えば英語でこの言葉の意味をすべて捉えようとするならば、以下のような言い方をしなければなるまい。

　　I, a female, have come here on foot and am going no further.

これならば意味は正確に再現できている。しかしながら、よほど変わった状況でないかぎり、これがいい訳と言えないのは明らかである。もし文章を通じて終始このような訳し方が採られるとすれば、原文よりも数倍長い訳ができることになり、そうなると、この原文と訳はある意味で等価物とは言えない代物になってしまう。とはいえ、もちろんそれ以外訳しようがないわけではない。意味の要素の中には、文脈や周りの文章から明白に察せられるものや、単純に無関係であると思われるものも多いからである。それゆえ、優れた訳をするためには、ある特定の例に関して重要と思われる意味の要素を選択的に見極めることが必要とされるわけである。ところが、これが逆の方向、つまり英語からロシア語への訳となると、例えば I've arrived. と言った話者が男性か女性かなどを考慮しながら、上述の要素をすべて意識したうえで言語化する必要が生じてくる。このような例から学生が学ぶのは、初学言語に関する具体的な事実だけではない。訳が完全な等価物になることはめったになく、そこには何を落とすか、何を残すかに関する難しい選択が伴うという一般的な真理をも学ぶことになるのである。

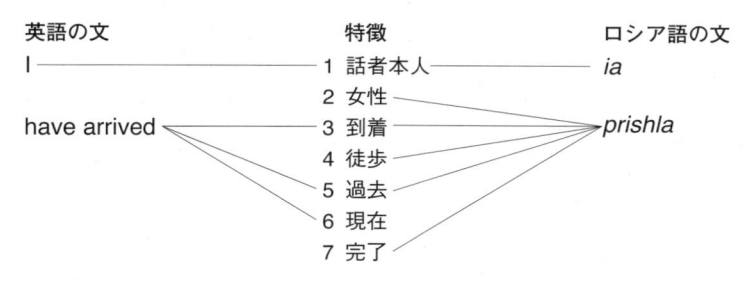

```
英語の文              特徴                ロシア語の文
I ─────────── 1 話者本人 ─────── ia
                     2 女性
have arrived ─────── 3 到着 ────────── prishla
                     4 徒歩
                     5 過去
                     6 現在
                     7 完了
```

図3　訳の等価性の表（Catford 1965: 39 より改変）

　キャットフォード（Catford 1965: 39）は同じ *prishla* の例を用いながら、以上のような差異について分かりやすくまとめている（図3 参照）。
　キャットフォードの見方によれば、訳をめぐる問題の中心にあるのは、異なる階層に属する要素同士の相互作用は言うに及ばず、意味という1つの階層に属する要素ですらそのすべてを表現することができないという事実である。訳すという営みがせいぜい成し遂げられるのは「状況的等価性」の追求、すなわち、原文に見られる要素のうち必要と思われるものを、「状況的に適切である」かどうかを基準としつつ言語化することだ、というのである。
　しかしながら、何が「必要」で「適切」であるかを決めたとしても解決されずに残る問題がある。キャットフォードによる状況的等価性の理論は、採り入れるもの、除外するものを選択する判断の連続として訳という営みを捉えるところにその要点がある。ところが、この理論は翻訳者にも学生にもあまり役立つものとは言えない。原文の言語形式や意味を記述することは、どのような選択が行われたのかに関する有益な知見をもたらすものでこそあれ、そのような選択が行われた過程を明らかにするものではないからである。このような選択を支える原理を探るべく翻訳理論が目を向けたのが、語用論という分野であった。

### ■ 語用論的等価性

　発話は世の中の事実に言及するだけでなく、社会的な行為を伴うものでもある。言葉の受け手が送り手の意図を文脈と関連付けながらどう解釈するかという点に着目するのが、語用論の理論である。このような解釈にお

いては、発話の文字どおりの意味などほんの一要素にすぎない。そのほか、当事者の背景的知識、状況、共有されている社会的慣習なども関係してくるのである。例えば、陸軍の軍曹が行進中の一兵卒に対して「靴が汚い！」と言えば、会話中の一言というよりは命令・叱責と解釈される可能性が高い（Cook 1989: 36–38）。哲学者である J. L. オースティン（Austin 1962）やジョン・サール（Searle 1969, 1975a, 1975b）らは、聞き手が発話を約束・命令・質問・称賛といった特定の発話行為として解釈する際の条件を詳細に練り上げた。また、サールは訳すうえで含意をどう取り扱うかについても触れている。

> ある言語において標準的である形式を別の言語に訳す場合、もともとの表現が潜在的に持っている間接的な発話行為の可能性が維持されるとは限らない。例えば、英語で Can you hand me that book? と言えば間接的な依頼表現として機能するが、これをチェコ語で Můžete mi podat tu Knížku と訳せば、依頼表現としてはおかしなものになってしまう。　　　　　　　　　　　　　　　　（Searle 1975b: 76）

言い換えれば、原文の文字どおりの意味を再現したところで、その訳が同じ効果を持つかどうかは分からないということになる。英語では疑問文の形式である *Can you x me y?* を丁寧な依頼に使用するが、チェコ語では *prosím,* すなわち please に当たる言葉を添えた命令文の形式を用いるわけである。

　訳すうえでの形式と機能の乖離は、サールの挙げた例のように、定型句や構文が文字どおりの意味とは異なる慣用的な意味を帯びる場合に生じることが多い。例えば、スペイン語の会話における

> — *Gracias*
> — *De nada*

というやりとりを英語に訳すとすれば、以下のようにするのが適切であろう。

— Thank you.
　　— You're welcome.

　you're welcome と *de nada* という言葉はこの文脈において同じ機能を果たすというのがその理由であるが、字義から言えば両者は異なる意味を持っている。また、文字どおりの意味は同じでも機能が異なる場合もある。英語で Thank you と言えば申し出を受けることを意味する場合が多いが、フランス語で *Merci* と言えば通常は拒絶を表すことになる。
　このような慣用的な機能は、ひたすら覚えなければならない。そのうえ、学習者にとってはさらに厄介なことに、発話の機能には文化的知識に照らした解釈を要するものもある。つまり、何が謝罪・侮辱・約束・命令・招待と解釈されるのかを理解するうえで、人間関係・社会階層・公私の別などに関する規範を知っていなければならない場合があるということである。このような差異やそこから生じる誤解、ある言語の話者が別の言語の発話の（文字どおりの意味ではなく）意図をどのように認識するのか、などを対象としているのが、異文化間語用論なる分野である。ウォルフソン（Wolfson 1989: 119）は北米での事例として、また会って昼食をともにしようという提案が会話の終わりを意味する場合について論じている。ウォルフソンは、このような提案がただ漠然とした社交辞令ではなく実際の行動を伴う本当の誘いなのか、それとも会話を終わらせる方便なのかを判断する基準として、後者の場合には以下のような条件が存在すると述べている。

　1　時期が不確定である
　2　返答を要求していない（是か否かを問う質問を伴わない）
　3　must などの法助動詞が用いられている

　言い換えれば、Do you want to have lunch tomorrow? は本当の誘いであるが、We must do lunch some time. はそうではないということになる。旅行者の話にはこのような誤解からくる失敗談がつきものである。あくまでほんの一例にすぎないが、わたしのアラブ系の友人がイギリスを訪れたときのこと、泊めてもらう家に着いたころにはひどく喉が渇いていたので、何か飲み物でも出してもらえたらよいなと思っていた。家の主は喉が渇いて

いないかと聞いてくれたのだが、アラブのしきたりが頭にあった彼は、ひとまず「いいえ」と答えたうえで、誘いを繰り返してくれるのを待っていた。彼が何も飲めなかったのは言うまでもない。

　たびたび論じられるこのような誤解への意識が影響してか、言語教育の現場では、文化的に適切な振る舞い方を教えることが必要だと考えられていたこともある。これが特に顕著であったのが、コミュニケーション重視型言語教育の初期である。この種の言語（とりわけ英語）学習では、母語話者の文化的規範を受け入れ、学習者の独自性を新しい文化に埋没させることが必須であると考えられていた。当時勧められていたことの中には、現代ではいささか権威主義的・排外主義的な響きが感じられるものが少なくない。ウィリアム・リトルウッドは、教師たちに新しいコミュニケーション重視の動きを説きつつ以下のように論じている。

> 話者の振る舞いがおかしいと思われずに済むよう、言語的（あるいは社会言語的）な慣習に従うことが大事なのである。話者は、洋服ダンスにある服の中から社会的に適切なものを選ぶのと同じように、手持ちの言葉の中から社会的に適切な言葉を選べばよい。
>
> （Littlewood 1981）

ホワイトは英語学習者に対してイギリスでの事例を以下のように説いている。

> 職場や住所を聞くのは問題ない。年齢や収入を聞くのはよろしくない。
>
> （White 1979）

モロウとジョンソンはこのような規範を練習問題の形に書き換えている。そこには、swummed は swim の過去形としては誤りであるのと同じ理屈で、文化的に不適切な振る舞いは「誤り」であると断言するかのような姿勢が垣間見える。

**正しい行動を**
イギリス人の暮らし方・振る舞い方、どのくらい知っていますか？ ここでクイズ。

あなたはイギリスにいます。
1) イギリス人の友人の家を訪ねています。とても綺麗な家です。さて、あなたは、
a) 綺麗な家ですね、と言いますか？
b) おいくらほどかかりましたか、と尋ねますか？
c) 家の中を案内してくれませんか、と頼みますか？
(Johnson and Morrow 1979: 5)

この *Communicate* という教科書の巻末にある解答によれば、答えは a) だそうである。

　どういうわけか、言語の教育は特に問題とされることもなく文化の教育と結びつけられてきたが、これについては疑義を呈すべき点が山のようにある。まず第 1 に、これは（例えば上述の「イギリス文化」の場合のように）ある 1 つの固定化された振る舞い方を前提としたうえで、地域・社会階級・民族・個人による差異を無視し、はたまた英語やスペイン語を初めとした国際的に広く分布している言語に関して言えば、同一の言語を話す複数の国家間の差異をも無視する考え方であった。第 2 に、この考え方は、学習者が望んでいるのは内輪の人間になること、同化のために言語を学ぶことであって、部外者のままでいたいはずなどない、という前提に立っていた。つまり、表面上は解放を目指すかのように見えたコミュニケーション重視の動きは、学生に行動様式を押し付け、話し方のみならず話す内容まで教えることを目指したものであった。皮肉な話だが、一見は対話重視をうたっているように見える運動の中で、どうやらその意思疎通に対する姿勢は一方通行だったようである。

　このような手法は今もなお存在するものの、近年の英語教育では、それとは異なる 2 つの相対する方針が打ち出され、そのどちらかが採られる傾向が強い。1 つは英語使用国への移民に対する教育に多く見られるもので、文化的差異に対する学習者の意識を高めることに力点を置き、画一化を要求するのではなくおのおのの独自性を維持させるという特徴を持つ (Cooke and Simpson 2008)。もう 1 つは国際語 (McKay 2002) または共通語 (*lingua franca*) (Jenkins 2000, 2007, Seidlhofer 2002, 2010) としての英語教育と結びついたもので、言語を文化的に中立のもの、英語使用国と別段強

いつながりのないものとして扱うことを特徴としている。

　翻訳理論研究者の立場からは、意味論的等価性と語用論的等価性に齟齬が生じる場合は後者が優先するという主張が長きにわたってなされているが、これは無理からぬことである。ロシアの言語学者コミサロフ (Komissarov 1973) が考案した図式[5]では、訳者の使命はまず訳と原文の語用論的機能の等価性を確保し、次いで言語の階層を一段ずつ下りながら階層ごとの等価性を確認し、最終的に等価性が見られないと思われる階層に辿りつくまで作業を続けることである、と分かりやすく規定されている。つまり、先述の例を用いるならば、スペイン語から英語への訳において、*De nada* は語用論の階層で You're welcome に移すしかないことになる。一方、スペイン語の *Cómo estás?* という表現の場合は、語用論的にも意味論的にも等価な How are you? という英語表現があるので文字どおりに訳すことができるわけである。

　(ほとんどとは言わないまでも) 多くの場合、これは実に理に適った原則であり、これ以外の原則を基にすれば深刻な誤解を生じかねないとすら言えよう。だが、円滑な意思疎通における一時的な障害を避ける方法としてはともかく、場合によってはこのような原則を適用したほうがより根深い誤解を招くこともある。おそらくその意味では、誤解を避けるために訳の中に奇妙さ・「外国語臭さ」をあえて取り入れることによって、文化的規範を別の言語に移すのは、語用論的翻訳理論が言うほどたやすいものではないことを訳の受け手に知らしめるのがよい、という主張にも一定の理があると言えよう (これについてはまた後述する)。例えば、訳そうとしている言葉の背後にある価値観が共有されていない場合にはこれが当てはまる。本書冒頭のわたしの失敗談に登場した *in-shâ'-llâh* (إن شاء الله) を「神のご意志のままに」と訳すか「おそらく」と訳すか、というのもその一例である。もちろん、トーマス (Thomas 1998) が論じているとおり、訳において

---

[5] コミサロフの提示した5階層は以下のとおりである。
1 言語記号 (*iazykovykh znakov*) (языковых знаков)
2 連語関係 (*vyskazyvaniia*) (высказывания)
3 情報 (*soobshcheniia*) (сообщения)
4 状況 (*opisaniia situatsii*) (описания ситуации)
5 意思疎通上の目的 (*tseli kommunikatsii*) (цели коммуникации)

差異を強調することが、調和ではなく不和や対立につながることもあろう。この問題については、第6章で教育訳の教育的利点を検討する際に再考することにする。

コミサロフの図式に類したものは、後に提示された西洋の翻訳理論の多くにも見られるが (Koller 1979/1989: 211–216, Bell 1991: 46)、もちろんこれは等価性を学術的に考察した図式であって、訳者の実際の行動を表したものではない (時間の制約上、そこまで手間をかけて体系的な手順を踏むのは現実的でないと判断する訳者が多いはずである)。しかしながら、訳に携わる者が、その都度利点を見極めながら語用論的等価性と言語的等価性のいずれの極に近寄るべきかを決定しなければならないのは確かである。それぞれの極に反映されている言語的・文化的要素を少なくともある程度は残すべきであるとの主張はもっともであるが、いずれにしてもそれは価値判断・倫理的判断・審美的判断を伴うものであって、ただ機械的な判断のみでできる作業ではない。

### ■ 機能的・談話的等価性

ここまでの言語的・意味論的・語用論的等価性に関する議論は、短い例文を基にしたものであった (ため、従来の文法訳読法の練習問題において1つ1つの要素が単文単位で例示されていたことを思い出す向きもあるだろう)。しかしながら、実際の訳においては長い文章が対象となることのほうがはるかに多い。また、単一の発話が訳の対象となる場合でも、そこには意思疎通上の文脈が存在し、前後に述べられたことや言語外の状況などが発話の意味に影響を及ぼしている。そのような長さのある談話を考慮すると、単一の発話からだけでは見えてこない問題や可能性が浮上してくる。現代の翻訳理論はこのような談話にまつわる問題を中心に据え、マイケル・ハリデイ (Michael Halliday) の体系的機能言語学 (Halliday 2007) を談話規模で応用しながら、社会的・文化的価値観や権力関係が語彙や文法の選択にどう反映されているかに着目している (Hatim and Mason 1990)。特に注目を集めているのが原文となる文章の総体としての目的であり、その基になっているのがハリデイの言う3つの主要機能、すなわち、世界観の言語化 (概念的機能 [ideational function])、話者間の関係の言語化 (対人的機能 [interpersonal function])、および総体としての一貫性を生み出すため

の言語結束（形式的機能［textual function］）という三機能の概念である。ハウス（House 1977, 1997）はこのような機能主義の見地に立って、ハリデイによる言語使用域の三要素の概念を援用しながら、原文となる文章の活動領域（field＝概念的意味）、役割関係（tenor＝対人的意味）、伝達様式（mode＝話し言葉と書き言葉、独白と対話、自発的な言語使用と規定された言語使用といった選択肢からどれを用いるかという判断）を体系的に分析することを提唱している。さらにハウスは訳を評価するうえでの物差しとして、訳と原文がこれらの各次元において一致する度合いを測ることを推奨している。また、ベイカー（Baker 1992）はハリデイの概念や語用論の概念を援用しつつ、とりわけ文章の一貫性、その背後にある前提（共有されている言語外の知識についての前提）、その含意（示唆されてはいるが言明されてはいない物事）といった諸要素の関係性に注目している。

　以上のような手法はいずれも、原文のジャンル（特定の社会的・文化的慣習に従いつつ、特定の文法的・語彙的単位によって実現される、［説教・レシピ・詩・スピーチ・面接などといった］意思疎通活動の種類[6]）を同定し、それを訳すうえで適切なジャンルを選択することに焦点を当てている。これが特に重要になるのは、単純なジャンルの一致が見られない場合である。文化を横断した意思疎通にはこの種の問題がつきものである。例えば、説教と政治演説との線引きは、イランの場合とアメリカの場合では異なる。また、ある社会においては芸術作品として許容されるものが、別の社会では冒瀆的なもの、卑猥なものと見なされる場合もありうる。

### ■ 効果の等価性

　語用論や機能主義理論の言葉を用いた等価性の議論には、古典語学者・聖書学者・翻訳者である E. V. リューがかつて述べたよい翻訳の定義を想起させるものがある。リューによれば、

> 原文がその同時代の読者に与えたのと同じ印象を翻訳の読者にも与えることができれば、それが最良の翻訳である。　　（Rieu 1953: 555）

---

6）　各ジャンルを言語形式から特徴づけるハリデイの手法に比して、言語形式にそれほど重きを置かない見方も存在する（Swales 1990）。

これはつまり、語用論の理論研究で発話媒介行為 (perlocution) と呼ばれるもの、すなわち文章が総体として与える効果を、等価性を測る主要な基準として格上げすることを意味している。しかしながら、「効果の等価性の原則」(Newmark 1981) として知られているこの理論には、一筋縄ではいかない厄介な面も多い。

まず明らかに問題となるのが、受け手が何者であるかということである。リューの見方によれば、受け手として妥当なのは原文と「同時代の」人々、つまり最初に原文が書かれた時点でこれを読んだ人々ということであった。ここには「同時代の」人々がすべて同質であるという前提があり、文章がさまざまな折にさまざまな状況でさまざまな人の耳目に触れ、その1人1人に与える効果もさまざまであるという事実は無視されている。仮にある1人の読者を「受け手」と設定したとしても、読んでいるものの解釈は気分・経験・場所（家・電車・刑務所・病院）によって変わってしまうのである。

2つ目に問題となるのは、原文を文字どおりに訳すと読者に与える効果が変わって（さらには逆になって）しまう場合の対処である。シェイクスピアのソネット18番の第1行目を例に取ってみよう。

Shall I compare thee to a summer's day?

翻訳者フランソワ・ギゾー (François Guizot) はこれを以下のようにフランス語訳している (Guizot 1821)。

*Te comparerai-je à un jour d'été?*

この一見単純な訳にさえも少なからず厄介なことが存在するが、恋人を夏の日になぞらえる点については問題ない。夏の天候がよい意味で捉えられているのはフランスでもイングランドでも同様である。だがこの行をアラビア語に訳そうとすればどうだろうか。アラビア語で夏を意味する *assayf* (الصيف) で同じ効果を得ることができるだろうか。ジブラー (Jibraa 1986: 30) の訳はこの部分について特に言及していない。

كيف أقارنك بيوم صائف؟
*hal lii an aqrinaka biywmin Saa'if*
〔Am I to compare you to a summery day?〕

この訳については、アル゠バルーシ（Al-Balushi 2007）が以下のように述べている。

> おそらくこの詩に関して語用論的に最も難しい問題は、熱帯地域の国々における夏という季節の意味合いである。イギリスで夏の日と言えば暖かさ・豊かさ・快適さを連想させるものであるが、熱帯諸国ではその逆のことが当てはまる。夏は不快な暑さを思わせるものなのである。

とすれば訳者は、「夏」を「冬」に変えればよいのだろうか、それともアラビア語話者たる読者の想像に任せ、別の季節、別の意味合いとして味わってもらうべきなのだろうか。

　3つ目の問題は、読者に「同じ印象」を与えることが成功を測る基準になるとすれば、新たに別の読者を相手にするたびに、それに合わせて訳を変えなければならなくなるということである。ニダとテイバー（Nida and Taber 1969）はこのような考え方に基づいて、効果の等価性の原則をおおむね支持しつつ、まず念頭に置いている受け手を対象とした「市場調査のような」質問を行うことで訳の成否を評価し、それに従って訳を修正することを提唱している。また、同じ文章でも（例えば教養の有無などによって）異なる読者に対しては異なる訳を提示することも併せて主張している。

### ■ 文化的等価性

　以上のような問題に関する翻訳理論研究者の議論の多くは、ユージーン・ニダをはじめとした著名な翻訳理論研究者が携わっている営み、すなわち西洋文化からそれ以外の文化に向けた聖書（世界で最も広く訳されている文章[7]）の翻訳において直面した問題に端を発するものであり、この事実こ

---

7）聖書協会連合（The United Bible Society）によれば、新約聖書は1,168の言語で、聖書の断片的な部分に関しては2,454の言語で入手可能である。http://www.ubs-translations.org/about_us/#C165（2009年4月19日閲覧）。

そが、議論を歪めているとは言わないまでも、それに少なからず影響を与えている。聖書翻訳の目的は福音主義、すなわち信仰を集めそれを維持することであり、したがってこの目的にそぐわない等価性の基準は後回しになる。等価な効果として求められるのは宗教的啓示であって、例えば聖書が書かれた時代の文化や歴史に関する知見を得ることではないわけである。

　この種の等価な効果を得ようとする試みは、いわゆる「文化翻訳」、すなわち原文に記された事物を訳が読まれる時代・状況に即した事物に変換する作業につながることがある。このような事物の更新には長い歴史がある。1611年の欽定訳聖書では、聖書の時代におけるワイン用皮袋を、17世紀らしくワインボトルに置き換えている。

　　また、古いボトルにワインを入れることもない。そんなことをすればボトルは割れてしまい、ワインはこぼれてしまうから、両方ともなくなってしまう。だが、新しいボトルに新しいワインを入れるならば、どちらも失わずに済むのだ。　　　　　（マタイ伝第9章17節）

しかしながら、事はこれにとどまらない。例えばクラレンス・ジョーダンによる『綿布訳聖書』(Jordan 1970)は、ジョージア州アトランタ周辺の方言で書かれており、聖書の時代の地名や衣服が、地元の地名や現代の衣服に置き換えられている。これによって、新しいワインと古いボトルの行は以下のように姿を変える。[8]

　　また、古くて磨り減ったタイヤに新しいチューブを入れることもない。そんなことをすればタイヤはパンクしてしまい、チューブもだめになってタイヤが破れてしまう。だが、新しいタイヤに新しいチューブを入れるならば、どちらも長く使い続けることができるのだ。

欽定訳聖書では、洗礼者ヨハネに関する記述は

　　このヨハネという人物はラクダの毛の衣をまとい、腰には皮のベルト

---

[8] ジョーダンが原文として下敷きにしたのは英語版ではなくギリシャ語版であったが、英語版の存在も意識していたはずである。

を巻いていた。また、イナゴと野の蜜とを食物としていた。すると、エルサレム、ユダヤ全土、ヨルダン附近一帯の人々が続々とヨハネのところに出てきて、己の罪を告白し、ヨルダン川でヨハネから洗礼を受けた。　　　　　　　　　　　　　　　（マタイ伝第3章4–6節）

となっているが、これも以下のように書き換えられている。

このヨハネという男はブルージーンズにレザーのジャケットを着ており、トウモロコシパンとコラードの煮付けを常食にしていた。アトランタ、ジョージア州北部、チャタフーチ川沿いの片田舎の人々はみなヨハネのところに出てきた。そして、皆がそれぞれ自分のひねくれた振る舞いを白状していく中で、ヨハネは彼らをチャタフーチ川に入らせていった。

しかしながら、このような書き換えには、どうしても訳者の考え方が色濃く現れてしまう。ジョーダンは公民権運動当時の南部の州で執筆したこともあって、「ユダヤ人」の代わりに「白人」、「非ユダヤ人」の代わりに「黒人」といった言葉を用い、またイエスは「十字架にかけられた」のではなく「リンチされた」ことにするという過激な選択を行っている。

　その力強さや独創性、ともすればまったく異質と思われかねない物語を現代の受け手にも生きた形で伝えんとする善意はさることながら、この種の文化翻訳には明白な難点がある。それは、訳の妥当性を特定の時代・状況に限定してしまうことであり、また、読者の意図を先取りすることによって原文に含まれていた要素を見えなくしてしまうことである。『綿布訳聖書』は、聖書が書かれた時代の衣服や食物について知りたいと思う読者には無意味である。また、その更新ぶりが極端かつ徹底しているために、読者にはどのような改変が行われたのかが分かる可能性も高い。つまり、改変が暗示的ではなく明示的なのである（この用語については以下で説明する）。

## ■ 自由な等価性対文字どおりの等価性

　効果の等価性の原則にここまで極端な形で従う様には、はるか昔から繰

り広げられてきた「忠実な」訳と「自由な」訳の是非をめぐる論争を思わせるものがある。

　文学史上には、自由訳を強硬に主張した論者の姿が散見する。例えばキケロ（Cicero）は紀元前46年に、自らの翻訳の技量を自賛しつつ、自由訳を擁護するような形で以下のように述べている。「逐語的に（*verbum pro verbo*）」という言葉の語源となった一節でもある。

> *nec converti ut interpres, sed ut orator, sententiis isdem et earum formis tamquam figuris, verbis ad nostram consuetudinem aptis. In quibis non verbum pro verbo necesse habui reddere, sed genus omne verborum vimque servavi. Non enim ea me adnumerare lectori putavi oportere, sed tamquam appendere.*
> ［そしてわたしは訳者ではなく雄弁家として、同じ発想、同じ形式、あるいは思考の綾とでも言うようなものは維持しつつ、ただし言葉については我々の使い方に即した形でそれを訳した。この際、わたしは逐語的に訳す必要はないと考え、むしろ言葉全体の文体や効果を維持することにした。単語をコインのように読者の前で数えてみせる必要はない、言うなれば目方で判断して支払えばよいのだと考えたのである。］
> 　　　　　　　　　　　　（Copeland 1995: 33 の引用より[9]）

それから時代は幾世紀も下った後のこと、「オマル・ハイヤームのルバイヤート」の訳（1859）がその不正確さを難じられつつも人気を博していたエドワード・フィッツジェラルドは、「自由な」訳を擁護し、警句のような趣で以下のように述べている。

> 訳者は原文を自分と似た姿に鋳直さねばならぬ、死んだ獅子よりは生きた犬のほうがよい、とわたしは確信しているのである。
> 　　　　　　　　　　　　（Morgan 1959: 277 の引用より）

さらに現代に近いところでは、アメリカの詩人ロバート・ローウェル（Rob-

---

9）　訳者名は明記されていない。

ert Lowell）も同様の信念を述べている。

> わたしは文字どおりの意味は気にせず、調子を捉えることに腐心している。とはいえ、たいていの場合はその調子に近いもの、ということになる。言葉の調子そのものを別の言語や文化状況に移そうとしても、多かれ少なかれこぼれ落ちるものがあるのが常だからである。わたしは生きた英語を書こうとしているのだ。　　　（Lowell 1962: xi）

しかしながら、異言語・異文化に対するこのような無頓着な取り組み方に必ずしもだれもが満足しているわけではない。例えばコープランド（Copeland 1995）は、言語学を脱却して語用論へ転換する趨勢には、本来は異質のものとして認知され尊重されるべきものをよく知った言葉で言い換えようとする排外主義のきらいがあると論じている。また、これに同調する文芸翻訳家もある。ウラディーミル・ナボコフ（Vladimir Nabokov）が同様の考えから辛辣な批判を加えているのは、訳者の中でも

> 形式上の必要性、消費者の側の慣習、訳者の無知などによって、原文に省略や補足などの手を加えた自由訳版を提示する者たちである。言い換えはときには言い回しの美しさや語法上の簡潔さといった魅力を生むこともあるが、学者ならば美しさに屈してはならず、また読者ならばそんなものにだまされてはならない。

ナボコフはさらに以下のように論じている。

> 訳に用いる言語の意味的・統語的可能性の許すかぎり、原文の文脈的意味にできるだけ近づくこと。これこそが真の訳である。
> 　　　　　　　　　　　　　　　　　　　　（Nabokov 1964: viii）

文字どおりの意味は、その場の意思疎通の目的や状況、あるいは情報に対する実用的な要求などにはそぐわないものかもしれないが、その言葉の話者の風習に関する知見を与える側面があることは事実であろう。つまり、アラビア語には神に祈るための言葉が数多く存在すること、中国語には英

語では表せないような人間関係の区別が存在すること、日本語には相手に呼びかける表現としてさまざまな形が存在することなどが重要なのではないか、ということである。

　このような見方からすれば、近年の趨勢には反するが、文字どおりの訳を擁護すること、その一方で意思疎通上の効果の再現だけを追求した厳密さに欠ける訳を否定することにも、一定の理があろう。なぜならば、もし（in-shâ'-llâh を「おそらく」と置き換えるように）自分の言葉に訳すことだけを追い求めれば、それはすなわち、差異の理解を妨げ、自分の言語に対する異言語からの影響を遮断することになるからである。キケロからエドワード・フィッツジェラルドを経て現代の語用論に至るまで、意思疎通に重きをおいた自由訳を支持する論が、領土のみならず他者の文化や言語までもわが物として収奪することを追求する帝国国家の内部から現れてきたのは、おそらく偶然の一致ではない。

### ■ 階層を超えた等価性

　言語形式・意味・語用などさまざまな階層で翻訳を扱おうとする際に常に問題となるのは、意味がどこか決まった階層で生じるのではなく、複数の階層の相互作用によって、しかも多くの場合は予想もできないような形で生み出されることである。ある階層を忠実に再現すればほかの階層に不都合が生じるという具合であるから、翻訳者にとって、原文のある側面を他の側面より優先させる作業は不可避のものになる。この問題は翻訳理論において取りざたされてはいるが、そこでは何を犠牲にすべきかということに関する確たる原理が示されているわけではない。また、選択が必要であることは述べられても、具体的状況に即してどのような選択をすべきかというところまで踏み込んだ議論になることはない。このジレンマがとりわけ顕在化するのは、文字の形、単語の発音などといった言語形式の選択が重要になる場合である。通例このような言語形式とその意味の間には恣意的・慣習的な関係しかない（Saussure［1915］1974）が、特定の文脈ではそこに重要な意味が生じることがある（Jakobson 1960）。例えばロシアのムスタフィン（Y. Mustafin）による小説『橋』では、シベリア鉄道の建設現場における労働者用の移動住宅がΠという文字の形に並んでいる様子が描かれている。

были расположены буквой П
*byli raspolozheny bukvoi* П

このキリル文字と同じ形のものがローマ字にない以上、同じ意味を書記素論的に等価なもので表すことは当然不可能である。この小説の翻訳者が選んだのは次のような訳であった。

「移動住宅は正方形の三辺を描くようにならんでいた。」

リズムや韻のような音のパターンが重要でありながら、翻訳でそれを維持しようとすると原文の字義どおりの意味から外れてしまう場合にも同様の問題が生じる。これは詩において特に顕著な問題である（Lefevere 1975）が、事は決してそこにとどまるものではない。文学的散文・修辞表現・広告・子ども向けの物語など、事実を淡々と伝えることではなく人間同士のやりとりが重要になるジャンルであればおそらくはほぼすべての場合において、音を規則的に繰り返すことが重要になる（G. Cook 2000; Tannen 2007）。例えば、

The cat sat on the mat.

といえば、子どもに読み方を教える本の中で使われるものとしてはよく知られた文である（Cameron and Jones 1901）。意味論的な階層で考えれば、この文を翻訳するのは造作もない。例えばポルトガル語ならば以下のようになる。

*O gato se sentou no tapetinho.*

しかしながら、言うまでもなく、この字義どおりの翻訳では元の文の肝となる特徴を捉えることができない。つまり、使用されている単語がすべて1音節でそのうち3つが韻を踏む、ということである。このような場合、翻訳者には両方を生かすということができない。音のパターンを維持して意味を捨てるか、その逆を採るか、そのいずれかを選ぶことになる。だが

事はこれにとどまらない。英語話者にとって上述の文は、読み方を教える昔ながらの手法の代表例であるという点で、特定の文化的な意味合いを持つのである。子どもの読書に関する大学の講習会でわたしが耳にしたこんな発言からもそのことは明白である。

　子どもの読書がどれも the cat sat on the mat 式のものではいけないと思うのです。

これをポルトガル語に翻訳するならば、まったく違った形にするほうがよさそうである。

　*Eu acho que livros de leitura para crianças não deveriam ter coisas do tipo 'Ivo viu a uva'.*
　(I think that reading books for children should not have things like *Ivo viu a uva*.)

*Ivo viu a uva*(字義どおりには「イヴォはブドウを見た」)は「ネコはマットの上に座っている」という意味ではないが、ポルトガル語で言えば談話中での位置づけが同じになるものであり、また短い単語で音を規則的に繰り返しているという点で、利用している言語形式上の特徴も同じである。つまるところ、翻訳者は特定の文脈においてどの階層が最も重要であるかに関する選択をしなければならない。

　この例の場合、the cat sat on the mat の字義どおりの意味は、その音や役割ほど重要なものではないので、難しい選択にはならない。しかしながら、ときにこの選択が困難を極める場合がある。フランスの映画『パリ20区、僕たちのクラス』[10](英題 *The Class*)では、ある若い教師が、がさつで標準から外れたフランス語を話す中学生を相手に、不規則動詞 *croire* の活用形を教える苦労が描かれている。この動詞には、*je croyais*(未完了)や *je crus*(単純過去)といった、規則変化から外れた活用形が存在する。しかしながら、これが字幕を作成する翻訳者にとっては問題となる。*croire* が

---

[10] *Entre les Murs* (2008),ローラン・カンテ監督、フランソワ・ベゴドー脚色(教師役として出演)。ベゴドー自身の教職経験に関する著作が基になっている。

標準から外れたフランス語の話者にとって厄介なのとは異なり、英語における対応語の believe は規則動詞なので、標準から外れた英語を話す生徒にとってさしたる問題にはならないからである。つまり believe は意味上の等価物ではあっても語用上の等価物ではない。字幕作成者がこの問題を克服するためには、英語で同様の不規則変化をする swim のような動詞を選んで、非標準的なフランス語の形は swummed、標準的な *croyais* は swam と訳すことになる（多少でも両方の言語に通じている観客ならば、まず誤りのところでぎょっとして、間もなく理由が分かってなるほどとため息をつく、ということになるだろう）。

マクシム・ゴーリキー (Maxim Gorky) の自伝的小説である Детство (*My Childhood*『幼年時代』) の冒頭には、さらに複雑な階層の相互作用が見られる。作者は、まだ幼いころ、祖母が同居すべく家にやって来た折に交わした会話を回想している。この冒頭部を訳すとすれば以下のようになる。

— 'Where have you walked in from?' I asked her.
— 'From higher up the river,' she answered, 'from Nizhny. And I didn't walk here, I came by boat. You don't walk on water, silly!'
— 'Why am I silly?'
— 'Because you're a silly Billy,' she said, laughing too.
[「どこから歩いてきたの？」わたしは祖母に尋ねた。
「川のもっと上流のほうからさ、ニジニからだよ」祖母が答えた。「それと、ここまでは歩いてじゃなくて、ボートで来たのさ。水の上を歩くわけにゃいかないからね、おばかちゃん」
「ばか？　どうして？」
「そりゃね、おちびちゃんだからさ」祖母は笑って言った]

ロシア語による原文では、幼い子が言葉や周囲のことに関する知識の不完全さゆえにしてしまう勘違いと、一緒にいられることを互いに喜ぶ祖母と孫との思いが垣間見える冗談っぽいやりとりが描かれている。このようなやりとりの多くに見られるとおり、ここでも言語形式の仕組みに関する2つの要素が話の基礎をなしている。つまり、偶然生じる意味のあいまいさと、偶然生じる音の規則性である。子どもの勘違いや陽気な冗談といった

事象一般は普遍的なものであるが、ロシアを舞台にしたこの場面でそれを実現している細部の表現はおそらく訳すことができない。この例はロシア語の教育や翻訳において非常によく知られたものなので、少し詳しく説明しておいてもいいだろう。

　この例について検討するついでに、翻訳を書き表す1つのやり方として、1行ごとに表現を変えたものを並列するという（教育訳にも役立つ）方法を例示しておく。表現を変えるというのは、表記法を（この場合はキリル文字からローマ字へ[11]）変えるということも含む。原文のロシア語は以下のとおりである。

　　— Ты откуда пришла? — спросил я её.
　　Она ответила: — С верху, из Нижнего, да не пришла, а приехала! По воде-то не ходят, шиш!
　　— А отчего я шиш?
　　— Оттого, что шумишь, — сказала она, тоже смеясь.

書き換えに際しては、問題の所在を明らかにする方便として、以下のようにそれぞれの単語をそれぞれ英語における対応語と関係づけることが可能である（カッコは、片方の言語では1語で表現する言葉に対して、もう一方の言語では2語以上を使うことを示している。斜線は意味のあいまい性を示している）。

| Ты | откуда | пришла | спросил | я | её. |
|---|---|---|---|---|---|
| *Ti* | *otkuda* | *prishla* | *sprosil* | *ia* | *ee* |
| You | (from where) | came? | asked | I | (to her) |

| Она | ответила | С верху | | из | Нижнего |
|---|---|---|---|---|---|

---

[11] この表記からは、使用している文字が異なるという明白な特徴とは別に、ロシア語と英語の句読点をめぐる差異を垣間見ることもできる。つまり、この対話が引用符ではなくダッシュ記号で区切られているという点である。英語話者がロシア語を学ぶにしてもロシア語話者が英語を学ぶにしても、この点に関してはほぼ無視されている。

*Ona    otvetila    S verkhu               iz      Nizhnego*
She     answered    From (above/up-river)  from    (below/Nizhni)


да    не    пришла              а      приехала!
*Da    ne    prishla             a      priekhala*
Yes   not   (came on foot)      but    (came by transport)


По    воде-то    не    ходят                    шиш
*Po    vode-to    ne    khodiat                  shish*
On    water      not   (they go on foot)        (nothing)


А     отчего     я      шиш
*A     otchego    ia     shish*
But   why        I      ('shish')


Оттого    что    шумишь —        сказала    она    тоже    смеясь
*Ottogo    chto   shumish'        skazala    ona    tozhe   smeias'*
Because   you    (make a noise)  said       she    also    laughing


最初の勘違いの原因は、川の上流のほうから来た、*Nizhni*（Нижний）（*Nizhni Novgorod*［НижнийНовгород］の略称）から来たという祖母の一連の発言について、最初の言葉は「上の階から」とも取ることができ、またニジニなる言葉も字義どおりには「低いところ」という意味になるため、子どもがそう解釈してしまった、というところにある。子どもの視点から見れば、おそらくはニジニという街の名前を聞いたことがなかったのだろうから、得られる解釈はまったく矛盾したものになる。祖母は上からも下からも来た、ということになってしまうわけである。祖母はさらに続けて、（本章で既に取り上げた語彙的差異であるが）自分は歩いてきたのではなくて、乗り物（ボートと思われる）に乗ってきたことも指摘する。それから祖母は、孫のことを愛情たっぷりに *shish*（шиш）と呼ぶ。これは特に意味のない言葉で、字義どおりには親指を別の指と指の間に挟む下品な身振りのことを指す。それを受けて孫がわけを尋ねると、祖母は韻の「論理」を持ち出す。

あなたが shish (шиш) なのは shumish (шумишь)（字義どおりには「うるさくする」の意）だからよ、というわけである。

　言語形式に関する偶然の一致、あいまいな意味、話者同士の間に生じる冗談などがこれだけ複雑に絡み合っているものを、翻訳者はどう扱えばよいのであろうか。その答えは明らかで、二重の意味になる部分をいくつか削ぎ落として1つの意味に絞るか、英語に見られる似て非なる言語形式の一致の中からどれかを採るか（上記の拙訳では silly Billy の部分がこれに当たる）、あるいは無駄な抵抗はやめて注釈に解説をつけるか、ということになる。これらはいずれも満足な回答とは言えない。しかしながら、このような例が秘めている教育的な可能性は非常に大きい。学生にとっての課題は、必ずしもそれを訳すことではなく（それでは要求が高すぎるだろう）、なぜ訳がこれほどに難しく、またときには実際不可能でさえあるのかを理解することである。その理由に着目させる過程で、それぞれの言語に特有の要素に焦点を当て、それを頭の中に定着させ、翻訳ではなく原文を読むことの必要性を示すことができるわけである。この場合、着目するのは学生の既得言語という「第1の場」でも初学言語という「第2の場」でもなく、その両者の相互作用という「第3の場」である（Kramsch 1993: 233–258）。上記の例が印象的で魅力的なのは、それが普遍的なもの（まだ自分の既得言語を模索している子どもの勘違い）にも、はたまたある言語に特有の要素にも同時に焦点を当てるものだからである。翻訳上の問題点や、複数の言語を明示的に比較することなどに関しては、学生にとって退屈でつまらないものであると（たいていは根拠もなく）言われることがあるが、これはいささか悲観的で押し付けがましい物言いではなかろうか。学んでいる言語に対して関心を持つ人であれば、上述した例のような問題についても興味深い、得るものが多いと感じそうなものである。

## ■ 等価性の諸階層と学習者

　本章では、翻訳理論が意味の等価性から語用・談話の階層における等価性へと関心の対象を移しながら発展してきた様を辿ってきた。この等価性という問題は、翻訳者ばかりでなく、学習者にとっても意味のあるものである。

> 翻訳者は特定の読者に対して、第2言語または外国語の学習者は自分自身に対して、両者とも「意味を生み出す」という課題に直面している。したがって、形式や形態、レベルの違いこそあるにせよ、等価性の問題はその性質にかかわらず、両者に関係のある問題なのである。
> (Witte, Harden, and Ramos de Oliveira Harden 2009: 11)

とはいえ、翻訳にまつわるあらゆる種類の等価性がすべての学習者に対して等しく意味をなすわけではない。上述したとおり、学習者が訳に触れるに当たっては、翻訳理論が辿ってきた軌跡を後追いするのがよかろうと思われる。第7章でまた述べるが、初学者については主に意味の等価性を扱うにとどめ（ただしどうしてもそこから逸脱してしまうような場合については語用論的等価性にも多少目配りをしつつ）、中級の段階で機能的・談話的等価性といった問題へと少しずつ視線を向け、上級の学生に対しては機能的・談話的等価性を主として扱うようにすることには教育上の利がある。このようにすると、翻訳にかかわる高度な問題を扱う場合にも、逃げ道のような手段に頼ることなく、文字どおりの意味の等価性に関する確固たる理解に基づいた方策で対処することになる。教師にとって、学習者がどのような知識に欠けているのかを見極めるのも容易ではなくなってくるからである。また、ブツカムとコールドウェルが主張しているとおり、意味の等価性に目を向けることは、究極的には語用論的な訳が適切と思われるような場合にもなお教育的な利がある。このことは定型表現や慣用句についてさえも当てはまる。*de nada* を「どういたしまして」と訳しながらもその原義が「何でもない」であることを知っている学生と、同じように訳してもその原義を意識していない学生とでは、天と地ほどの差がある。このような意識を持つことの利点については、訳と言語習得に関する研究を論じる第5章、および訳の教育的利用について検討する第7章で論証したい。

　この意識の違いの核にあるのは、世間一般で優れた翻訳というのがどんなもので、それが教室において有用である翻訳とどう異なるのかという問題、すなわち、過程としての翻訳と結果としての翻訳、学習の目的としての翻訳と手段としての翻訳の違いに関する問題である。世間一般における優れた翻訳に焦点がある場合ならば、文または発話規模での意味の等価性を超えた選択肢を模索するのは当然である。一方、初学言語に対する学習

者の理解を促すこと、すなわち手段としての翻訳に焦点がある場合は、ほかの問題に進む前にまず意味の等価性を理解していることを確認するだけの理由が十分にある。しかしながら、先述したとおり、手段と目的の間に何もそこまで厳密な境目を設ける必要はない。学習が進めば、字義どおりの意味に焦点を置いた手段としての翻訳も、談話に焦点を移した目的としての翻訳へと変わることはありうるのである。

## 4. 等価性を超えて──問題を明示する

　翻訳の結果を過度に重視して、翻訳の過程やその展開の仕方などを軽視する姿勢は、教育の場に限らず、前節で検討したような等価性を重視した翻訳理論の中にも見られる。これらの理論に共通しているのは、翻訳の過程そのものや翻訳者の存在・役割を隠すことによって翻訳の可視性を低下させる傾向である。そこでの関心事は、進行中の過程ではなく完成した結果、動詞としての「翻訳すること」ではなく名詞としての「翻訳」である。使えるかぎりの無数の選択肢からどのような難しい選択を行ったとしても、それは舞台裏で起きたことであって、受け手の元に完成した産物が届くころには、あたかもそれを生み出す過程など存在しなかったかのように消されてしまう。産物を手にする側は、それが生まれた経緯を知りたいなどと思ってはいけない、とでも言いたげな体である。同時通訳の設備を整えた学会の会場の仕立てが、まさにそのような姿勢を象徴したような形になっている。通訳者は会場の端を取り囲むように置かれた暗いブースに座り、通訳の聴き手からは見えないようにしながら、マイクを通して自分の言葉をヘッドフォンに伝えるのである。このような仕立てが暗示しているのは、できるだけ受け手にその存在を意識されないようにするのがよい通訳・よい通訳者であるとの前提である。そこには、翻訳上の問題やそれに対する種々の解決策を受け手の目に晒す余地など存在しようがない。等価性の問題は、文字どおり閉じた扉の向こうに置かれたままとなる。
　このように翻訳者をあくまで影の存在にしたほうがよいという姿勢は、翻訳者を雇用する側の人々の中では今もなお定説のように受け継がれているが、近年の学界においては、翻訳の過程や翻訳者の役割に焦点を当てることを主張する動きも見られる。現状に対する挑戦的な試みとして印象的

な例が、オーストラリアの法廷における韓国語から英語への逐次通訳を扱ったイ・ジェウンの研究 (Lee 2009) である。イによれば、韓国語の文法に見られるある種の特徴 (省略が多いこと、意味を限定する標識がないこと、人称・性・数に関する主語と動詞の一致という概念がないこと) は、英訳する場合には互いに矛盾する複数の翻訳の仕方を可能にしてしまうことが多い。イはきわめて多数の例を挙げながら、対立する解釈が可能になる場合、それゆえ証人の証言が正しく理解されるためには正確な選択が要求される場合について論じている。例えば、脅迫・誘拐・強盗という重罪を審理したある公判の中では、証人の重要証言中に

어 이혼한 딸의 옷을 전해준다고 했습니다.
*e ihonhan ttaluy osul cenhaycwuntako hayssssupnita.*
[filler] divorced daughter's clothes [-object] to pass-give [pro-verb] do (past)
($\phi$ said $\phi$ pass/give divorced daughter's, daughter's clothing)

といった具合で ($\phi$ で示されるような) 省略が多く、またその発音も不明瞭であったため、文脈次第では以下の4通りの訳が当てはまるということになった。

a) わたしの夫に会って、離婚で縁の切れた娘の服を彼から受け取りたいとキムが言った。
b) わたしの夫に会って、離婚で縁の切れた娘の服を彼に渡したいとキムが言った。
c) キムに会って、離婚で縁の切れた娘の服をキムから受け取りたいとわたしの夫が言った。
d) キムに会って、離婚で縁の切れた娘の服をキムに渡したいとわたしの夫が言った。

このように省略が多い発話でも、たいていは文脈やその前の話の流れが分かっていれば意味が取れるものだが、イ・ジェウンが指摘するとおり、これが通訳者にとっては不可能になることがある。いくつもの法廷をたらい

回しにされているがゆえに、必ずしも事の経緯を裁判官、弁護人、陪審員と同程度には分かっていない場合があるからである。もちろん、証人に説明を求めること（実際、証人と通訳者がお互いの既得言語で話しながらこのようなやりとりを内密に行うことはある）や裁判官に問題点を説明することは、通訳者の方策として当然ありうる。しかしながら、残念なことに、ある通訳者がこのうち後者の方策に訴えて通訳上の難点を説明しようとした際、裁判官は切り捨てるように

　　とにかく翻訳したまえ！

と命じたとのことである。そのうえさらに口惜しいのは、もし翻訳者が事情を説明しようとすると、その場合は翻訳者が無能であるとの解釈をされかねないことである。イ・ジェウンの研究においても、「証言内容を確認するために審理の進行を中断させることに関しては、聴き取り調査を行った通訳者のほぼ全員が消極的であった」（前掲書）。

　このような観点から、等価性をめぐる長年の議論や、このつかみどころのない性質を実現するための客観的原理を探求する動きに取って代わって、近年では翻訳者の存在、その活動、その理由などが注目を集めている。理論研究者の中には、等価であるとはどういうことかをめぐって四苦八苦するのではなく、逆の発想で問いを立てようとする者もある。これは、「仮定としての等価性（postulate equivalence）」（Tourey 1980）、すなわち２つの言語で書かれた２つの文章が等価なものとして受け入れられているという事実を出発点とし、それを踏まえたうえで、その等価性はどのような種類のものか、それはどのような手順に裏打ちされ、どのように生まれてくるのかを問うことである。このような研究法においては、「等価性とは折衝可能なものであり、その折衝を行っているのが翻訳者である」（Kenny 2009）と考えられるため、翻訳よりも翻訳者に関する研究が重視されることになる（Pym 1992）。フー（Hu 2004）は、「翻訳研究」から「翻訳者研究」への転換、すなわち、翻訳の起点や目標となる文章ではなく、翻訳のうえに翻訳者が刻印した一つ一つの跡に着目することを提案している。このような方向性に沿った研究の試みとしては、翻訳者に依頼して自分の作業に関する解説を翻訳の最中（思考発話法［think-aloud protocols］）または完了後

(回顧発話法 [retrospective protocols]) に行ってもらうものがある (もっとも、いずれの方法についても、翻訳の過程を歪めている、あるいは正確に反映できていないという理由から、その妥当性をめぐる学問的な議論が加熱している)。学界においてこのような新たな着眼点が生じるのと時を同じくして、より一般的な文脈でも、「人々の移動がさまざまな形でますます顕著になっている中、この世界に生きていくことの色々な側面を隠喩的に体現する存在」(Maier 2007: 7) として翻訳者に対する関心が高まっている。イラクやアフガニスタンにおける戦争では、被害者となってしまった者も含め、翻訳者の存在に世の注目が集まった。[12] また近年では、世界規模化した世の中における翻訳者・通訳者の役割を焦点とした小説、自伝、報道[13]が数多く見られるほか、さらにはハリウッド映画[14]も製作されている。

## 5. 明示的な訳と暗示的な訳、異化翻訳と同化翻訳

上記のような新たな着眼点や、イ・ジェウンの研究などによって提起された難題は、長年にわたって論じられてきたある区別を想起させる。つまり、明らかに翻訳としか思われない異質さを維持した翻訳と、その異質さを覆い隠して「普通の」文章のように見せる翻訳との区別である。この区別には長い歴史があり、20世紀初期のヴァルター・ベンヤミン (Walter Benjamin) やオルテガ・イ・ガセト (Ortega y Gasset) らの哲学者をはじめ、19世紀のロマン主義神学者シュライエルマッハー (Schleiermacher) (Munday 2001: 27–29; Pym 2009)、さらには上述した自由な訳と文字どおりの訳の区別をめぐる歴史にまでもさかのぼるが、それが近年の翻訳理論において、新しい用語で復活してきたのである。ハウス (House 1997) は

---

12) アメリカ労働省発表の統計によれば、2003年のイラク侵攻から2006年8月までの間に199人の翻訳者が死亡、491人が負傷し、その多くは翻訳業務そのものを原因とする死傷者であった。この統計には当該地域でイギリス(やその他もろもろの)軍にかかわった翻訳者・通訳者の数は含まれておらず、また記者・特派員向けの翻訳業務に携わった者の数も除外されている (Chaterjee 2006)。詳細は http://ipsnews.net/news.asp?idnews=34319 (2009年9月17日閲覧)。

13) その詳細は Maier (2007) 参照。

14) *The Interpreter* (2005)、シドニー・ポラック監督、ショーン・ペン、ニコール・キッドマン出演。

「明示的な」訳と「暗示的な」訳との間に明確かつ有用な線引きを行っている。ヴェヌティ（Venuti 1986, 1995）は可視の翻訳者と不可視の翻訳者という区別を持ち出し、17世紀末にドライデン（Dryden）がオウィディウス（Ovid）詩集の翻訳の序文で述べた翻訳論以来、英米では後者の考え方が規範になっていると論じている。

> 散文であれ詩であれ、虚構であれ事実に基づいたものであれ、翻訳された文章が出版社・批評家・読者に受け入れられるのは、それがすらすらと読めるもので、言語的・文体的に奇異なところもなく明瞭であり、異国の作家の性格・意図や異国の文章に書かれた内容の本質を捉えているように見える場合、言い換えれば、その翻訳が実際は翻訳ではなく「原文」であるかのように見える場合であることがほとんどである。　　　　　　　　　　　　　　　　（Venuti 1995: 1）

ヴェヌティはさらに続けて、あたかも何も問題はないかのようにすらすらと訳してしまう翻訳者や通訳者の行為自体がこのイデオロギーをさらに強めていると指摘している。これに関連してヴェヌティは、翻訳が「同化（domestication）」または「異化（foreignization）」のいずれかの形を採るという概念を提示している。つまり、「外国語の文章を自民族中心主義的に扱い、対象言語の文化的価値観に合う形に還元する」か、あるいは「民族的差異を認める立場から自民族の価値観を抑止し、外国語の文章に見られる言語的・文化的差異をそのまま書き留め、読者に異質さを知らせる」か、ということである（Venuti 1995: 20）。

　ヴェヌティが極めて好意的に扱っているのはこのうち後者の方法であり、これに同調する理論家は多い。しかしながら、中には、異化翻訳にも同化主義的・植民地主義的な効果が存在すると指摘する者もある。この危険性は、ヴェヌティの概念が明確に理論化されるずっと前から意識されていたものである。早くも1904年には、フルダ（Fulda）が悪い翻訳の特徴について、植民地主義の形を採っているもの、雄弁な詩人を口下手な移民に変えてしまうような効果をもつものであると論じている（Morgan 1959: 279に引用）。同様に、リュウ・ヤーモン（Liu 2007）は、異国の重要な作品であっても、奇異な言葉や変わった文体を用いた翻訳によってその異質性を

示そうとしてしまうと、翻訳を受け入れる側の優勢な文化の中では周縁的なものにとどまってしまう可能性があると論じている。リュウはこれが、翻訳を地球規模で考えた場合に広く見られる「北半球中心主義」の一翼を担っていると見ている。すなわち、裕福で強大な北半球の国々が、南半球の貧しい国々から翻訳対象とする作品・作家を選ぶ際に、自らの価値観を補強し裏付けるような（あるいはそう見えるように訳すことができる）ものだけを選別しているのではないか、ということである。

## ■ 介　　入

　文章の異化・同化、明示・暗示という概念には、翻訳者が2つの声の中から二者択一の選択を迫られているような含みがある。つまり、原文の声を維持し（すなわち明示、異化し）ようとするか、あるいは目標言語の言葉や文化の声を取り入れ（すなわち暗示、同化し）ようとするか、という選択である。しかしながら、そこには第3の声も存在しうる。つまり、翻訳者自身の声である。

　翻訳者や翻訳という営みの存在が明示され、また客観的な翻訳などもはや可能でも必須でもないと考えられるようになれば、次に生じる問題は、翻訳者が自身の足跡をどの程度まで残すべきか、自らが本質的な役割を演じている翻訳なる行為の過程にどの程度まで介入すべきかということになる。この問題が最も顕在化するのは、事が政治的姿勢やイデオロギーの話に及んだときである。ごく当然のことながら、従来の考え方では、翻訳者は原文をできるだけ「忠実に」再現すべきであって（というのがそれほど単純な話でないことは既に述べたが）、原文とその生成者に対する判断はできるだけ翻訳の読者に委ねるべきであるということになる。もちろん、そうしないとすれば自滅的でよろしくなかろう。ヒトラーの『わが闘争』から反ユダヤ主義を取り除いてしまえば、ナチズムに関して著しく誤った見解を提示することになり、読者はナチズムに対してそれほど批判的な見方をしないことになるであろう。わたしが知るかぎり、そこまで無責任な政治的改変を真面目に主張するような者はいない。しかしながら、翻訳には制度化されたイデオロギーを持続させる役割があると考えた場合、それに対して抵抗するのであれば、おそらくそれには一定の理があるだろう。翻訳者はその多くが制度に深く足を突っ込んでしまっている。「翻訳という営

みは、組織的な行動原理が促進する『習慣化された』言説を維持・伝播することによって、制度が発する声を強化することにもつながりうるものである」(Baker and Pérez-González 2012)。例えば性差別主義者の言葉を考えてみれば、翻訳者がフェミニストである場合、原文中の性差別的な表現を翻訳の中でどこまで再現するか、ということになろう。ルイーズ・ヴォン・フロトウ (von Flotow 1997) は、翻訳者は自分の発する言葉に責任を持ち、自身がくみしない考え方の伝播に対しては抵抗すればよいが、その場合は自らが行った改変を明示すべきであると主張している。

> フェミニスト思想の倫理観に基づいて活動する翻訳者・翻訳批評家は、翻訳の「引用符の背後に姿を隠す」のではなく、文章およびそれが読者として想定している共同体に対して己の責任と立場を言明し、女性およびフェミニズムに関する文化的・政治的に疑わしい内容を普及させることは慎むべきである。　　　　　（von Flotow 1997: 96–97）

翻訳は常に政治的な含みを伴うものであるから、それが政治的宣伝の中で用いられて役割を果たすのも特に目新しいことではない。リュウ・ヤーモン (Liu 2007) が例として挙げているのは、中国の清朝政府が19世紀初頭にヨーロッパ人を指す言葉として用いた *yi*（夷）という漢字をイギリスで翻訳した際に加えられた改変である。もともとイギリスでは *yi*+*ren*（夷人）という熟語を「外国人 (foreigner)」と訳していたが、それが不気味なことに19世紀初頭のある時点から「野蛮人 (barbarian)」と訳されるようになった。これによって、この言葉を含む翻訳文を読んだイギリスの読者は、中国人がヨーロッパ人を劣った未開の民と考えているのだと信じ込んでしまったのである。この思い込みが悪名高い1839年のアヘン戦争の開戦理由として利用され、それによって中国はアヘンの輸入を含む自由貿易を許容せざるをえなくなった。

　翻訳をめぐるこのような政治的問題は絶えず論争の火種となっている。例えばベイカー (Baker 2007) は、イスラエルとパレスチナの対立をめぐる英語の報道を批判する文脈で、アラビア語の *shaheed* (شهيد) という単語を英語で martyr (殉教者) と訳すことの妥当性に疑問を投げかけている。ベイカーがこれを不正確かつ扇動的であると考えるのは、次のような理由か

らである。

　アラビア語における *shaheed* は広く暴力的な手段、特に戦争によって殺害された者のこと一般を指すのであって、その人が自ら選んでその戦争に関与したかどうかや、どの宗教を信仰しているのかということには関係がない。したがって、*shaheed* という言葉には、英語の **martyr** という言葉がアラブ諸国やイスラム教圏に関する文脈で用いられる際に匂わされる好戦性や過激思想といった含みは存在しない。

さらにベイカーは、訳し方によってかなり含みが変わってくる場合に関して実例をいくつか挙げている。例えば、2002 年のイスラエルによるジェニンパレスチナ難民キャンプ攻撃を報じた記録では、アラビア語の

لسه بندوّر شهدا من تحت الأرض
*lissa bindawar shuhada min taht elard*

という一節に対して、

　We are still pulling martyrs from underneath the ground.
　［我々はなおも地中に埋もれた殉教者を捜索している］

ではなく

　We are still pulling victims out of the rubble.
　［我々はなおも瓦礫に埋もれた犠牲者を捜索している］

という訳が選ばれたということである。

## 6. 翻訳者と学習者

　翻訳をめぐる問題は歴史を通じて常に存在するものであるが、近年ではこれらの問題やその対処法に関する認識に大きな変化が生じている。闇に

包まれていた翻訳および翻訳者の役割は公に論じられるものとなりつつある。人々の移動や国際的なやりとりが活発さを増したことにより、それぞれの共同体やそれぞれの言語による個別の固定した自己規定はさることながら、共同体を超え言語を超えた接触の過程も多くの人々にとって重要なものとなってきた現代にあって、翻訳や翻訳者はその象徴的な存在であると考えることもできる。今やこの世界では、翻訳者は「基底言語」と「目標言語」のはざまにある見えない緩衝地帯の住人ではない。2つの言語のいずれが占める領域と比しても、むしろそのはざまの空間のほうが大きさを増しているのである。ある1つの言語によって自己を規定している国家がこのような中立地帯の存在から学ぶことは多い。

　翻訳は文化と言語からなる大きな塊の一つ一つを媒介するものである。絶対的な、あるいは客観的な等価性がありえないものであり、したがってある文化や言語が発する言葉を別の文化や言語へと単純に伝えること（本章の冒頭で述べた、翻訳に関する従来の見方）も不可能であるとすれば、翻訳は言語学習者に対して、初学言語との接触に関する独特の知見を与える術となりうる。これこそが、翻訳が言語学習における重要かつ注目すべき要素となる理由である。しかしながら、翻訳は常に言語教育・学習における自然かつ明白な手段であり目的であったにもかかわらず、第2章で論じたとおり、20世紀の「最先端を行く」応用言語学理論は、それを絶えず隅に追いやってきた。また、世の流れは教室内においても同様で、翻訳という行為やその過程はあたかも存在しないかのごとく扱われてきた。ある初学言語の学習に成功すれば、最終的にはそれを話したり書いたりできるのみならずそれを用いた翻訳もできるようになる、ということがおそらくは前提になっているのだろうが、そもそもそれがどうやったらなし遂げられるのかに関しては、理念から抜け落ちているのである。このような翻訳軽視はどの程度のものか、それに終止符を打つべきであるとすればその根拠は何か、そしてその手段はいかなるものかというのが、第2部の主題である。

# 第 2 部
# 議論

訳はあまりにも長く追放されてきた。ありとあらゆる理由をつけられたが、しかるべき教育原理とはほとんど関係のない理由であった。今こそ、公平かつ根拠のある評価を与えられるべき時である。（Widdowson 2003: 160）

# 第5章

# 証拠に基づいた議論

## 1. 価値観と技術

　教育上の意思決定はさまざまな基準によってなされている。情報や価値観を世代から世代へと伝えること、社会を新たに再構築すること、個々の学生の成長と自己実現を促すこと、社会からの経済的・政治的要請に応じること、などである（Skilbeck 1982, Clark 1987）。教育をめぐる議論の多くでは、まずこのような基準のうちどれを優先すべきか、そしてそれが決まっている場合は、合意を得た目標を実際問題としてどのように解釈するかということ、つまり、どのような価値観を伝えるのか、社会をどう変えるのか、何をもって自己実現とするのか、といったことが争点となる。このように、議論には2つの水準がある。この差異が、ときに「教育課程（curriculum）」と「教授細目（syllabus）」という用語で区別されるものである（Nunan 1988: 3, Johnson 1998: 93）。前者は価値観や成果を問題としており、教育の達成目標を決定しようとするものである。後者は目標を所与の前提としたうえで、それを効果的に達成することを問題としている。概して言えば、言語教育関連の研究はこのうち後者の水準で行われる傾向が強い。なぜ言語を学ぶことが望ましいのか、言語学習によっていったい何をなし遂げようというのかなどについても論じるべきことは多々あるものの、大半の研究は、大枠の目標については既に合意に至っているかのような体で、その目標を達成する最も効率のよい方法は何かということに焦点を置いている。言い方を変えれば、言語教育は（あたかも医学の技術が生命と健康の維持という前提を疑うことなく発展したように、あるいはもっと否定的な例で言えば、兵器が軍隊の攻撃・防衛能力は必要であるとの信念の下に発達したように）合意済みの価値観の枠組みに収まった技術の1

つと考えられてきたのである。医療や軍事の技術同様、大事なのは事の進め方を向上させることであって、その基になっている価値観を問い直すことではないというわけである。

　教育訳は、価値観と技術の区別をめぐるこのような議論と密接な関連がある。というのも、教育訳は技術の1つであるとの見方にも一理あるとして、多くの場合、訳を教育に再導入しようという主張はなんらかの価値観を志向したものであり、そこには言語学習の目的全般を再検討することが伴うからである。本書では、このような水準の双方において論を展開してみたい。本章では技術的な水準における問題、すなわち、目下前提とされている教育目標を背景に、教育訳に不利な証拠としてはどのようなものが挙げられているのかについて検討する。次章では教育的な議論へと視点を移し、このような前提の基になっている価値観について検証する。

　時代の科学技術志向と軌を一にして、この100年の間に言語教育・学習の主流をなしてきた手法も、ほとんどの場合はその背景的な推進力に「科学」の影響が存在している。この「科学的転回」のただ中で、(聴覚口頭教授法をはじめとして段階的構造教授法、概念・機能型授業構成、作業課題中心型教授法、語彙型授業構成［Willis 1990］、さらには「語学教師のための心理学」［Williams and Burden 1997］まで含め) 大きな影響を及ぼした一連の動きはいずれも学習・言語・言語習得に関する最新の科学的発見をよりどころとしてきた。ここでわたしが (かぎかっこつきで言う理由は後で明らかにするとして、ひとまず)「科学」の影響と言うのは、その影響の源泉となっているものが実験・観察によって得られた証拠や最新の理論の厳格な検証に基づいており、言語学習の条件と成功との関係を予測 (Spolsky 1989) したうえで言語教育・学習をより効率的に行う新しい方法を提案することができると言われている、という意味においてである。

　このような科学的調査には、常識や従来の慣習をただ単に後追いするだけになる可能性が常に存在する。しかしながら、発見がなんらかの影響を及ぼし変化を生じさせるためには、そこになんらかの驚きがなければならない。自然科学において、地球が丸いこと、人間はその他の類人猿と近い種であること、時間は空間に対して相対的であることなどが示されてきたのと同様、発見には一般的な見方を覆すものがなければならない。言語教育理論に関する20世紀の科学的な概念は、その多くがこのような驚きを

志向した類のものである。そこでは、教師や学習者にとって直感的には明白であると言えない、あるいは常識とされている認識に反するような言語学習の「事実」を明らかにすることが求められる。とりわけ言語学習にかかわる認知過程の研究はそのような驚きに溢れているが、それはほかでもない、その研究がまさに意識の奥深くを掘り下げるもの、意識的な内省によっては容易に辿りつけないような直感に反する事実を明らかにするものだからである。教師や学生にとってはうまくいっているように思われる特定の活動や学習方法の誤謬が科学的な証拠によって示されるのも、そうした研究の結果にまつわるものとしてはよく聞く話である。このような形で、一見明らかに効果があると思われた教授法・学習法の多くは筋道を誤ったものとして提示され、その結果、ああ言えばこう言う式の応酬が繰り返されながら概念は覆され続けてきた。ある概念がいったん流行し広く受け入れられるということは、同時にそれが新たな科学的発見の餌食になることを意味するわけである。新しさを重んじるこの過程は、言語教師の足元をおぼつかなくするもとと言えるかもしれない。何しろ自らが教職にあるほんのわずかな間にさえも正反対の「真実」を突きつけられることがあるのだから、学問的な理論化に幻滅してしまう教師は多いのである（G. Cook 2009）（ただし本書もこのような過程に加担しているという非は免れない）。

　先述のとおり、早い段階でこの科学的転回の犠牲になったのが訳である。改革運動派が行っていたのは（当時そういう用語は存在しなかったものの）「応用言語学」と見なすことのできる研究であり、そこでは「言語科学」の知見が、言語教育の実践に対し一方通行の影響を及ぼすものとして利用されていた。[1] 第1章で分析したとおり、改革運動派が直接教授法を採用する推進力としたのは、人口統計や政治的・商業的要因ではなく、当時の科学的な言語学・心理学・音声学から援用した議論だったのである。

　しかしながら、こと1970年代以降に関して言えば、言語教育・学習に対して最も強い影響を持った「科学」とは第2言語習得理論のことであり、それは多くの場合、教育と学習を効果的にうまく進める術を知るうえでの

---

1）　このような狭義で規定される分野のあり方を、後にウィドウソンは「言語学応用（linguistics applied）」（Widdowson 1984）と呼び、概念の双方向的なやりとりが見られる動的かつ独立した分野としての「応用言語学（applied linguistics）」と区別している。

最大の権威と見なされてきた（時と場合によっては、応用言語学という言葉とほぼ同義であるとも考えられている）。第2言語習得理論は、全盛期を迎えた当初から、直感に反するような数々の考え方を補強するものとして引き合いに出されてきた。例えば、誤りの訂正や規則を意識的に覚えることなどには意味がない、習得の順序は教育の影響を受けない、言語は意味のある入力に触れ続けることによって習得することができる（Krashen 1982, 1985）といった考え方である。そして一度このような考え方が定着すると、今度はそれがまた新しい第2言語習得研究によって覆され、従来は否定されてきたさまざまな活動を支持する議論が再び展開されてきた。

　このように、概念を個々に眺めれば、そこには具体的な変化が見られる。最新の研究には、もはや直接教授法や自然習得に関するクラシェン（Krashen）の考えを補強するものを見出すことはできない。とはいえ、その根底にある概念そのものはなお変わっていない。言語教育・学習の道筋を決めるのは科学に基づく発見であり、その進歩は正しい理論から生まれるのだという考えが、依然そこにはある。ブライアン・マクウィニー（Brian MacWhinney）による 2006 年の記述の中にはこの教理が簡潔に言い表されている。これは、学術誌 *Applied Linguistics* が第2言語習得をめぐる新興の創発主義理論（N. Ellis and Larsen-Freeman 2006）を特集した際に、その掲載論文の評価基準に触れたものである。マクウィニーの基準は次のとおり。

> その分析によって言語学習の規則性がどこまで正確に予測できるか。その予測は言語学習の改善に利用することができるものであるか。
> 　　　　　　　　　　　　　　　　　（MacWhinney 2006: 734）

これは、科学的転回にかかわる2つの重要な前提を集約したものであるという点で、拙論にはおあつらえ向きの引用と言える。その2つとは、正確な予測が可能であるという前提、そして「改善」というのは難なく定義できるものであるとの前提である。このお題目を掲げて展開される主張に対抗する方法は2つある。つまり、前提はとりあえず受け入れたうえで具体的な予測の誤りを論じるか、それとも前提そのものについて論じるか、ということである。本章ではこの双方向からの反論を試みる。第1に、教育

訳を否定するために持ち出された「科学的」と思しき考え方が示す証拠とその理屈に異議を唱えたい。そして第2に、「改善」という価値判断を伴った概念が科学的でありうるという見方そのものに異議を唱えたい。

　科学的研究が通念を覆し、より新しい研究に照らしてそれを改良する過程は、学習者の既得言語と初学言語との関係に対する見方が刻んできた歴史の中にもはっきりと見られる。ただし、それはあまりに唐突な幕引きで閉じられた未完の歴史である。というのも、さまざまな概念によって描かれた軌跡が形になり、いよいよ教育訳の効果の検証へとつながるべきところで、科学の原理がどういうわけかその力を失い、それゆえ研究が行われることがなくなったからだ。とりわけ第2言語習得理論においては、訳すことは言語習得の役に立たないとの考え方が極めて強固に確立され、ほとんど検証された試しがないのが現状である。

## 2. 第2言語習得理論が前提としているもの

　では、教育訳について第2言語習得理論が前提としているのは何か、そしてその主張と論拠がどこにあるのかを検討しよう。訳については、円滑な意思疎通や学習者の初学言語に対する習熟の妨げになると考えられていることが多い。

　教育訳に対する反対論としてよく聞かれるのが、訳すことによって言語使用の自動化が妨げられてしまう、というものである。訳の過程は速度に欠ける面倒なものであり、そこでは流暢さよりも正確さに重きが置かれているがゆえに、取り外し不可能な足枷となってしまう。訳を通して学んだ者は永久にこの面倒なやり方にがんじがらめにされてしまい、言葉を発する起点でもそれを理解する終点でも常に既得言語を用いざるをえず、（お決まりの文句で言うならば）学んでいる「その言葉で考える」ことができない、というのである。これに関連してよく言われるのが、訳は学生の既得言語からの「干渉」や「転移」を促す、ということである。もちろん、この見方にはもっともな理由がある。ミッチェルとマイルズは次のように指摘している。

> 日頃観察していれば分かるとおり、学習者の第2言語使用は、既知の言語の影響を受ける。これは常々学習者の「外国訛り」、つまり既得言

語の音韻的特徴を残した発音を耳にしていれば明らかなことである。また、それは学習者がある特徴的な誤りを犯すことからもはっきりとうかがい知ることができる。例えば、英語母語話者がフランス語を学んでいると、英語の I am twelve という発話を基にして *je suis douze* というようなことを言ってしまうものである（もちろんフランス語で正しく言うならば *j'ai douze ans* = I have twelve years となる）。

(Mitchell and Myles 2004: 19)

　この種の転移は、1950 年代の言語学習にかかわる考え方を支配していた行動主義の枠組みにおいては重要な研究課題であった。学習者が初学言語の特徴を既得言語の特徴と同じものであると誤って仮定している（上記の例のような）場合、これは「負の転移」と呼ばれ、一方、2 つの言語が同じ振る舞い方をするという仮定が正しいものである場合（*douze enfants*/*twelve children* という表現では、数と名詞の語順が英語とフランス語とで共通する）、これは「正の転移」と呼ばれた。また、第 2 章で論じたとおり、学習者の誤りを予測し教授項目を選別するための方法として、異言語間の対照分析が行われた（Lado 1957）。その発想の要は、教師が既得言語と初学言語の差異に着目すれば、学習者が直面する困難の大部分には対処できる、というものであった。

　1960 年代末以降になると、このような仮定は新たな第 2 言語習得理論に基づく脱行動主義的研究によって急速に覆されていったが、そこにはラドーら対照言語学者が実際に論じていたことを戯画化・単純化する過程が伴わざるをえなかった（Swan 2007）。学習者の誤りに関するコーダーの研究（Corder 1967）や「中間言語（interlanguage）」に関するセリンカーの理論（Selinker 1972）では、徐々に初学言語の体系に近づいていく望ましい過程の一環としての「誤り（error）」と、瑣末で不規則な運用上の誤りとしての「間違い（mistake）」[2] が区別された。この 2 人の論者は、いわゆる「負の」

---

　2）　この区別は、その着想の大部分をチョムスキーによる言語能力 / 言語運用という区別から得ているため、両者はおそらく盛衰をともにすべき概念となるはずである。チョムスキーの二項対立には異を唱えながらも、そこから派生したこの区別を第 2 言語習得研究で利用する論者がいるが、なぜそのようなことが可能なのか、理解に苦しむところである。

転移は、学習者の誤りの原因の1つをなすにすぎないものと見なした。このような見方を補強するために用いられた論拠について、ブロックは30年前を振り返る形で次のようにまとめている。

> 学習者が負の転移によって予測されるような誤りを犯さないばかりか、正の転移についても実際には起こらないものが多かった（Newmeyer and Weinberger 1988: 35）。負の転移に関して言えば、スペイン語のように代名詞を動詞の前に置く形を取る言語（*el gato los comió*）の母語話者は、the cat ate them ではなく the cat them ate という発話をするものと予測されるが、通常そのような発話をするスペイン語話者は存在しない。正の転移に関して言えば、スペイン語母語話者は英語で John is not here といったような単純な発話に難儀することはないものと予測されるが、スペイン語母語話者である学生が John not here のように連結詞の抜けた発話をしてしまうことはたびたび確認されている。
> 
> (Block 2003a: 15)

コーダー（Corder 1973）やセリンカー（Selinker 1972）らの研究を足がかりとして、デュレイとバート（Dulay and Burt 1973, 1974, 1975）は誤りに関するこのような見方をさらに発展させ、誤りのうち転移を原因とするものは少数であり、むしろよく見られるのは、子どもが第1言語の形態素を決まった順序で習得していく過程に見られるような、普遍的かつ自然な発達順序から生じる誤りであると主張した（Brown 1973）。極めて大きな影響力を持つことになった（既に第3章でも別の視点から論じた）スティーヴン・クラシェン（Stephen Krashen）の研究では、この主張が（先にコーダーが提示していた「内在の教授細目（inbuilt syllabus）」という概念に呼応する形で）仮説[3]として具体化され、学習者は「自然習得順序（a natural order of acquisition）」に従うものであること、初学言語は意識的な学習を経ずとも「理解可能な入力（comprehensible input）」に触れることによって習得可能であることなどが論じられた（Krashen 1985）。これらの概念の

---

3) 全部で5つの仮説のうちの2つである。そのほか、習得（acquisition）と学習（learning）の区別、文法監視（monitoring）、情意フィルター（affective filter）に関する仮説がある。

影響を受け、学習者の既得言語に関する枝葉末節は重要なものとは見られなくなり、単一言語環境こそが言語習得を成功させるうえで最良の環境であるとの支配的な見方が補強されることになった。

やがてクラシェンの論証法に対しては、その全体にかかわる欠点を説得力ある形で暴く議論が登場した（中でも Gregg 1984, McLaughlin 1987, Widdowson 1990a）。完全な無意識下での習得という概念は、後の第 2 言語習得研究によって塗り替えられ、学生の気づき（noticing）を促すこと（Schmidt 1990）や、偶発的な言語形式の焦点化（focus on form）、すなわち、第 2 章で既に論じたような、主として意味を中心に据えた活動の中で言語形式に関する問題が生じた場合に教師が明示的な解説を加えるといったことなどにも利があるという、より穏健な議論が提示されることになった。

第 2 言語習得研究の歴史において、言語習得における訳の役割を論じる研究が花開くとすればこのときかもしれない、と思われた向きもあろう。というのも、訳すというのは間違いなく、偶発的な言語形式の焦点化や初学言語の形式的特徴に対する意識的な気づきが現実の作業として不可避的に起こらざるをえない行為だからである。ところが、このような研究が実現することは一切なかった。およそ 20 年の後に、ほとんど存在しないと言ってよいこの分野の研究文献を概観しようとしたカルクヴィスト（Källkvist 2008）が辿りついたのは、いかにも切ない次のような結論であった。

> 残念ながら、訳の練習が第 2 言語学習者の形態・統語の能力に与える効果を実験によって検証した研究はごくわずかである。

これは実態からすればかなり控えめな言い方である。[4] カルクヴィスト自身の先行研究を別にすれば（Källkvist 2004）、訳の使用が文法の習得を促す

---

4）　次の言葉も裏付けとなろう。「訳は第 2 言語習得研究ではほとんど関心を持たれることがない。第 2 言語による情報を引き出すための手段として用いられることがあるのが唯一の例外である。第 1 言語からの転移を促すもの、第 2 言語習得における第 1 言語の役割を誇張するものとして、訳は懐疑の目を向けられている。訳は第 2 言語習得ではなく第 2 言語使用の一要素であると見られている」（ロッド・エリスとの私信による）。

かどうかを第2言語習得理論に基づいた実験によって調査している点において、カルクヴィストの研究はほかに類を見ない。ついでながら、この研究には、第2言語習得理論が教育的な訳の使用に対して抱く誤解を露見させる面もある。カルクヴィストの研究は、「教育的手段としての訳」とは常に

> 第2言語の授業において意図的に着目させたい言語構造を前もって選別しているため、個別形式重視（focus on formS）の活動となる

のだという誤った前提を出発点としている。これは、文法訳読法を想起させるような人工的に作られた練習問題以外には訳の使い道などないと見なしたうえで、意思疎通を念頭に置いた活動で訳を用いることや、言語構造を事前に設定せずに訳を行うような作業課題を選び出すことなどの可能性を無視した物言いである。続いてカルクヴィストは「訳は世界の各地でなお言語教育の一部をなしている」と認めながら、このような広範な使用が「妥当であるとすれば教職または翻訳・通訳の道を志す場合」のみであると見なしている。訳など大半の学習者にとってはなんの関係も意味もない、というわけである（中国の高等教育における英語教育課程では、すべての英語学習者に対して訳す能力が要件となっている［He 2000］が、この事実をどう説明するのだろうか）。カルクヴィストはその見解を踏まえたうえで第2言語習得研究の文献を調査したが、そこで訳に関連したものを見出すことがほとんどできなかったのは先述のとおりである。しかしながら、ひとたび第2言語習得研究を離れると、事情がかなり違ってくる。

> （教育訳の有用性について）まったく異なる見方を示しているのが翻訳研究者や語学教師である。彼らの手による出版物に目を通すと、翻訳を用いた言語学習活動の利点を極めて好意的に評価していることがうかがえる。[5]

カルクヴィストが結論として苦し紛れに述べているのは、第2言語習得研

---

5) この主張の裏付けとして、カルクヴィストは37の文献を引用している（例えば Duff 1989, Malmkjær 1995/1996, Hummel 1995, González Davies 2004 など）。

究の中にも、直接に訳のことを取り扱ってはいないものの、「言語の比較対照から得られた情報の明示的説明と誤りの訂正とを組み合わせればある種の文法構造の学習が促されることを示唆する」研究は多々ある、ということである。[6] カルクヴィストはまた認知心理学から得られる証拠にも触れ、訳を行ううえで必要とされる複雑な手続きが記憶の強化を促す可能性がある、とも述べている(これについてはまた後述する)。

　カルクヴィストの論文は、第2言語習得研究に批判的な論者がしばしば指摘しているとおり、従来この分野が主に文法に焦点を置いており、それ以外の語彙や発音といった言語要素を一段低く扱ってきた事実を示す一例となっている。とはいえ、急速に発展している語彙習得研究の分野においても状況は酷似しており、学習の手段としての訳に関する研究はほぼ皆無である。ローファーとジルサイ (Laufer and Girsai 2008) は、「対照分析と訳にも利があることを」論じようとする中で、語彙指導の方法としての訳に関する研究がわずか2つしかない (Snellings et al. 2002, Horst et al. 2005) ことを明らかにしつつ、次のように結論付けている。

　　筆者の知るかぎり、学習者の第1言語との言語間比較や翻訳などといった、語彙の対照による形式重視型指導 (Form Focused Instruction＝FFI) の価値を検討した研究は存在しない。

これに続いて彼らは語彙習得研究の現状について述べているが、それは文法の研究に関するカルクヴィストの言葉をなぞったかのように控えめな物言いである。

　　言語の対照による形式重視型指導を扱った研究は驚くほどに少ない。

ローファーとジルサイの研究が出した結論は、カルクヴィストが文法に関して述べたものに比べればはるかに明確かつ一般化に堪えるものであった。ローファーとジルサイは、同じ語彙を3つの集団に教えるに当たり、ほかの条件をできるだけ一定にしつつ、それぞれの集団に対して意味重視の指

---

6) Kaneko (1992), Kupferberg and Olshtain (1996), Spada and Lightbown (1999) 参照。

導、訳を用いない形式重視の指導、そして対照分析と訳による指導という異なる方法を用いた。そのうえで、教えた単語が使用語彙および受容語彙としてどこまで記憶されているかを、それぞれの集団について試験した。「すべての試験において、対照分析と訳による指導を受けた集団は、他の2つの集団を大きくしのぐ成績を残した」。

以上2つの研究をまとめて考えると、第2言語習得研究において訳が盲点となっているのは、誤った考えが定着していること、第2言語習得の研究者が分野内外から提供されるきっかけを生かせていないことに由来するようである。

なぜこのようなことが起きたのであろうか。何事をも当たり前と片付けずに大局的な見地からあらゆる可能性を模索することを旨とするはずの科学という枠組みの中で、なぜこれほどはっきりと見えている研究の道が無視されることになったのであろうか。訳が言語習得の成功を阻害するという観念はなぜ一度も疑われることがなかったのであろうか。訳がもたらす効果などあまりに自明のことなので研究には値しないとでも言うのであろうか。あるいは、このように訳が無視され続けてきたことには、(改革運動の初期に訳が拒絶された際と同様で) なんらかの非科学的な要因が作用していたのであろうか。ともあれ、直接的指導の効果、教授細目の段階的配列、規則の学習などといった通念を覆すことにはなんのためらいもなかった第2言語習得研究も、かくして単一言語による教育の正当性については一度も疑いの目を向けたことがないのである。

## 3. 第2言語習得研究以外による証拠

以上のような疑問点に対する解答は本章の最後まで保留することとして、ここでは訳の効果に関する一般的な通念とそれに対する支持論・反対論を、第2言語習得研究からの手がかりがない中でもなんとかかき集めつつさらに検討していく。そこで、訳を用いることが有害な効果を誘発するという主張には、可能性として2つの様相が存在することをまず確認しておきたい。1つには、ある言語で考えてからそれを別の言語に訳して発話をしていたのでは意思疎通を阻害することになる、という意味での主張が存在する。もう1つには、訳を用いて学習すると、話者がある言語を体系化する

過程に長期的な害が生じ、それが化石化されることによって、後に当該の話者が訳を介さずに初学言語を使用するようになったとしても脱却しがたい誤りが残ってしまう、という主張がある。この2つが同時に起こり、訳を介して意思疎通をすることによって生じる誤りと、訳を用いて学習したことによって生じる誤りとが複合的に見られるという可能性を排除するものではないが、ここでは上記2つの主張を別個に考えることとする。

　ここまで検討してきた議論は、そのほとんどが長期的に生じうる影響に関するものであった。これに比して、即時での言語処理を阻害するという問題に触れたものの数は少ない。単一言語内の教育が常に最善であるとの前提に対しては否定的な論者でさえも、そのような阻害はとにかく起きてしまうのが当たり前であると考えている場合が多い。例えばスターン（Stern 1992: 284）は次のように述べている。

> 第2言語を用いて会話に参加したり、講義を聴講したり、新聞を読んだり、手紙や報告書が書きたい場合、それが第2言語から、あるいは第2言語への訳を介在させずにできるのであればそのほうがよい。

とはいえ、この主張に対する根拠や証拠は示されてはいない。また、訳を介在させないほうが「よい」というのがどういう意味なのかも不明である。どうやらこれもまた、明白すぎて疑うまでもない通念ということになりそうである。しかしながら、ここではそれを疑ってみることにしたい。即時での言語処理中に訳をすることが「悪い」ことであると言い切れるであろうか。もしそうだとすれば、なぜ、どういう意味で悪いのであろうか。

## ■ 二言語話者の言語処理

　現状で第2言語習得の見地からの研究がない以上、ここでは、既存の研究から自らが依拠すべき学問的基盤を模索する中でカルクヴィストも引き合いに出したように、二言語話者の言語処理をめぐる認知心理学的研究に目を向けてみるのもいいだろう。カルクヴィストはハメル（Hummel 1995）による言語処理の複雑さという概念を持ち出しつつ、次のように主張している。

訳はただでさえ複雑な要素が絡み合う過程なので、結果として記憶に刻まれる痕跡も複雑なものとなり、それゆえに第2言語の構造も記憶に留まりやすくなるはずである。

このような考え方を実証しているものとして、ビアリストックらによる研究がある。これは、二言語処理と単一言語処理との間で行動や脳の働きにどのような差異が生じるのかを調査したものである (Bialystok et al. 2005, Bialystok and Feng 2009)。研究の結果、2つの集団には、ある作業を行う能力やその際に活性化される脳の部位に関して重要な違いが見られた。第2言語を話す際には、脳の活動中に血流と酸素量の増加が見られる。[7] 二言語話者は、左前頭葉前部および前帯状皮質が活性化される作業において素早い反応を示し、一方で単一言語話者は、前頭部中央が活性化される作業において素早い反応を示した。ビアリストックの主張するところによれば、二言語話者の言語処理においては、見たところ1つの言語しか用いていないようなものも含めたあらゆる作業において、このような2つの処理体系が両方とも働いている。このような違いが生じる理由は、注意力をうまく管理しながら2つの言語体系を処理していくのに必要となる認知制御によって説明できる (Bialystok 2009)。二言語話者は、計画を立てること、集中力を維持すること、気を散らす要因を避けることなどのために脳の前頭部の実行機能中枢を使用しなければならないことが多い。その結果として、二言語話者は、ある種の処理には時間がかかることもあるが、競合する2つの刺激がある場合にそこから1つを選ぶことにかけては秀でているのだ、というわけである。

このように、訳が意思疎通の速度を遅らせるという主張は、直観的には明らかなように思われるが、そこには一般に信じられているよりも複雑な面がある。日常においても、この見方を裏付けるような事実は数多く観察される。その1つが同時通訳者の仕事ぶりである。同時通訳者は定義上、話されている内容を普通の速度で通訳しなければならないが、通訳という過程を経るからといって作業が遅れてしまうことはない。その仕事ぶりの素早さから、たいていは基底言語の話者が話し終わるのと同時に目標言語

---

[7] この研究に関連して興味深いのは、二言語併用が老化による知能の低下を遅らせる可能性があるという主張である (Bialystok, Craik, and Freedman 2007)。

での通訳を完了してしまう。さらには、話す可能性の高い言葉遣いを基にして無意識のうちに予測を立てることができるためか、基底言語の話者に先んじて通訳が終わってしまうことすらある（Chernov 1992）。ある意味で、彼らは（わたしが以前話したことのある同時通訳者が自らを評して言ったように）「言語使用者の中でも例外的な存在」であって、その仕業は凡人の域を超えてしまっているのかもしれない。しかしながら、二言語話者の言語処理にかかわる理論に、たいていの第2言語習得理論が目指すところの一般性を与えようとするかぎり、同時通訳者が見せるこの仕業を除外して考えることはできない。なぜなら、同時通訳者の存在とその成功ぶりからすると、訳すことが流暢さの阻害要因になるということを人間の言語使用の普遍的性質として主張する見方は覆ってしまうからである。[8]

都合が悪いからという理由でこのような反証を「例外」として除外するのは科学的に見てあまり結構なこととは言えないが、便宜上「訳しながら話す」ことを批判する論者の話に乗って、同時通訳者の場合はひとまずさておき、例外的とまでは言えないまでも高度な習熟度を達成している話者の場合はどうかを検討してみよう。訳しながら話すのが流暢さを阻害するかどうかを調べるとしたら、どのようにするのがよいだろうか。最善の策としては、習熟度の高い話者に、次のような2つの問いを投げかける方法があろう。つまり、本当に第1言語から訳しながら話しているのかどうかという問い、そしてそんなことが可能であるかどうかという問いである。これらの問いに対する解答を確かめるとすれば、内省によって自問することも、質問によって他人に問うことも、はたまた先述したような行動や脳の画像分析を行うことも手段として可能であるが、とりあえずその解答は保留せざるをえない。というのも、このような言語処理の過程をめぐっては、通訳者を対象とした研究（Lambert and Moser-Mercer 1994, Moser-Mercer 2001 参照）やその通訳者養成における妥当性を論じた研究（Daro 1990）の流れは存在するものの、「普通の」言語使用者を対象とした研究は

---

8) この問題に関連して思い出されるのは、一般的な第2言語習得理論がいわゆる例外的な言語学習者の存在によって影響されるかどうかをめぐる議論である。つまり、非常に短い期間で、通常の言語学習過程に関する予測や既知の事実に反する形で、周囲の母語話者と区別がつかないほど上達する学習者がいる、ということである（Schneiderman and Desmarais 1988, Ioup et al. 1994）。

皆無だからである。しかしながら、もちろん調査の結果として矛盾が生じる可能性はともかく、ここでとりあえず2つの仮説を立てることができそうである。第1の仮説は、学習者がある程度の習熟度を達成する場合、初期の学習が訳を通したものであったとしても、ある段階になるともはや訳す必要がなくなる、というものである（実際のところ、この見方には循環論法のような要素がある。習熟度の定義には、このような自動化された状態に達した能力という意味も含まれているからである）。また、ある言語処理方式から別の言語処理方式（訳による処理から自動化された処理）へ移行するかどうかはこれまで研究がなされてない問題であるという点にも留意する必要がある。第2の仮説は、同じように高い習熟度を達成している学習者に対し、意識的・人為的に「頭の中で」訳しながら言葉を発するように依頼した場合、それでもたいてい予想されるほどには速度が遅くならない、というものである。第1言語以外の言語に堪能な読者諸氏におかれては、今お読みになっている文章を使って、頭の中でこの実験を行ってみていただくのもよいかと思う。

　内省や調査の結果がどうあれ、第1言語以外の言語に堪能な人は言うまでもなく世界中に大勢いるが、その最初の学習体験が訳を通じたものである場合は多い。むろん、彼らが堪能であるのはこのような勉強法のおかげではなく、その後に単一言語状況で言葉に触れながら練習を重ねたからであると主張することは可能である。このような議論を目の当たりにして思い出されるのが、1980年代の第2言語習得研究における「習得（acquisition）」（無意識的な過程）と「学習（learning）」（意識的な過程）という概念をめぐる論争、そしてこの2つのうち効果があるのは前者のみであるという先述したクラシェンの疑わしい主張である。つまり、言語の規則を練習して身に付けようという意識的な努力をした人が成功を収めたとしても、それは同時並行で習得の過程が進んでいたためだとの説明がなされたわけである。また、これと同様に、学習については訳を用いたものであったけれども単一言語状況での意思疎通に言語を用いることもあった学習者の場合、その堪能さはすべて後者のおかげであると言って切り捨てることも可能ではある。しかしながら、このような議論はいずれを取っても実に不毛である。どちらの側の主張も反証不可能である以上、科学的に検証できる見込みがないからである。いかなる学習者も、学習と習得、訳を用いる場

合と用いない場合を両方経験しているのは必然であり、その効果を分けて考えようとすることは不可能である。いずれにしてもこのような二項対立は単純に過ぎるものであり、二項の間にはそのどちらにも収まらないさまざまな可能性が残されてしまう。実際の言語学習・言語使用は、訳を用いる要素と用いない要素を併せ持つと考えるのが妥当であろう。

　最後に、構成要素ごとの学習、つまり、別々に練習した技術が後で統合されることは可能かどうかという問題がある。コミュニケーション中心主義運動、およびその後に続いた作業課題中心型教授法などにおいては、言語学習の目的は実社会での行動・使用であるから、その技術を学習者がじかに使用するのでなければならないということが前提とされていた。このような総体的学習を支持する思想の背景にあるのは、第2言語習得理論がチョムスキーの言語学から受け継いだ前提、すなわち、言語知識はほかの人間の技能と異なり、教育の影響を受ける度合いが小さいという考え方である。しかしながら、既に多くの言語学者が指摘しているとおり、いったんこの前提を疑い始めると、効果があるのは総体的・「瀬戸際的 (deep-end)」言語学習のみである、との前提についても疑わずにおく理由はなくなる。例えばジョンソン (Johnson 1996) は、学習の目標はたいていの場合間接的に達成されるものであり、その中間段階で目標そのものとは異なることを行うことが多いと指摘したうえで、初めから総体的学習を行うことが技能習得の最善の方法なのかどうかに関して疑問を投げかけている。これについてはさまざまな実例がある。ピアノを習う場合は音階や分散和音の練習をするものである。テニスの試合に向けた準備をする場合は走ることで身体づくりをすることもある。加えて、目標となる行動を、練習で扱いやすいよう部分ごとに切り分けるということもあろう。自動車の運転教習を受ける場合にはいきなり公道に出るのでなく、ほかの車のいないところでギアの変換やバックの練習をする。志の高いサッカー選手はシュートの練習に何時間も費やす。また、このような学習法は以上のような人為的な文化活動に限ったものではなく、知的哺乳類であれば自然に現れるものである (G. Cook 2000: 101–108)。幼い動物は遊戯の中で大人の技能の要素を少しずつ学んでいく。仔猫ならば追いかけっこをしたり跳び付いたり、レイヨウならば手当たり次第に跳び回ったりする。

　となると、ここで大きな問題が持ち上がる。つまり、言語はほかの種類

の知識とは異なる形で規格化された能力であるという見方は、必ずしも正しくないということである。もしほかの学びが技能を要素ごとに切り分けつつ構築されていくことに疑いの目を向けないのであれば、なぜ言語学習だけがそれとは異質のものであると言えようか。訳が後々の単一言語による意思疎通の助けにならないと言えるだろうか。訳す際に焦点を当てた構成要素が後々の総体的な言語使用に組み入れられないと言えるだろうか。

　訳が習得の助けになる、という経験を基にした証言を覆すだけのものは未だ存在しない。長年にわたって作業課題中心型教授法に否定的な議論を展開しているマイケル・スワン（Michael Swan）は、クラシェンの発想を多くの点で継承し意味重視の有効性に対する強い信念を基礎に置くこの教授法について、次のように述べている。

> 習得は即時での意思疎通の最中にしか起こらないというが、（中略）この仮説と相いれない「伝統的な」言語学習法で成功を収めた経験を持つと思しき人が数えられないほどに存在することからしても、この主張は成り立たない。また、突き詰めて言えば、この仮説はまったくもって直感に反するものである（例えばわたしが、日本語の疑問文は平叙文の最後に「か」という助詞を添えて作るのだとあなたに教えて、その1年後に日本語を学び始めたあなたがそのことを覚えていたとしよう。仮説どおりなら、あなたはこの規則を自然に習得するまで疑問の言葉を発することができないことになるが、本当にそうだろうか）。
> 　　　　　　　　　　　　　　　　　　　　　　　　（Swan 2005: 379）

この議論は明示的な文法説明の擁護論として提示されているものであるが、同じことは訳についても当てはまる。実際、この「か」という言葉に関する情報は、英語の疑問表現を日本語に訳す方法に関する情報でもある。2つの言語の差異のみならず、逐語的な訳が用をなさないということ（この点については後述する）を、この例は示しているからである。

## 4. 影響をめぐる否定論・肯定論

　行動主義においてもっぱら干渉であると捉えられてきた第1言語からの

影響は、第2言語習得研究において転移というやや穏便な用語に置き換えられ、肯定的な影響と否定的な影響の両方を含めた、単なる誤りの原因という以上の幅広い現象を指すものとして捉え直されてきた (Ellis 2008)。しかしながら、ある言語から別の言語への影響という問題全体を視野に入れると、第2言語習得研究の姿勢はどういうわけか不必要なまでに防衛的であることが分かる。その根底には、社会的なレベルでも個人的なレベルでも、影響によって言語の現状が乱されることがあってはならないという前提が存在するようである。母語話者の規範に変化をもたらしたり、そこから逸脱したりすることは、断じてあってはならぬ、というのである。

第2言語習得研究以外の応用言語学では見解がかなり異なり、別の言語からの影響の存在は刺激・多様性・創造性の源であり、言語接触によって言葉遣いが貧困になるのではなく豊かになっていく変化の仕組みとして捉えられている。ランプトン (Rampton 1996, 1999a, 1999b, 2005) はこのような影響を嘆くのではなく、イギリスの学童が日常会話の中に別の言語の要素を組み入れる現象を「交差 (crossing)」と名付けて肯定的に分析している。ヒップホップの歌詞の研究 (Pennycook 2007, Sarkar and Winer 2006) では、異言語の混合 (例えば *Tout moune qui talk trash kiss mon black ass du nord*[9]) を、言語に新たな活力を注ぎ込む動力と見ている。

ある言語から別の言語への影響が変種として定着している場合もある。例えば、アイルランド語には「はい」「いいえ」に相当する言葉がないため、アイルランド英語では、質問に対する答えとして That's right や動詞の肯定形・否定形 (Q: Did your brother work on the farm as well? A: He did not.) を用いる傾向がある (Hickey 2007: 139–140)。ユダヤ人の英語話者の中にはイディッシュ語由来の構文を用いる人もある。中でもよく知られているのが二重否定で、ときにはそこに from という飾り言葉が伴った He don't know from nothin というような表現も見られるが、これはイディッシュ語の *Er veyst nit fun gornit* を基にしたものである (Feinsilver 1962)。さらに、このような交差の影響が変種として恒常的に残っている場合もある。イディッシュ語の影響を受けた構文の中には、口語英語にごく一般的に見られるものもある。It's all right by me や省略表現である What's with

---

9) 題名 (Sarkar and Winer 2006) として使用されているこの1行には、フランス語、英語に加えてハイチ・クレオール語の要素が含まれている。

... ? (*Vos iz mit* ...?) などがその例である（同書）。

　より文語的な面では、宗教や詩がこのような言葉の浸透の媒介となることが多い。欽定訳聖書の中にギリシャ語やヘブライ語由来の文法構造が用いられたことによって、英語は両言語の統語法の影響を受けることになった。また、ミルトンの『失楽園』にはラテン語やギリシャ語の統語法の影響が見られる。いずれをとっても、干渉という名で貶められるどころか、英語の散文・韻文の古典と認識されているものである。カチュル（Kachru 1995）はこのような形である言語が別の言語に浸透することが文学的創造性の源であると捉えたうえで、自分と同じカシミール語話者である作家が（「サンスクリット語・ペルシャ語・ウルドゥー語・ヒンディー語・英語」といった）ほかの言語で執筆することを好んでいる姿勢と、文学的創造性は作者の母語のみに許される特権であると捉える西洋の学者の見解とを対照的に論じている。ジョゼフ・コンラッドやウラディーミル・ナボコフといえば初学言語で傑出した才能を見せた作家であるが、彼らのような非母語話者作家の場合、異言語の言葉遣いを取り入れることでその文体の豊かさが増した場合のほうが多いようである。先述したとおり、ナボコフが翻訳に原文からの「干渉」を受け入れることに関して他の追随を許さない存在であることの意義は大きい。

　　気取った物真似師連中が真実よりも大事にしている（優雅さ、響きのよさ、明確さ、趣味のよさ、現代的な用法やあまつさえ文法も含めて）すべてのものを犠牲にして、わたしは直訳主義（literalism）を追求してきた。
　　　　　　　　　　　　　　　　　　　　　　（Nabokov 1964: x）

さらに一般的な文脈で言えば、文学の英語はかつてのイギリス植民地出身の作家がもたらした地域特有の非標準的な表現によって大きな恩恵を被っており、さらにそのような表現ももともとは異言語の影響を受けたものであるというのは広く認識されていることである。

　このような議論は学習者の誤りやその対処の仕方といった問題からはかけ離れているように思われるかもしれない。また、わたしはここで誤りに対する矯正や対処など必要ないということを論じたいわけではない。しかしながら、ある言語を外部の人間が学ぶことによってもたらされる変化に

対し、第2言語習得研究に見られるほど極端な恐怖心を抱く必要はない、ということは言えよう。そこにはむしろ利益となりうる部分すら存在するのである。

## 5. 逐語的直訳

　このような転移と干渉の問題に関連することであるが、訳を通して言語を学んだ学習者は話したり書いたりするときに既得言語からの逐語訳をしてしまい、よくても特殊、悪くすれば文法的に誤りであると思われるような言葉を発してしまう、という通念が広く存在する。訳を用いるがゆえのよからぬ結果として想定されているこのような事象を「逐語的直訳（word-for-wordism）」と呼ぶことにする。逐語的直訳は学習者の頭の中での表現形態や処理過程ではなく実際に発した言葉そのものを指す点において、転移や干渉とは意味合いが異なる。言い換えれば、転移や干渉は認知の現象であり、逐語的直訳は文章上の現象であるということになる（先にも述べたとおり、ここでは書き言葉も話し言葉も含めて「文章」と呼ぶことにする）。このような発話が滑稽な効果をもたらすものとして利用されているのが、アガサ・クリスティが生み出したベルギー人探偵エルキュール・ポワロの英語による台詞である。ポワロの言葉遣いには、母語であるフランス語を基にした以下のようなくせがある。

　　Tell me if you please Miss. (*Dites-moi s'il vous plaît mademoiselle.*)
　　How do you call yourself? (*Comment vous appelez-vous?*)
　　The doctor he was there, is it not so? (*Le médecin il était là, n'est-ce pas?*)

学生に逐語的直訳を避けるよう教えてきた歴史ははるか昔にさかのぼり、以来それがずっと翻訳法・通訳法の教えの1つとして続いてきた（問題の解決や言語間の差異に注意を向けさせるための手段の1つとして提唱されることはありうる［Butzkamm 2001, Marlein 2009］が、それ自体が優れた訳し方であると主張されることはまずない）。しかしながら、訳を通して言語を学んだ人のほうがそうでない人よりもポワロ的直訳に走りがちであるとの観念は、直接教授法の方法論の中でもひときわ奇妙なものであり、ま

たその実証性も極めて乏しい。古来、翻訳の理論家・実践者・教師の中では、逐語訳が優れた訳になることはめったにないというのが支配的な見方である。ホラティウスは紀元前1世紀に、翻訳者への警告として次のように述べている。

*Nec verbum verbo curabis reddere fidus interpres*
［忠実な訳者であるというのは逐語訳をすることではない。］
（Morgan 1959: 274 に引用）

このような伝統が長く続いてきたということは、学生に逐語的直訳を促すのではなく、そこから脱却させ、より広い視野から等価性を見極める力を養成することが翻訳法の一貫した教えであったことを意味している。つまり、逐語的直訳による戯言は訳による言語教育を貶めるためのジョークのネタを提供するものでこそあれ、そんなことを主張として述べてきた翻訳の教師は未だかつて存在しない、ということになる。直訳主義による戯言に気を留める可能性が高いのは、直接教授法によって言語を学んだために翻訳上の問題に取り組む訓練からの恩恵を被ることがなかった人が、初めて訳すという作業に触れた場合である。さもなければ、そんな誤りについては忘れてしまうというのが関の山だろう。ただし、そのようなことに関する研究がないのはここでも同じである（訳を用いた教授法にはさまざまな興味深い可能性が潜んでいるが、そのいずれについてもほぼ同様のことが言える）。

同じように、連語における等価性が単語における等価性より優先されるのは、訳を経験したことのある人であればだれでも知っていることである。これは訳を行う授業にはもはや付き物になっている話で、おあつらえ向きの例としては比喩的な慣用句が使われる（というより既に使い叩かれて [flogged to death] いる）。言い方を変えれば、この（あるものが何度も何度も繰り返される、という意味の) flogged to death のような言葉は、フランス語ならば *fouetté jusqu'à la mort*, ドイツ語ならば *zu Tode geprügelt*, スペイン語ならば *flagelado hasta la muerte* となるが、それでは訳したことにはならないということである（ただし、文字どおりに人を鞭打って殺すとの意味であればもちろん話は別である）。このような話は長きにわたる

言語教育の歴史や学習者の誤りに関して教師が語ってきた数々の逸話の中でも後を絶たないが、それは何も言い方の決まった慣用表現だけに限ったことではない。コーパス言語学によって明らかになったとおり、実際の言語使用においては、慣用表現の使用よりもはるかに高い度合いで「言葉遣いの偏り (phraseological tendency)」という現象が見られる (Sinclair 1991, 2004, Stubbs 1996, 2001)。連語表現の知識とその正しい使用法が言語能力の鍵となる要素であることが明らかにされつつある今、逐語訳は不適切になることが多いという翻訳理論研究者の主張は説得力を増してきている。それどころか、この主張をひるがえして言えば、ある言葉を訳したときに逐語訳になってしまうかどうかによって、その言葉の連語関係の強さが分かる、ということにもなるかもしれない。

　逐語的に訳すとは、語彙と統語の階層を重視し、原文に現れるのと同じ順番で一語一語を訳したうえで、意味や語用など、このような項目ごとの並び順を崩さなければ保持できないようなその他の階層を無視することを意味している。訳を用いた授業の中で逐語訳は優れた訳とは言えないと教師が繰り返し強調したとしてもなお学習者がこの訳し方にこだわるのはなぜか、あるいはそこからの進歩がないのはなぜかという理由は、訳を使用する言語学習の悪弊として逐語訳を断罪する論者たちからは説明されることがない。逐語訳は、翻訳の教科書において推奨されることも、はたまた効果的な技法として取り上げられることも決してない（またしても直接教授法信者による作り話なのである）。それどころか、たいていの翻訳の講座が四苦八苦するのは、それ以外の階層、とりわけ意味や意思疎通上のはたらきにかかわる階層の重要性に対する学生の意識を高め、一語一語という木を見て文章という森を見ないことによって生じるおかしな訳を避けるための技術に習熟させるという点なのである。この世にエルキュール・ポワロがいるとすれば、そうなる可能性が高いのは、訳を用いた授業の恩恵を被ることなく直接教授法によって言語を学んできた結果、実社会の意思疎通で自らの言語知識を訳という形で実用に移さねばならない作業に直面しても、なすすべのない人のほうである。

## 6.「改善」

　ここでマクウィニーによる学問研究の評価基準を振り返ることにしよう。というのも、それが言語教育における科学的転回およびその要目をまとめたものと言えるからである。

> その分析によって言語学習の規則性がどこまで正確に予測できるか。その予測は言語学習の改善に利用することができるものであるか。
> 　　　　　　　　　　　　　　　　　　　　　　（MacWhinney 2006: 734）

本章ではここまで、このうち1つ目の問いに焦点を当て、教育訳が言語学習の害になるとの主張に対する反論として、害になるという証拠が欠如していることを指摘した。つまり、わたしは敵方が出した条件にのっとって、訳をめぐる科学的な予測に対する評価を行ってきたわけである。ここでは2つ目の問いに視点を移し、今度はその条件そのものに異を唱えてみることにする。というのも、科学的研究と言語学習の改善との間に単純な関係がなんら問題なく成立するかのように語る第2言語習得の研究者はマクウィニーも含め大勢いるが、彼らにとってはこの第2の問いによって生ずる問題のほうがはるかに深刻なものだからである。

　ここでの問題は証拠うんぬんというよりもむしろ理念の部分にある。要するに、科学の範疇はできるかぎり客観的に規定されなければならず、その観点からすれば、「改善」なる概念は科学の目的にそぐわない、ということである。改善というのはあまりにもさまざまな解釈を許してしまう。哲学者であるジェイミー・ホワイトの言葉を借りれば、これは「お祭り語 (hooray word)」、つまり、だれしもが賛成するに決まっている言葉である (Whyte 2003: 61–63)。言語教育の文脈で、我々は「改善」を模索している、と言えば、それは政治家が、我々は「自由」と「民主主義」を支持している、というのと同じことである。世の中が「自由」になればよいというのはたいていの人が望むことだが、「何からの」自由なのか、「何をする」自由なのかを特定する段階になると、そこで議論が始まる。また、たいていの人は民主主義を支持するが、その中身に対する見方はそれぞれ異なる。言語学習の「改善」も同様で、解釈の仕方はさまざまである。言語教育は

改善できる、改善すべきであると言う人がいるならば、選挙活動中の政治家にしつこく食いつく記者よろしく、それは正確に言うとどういう意味ですか、と即座に問うてみるべきである。マクウィニーが1文目で「正確」であることを賛美しておきながら、その次の文でいかにも不正確な言葉を用いているのは、なんという皮肉であろうか。

　「改善」は目的ありきで論じられることである。そこでは、学習者が進歩した末の到達点が既知の固定されたものとして仮定されており、到達点に関する考え方にさまざまなものがある可能性は顧みられることがない。どうやって到達点に辿りつくかが問題であって、どこが到達点であるかは考慮されることがない。しかしながら、言語学習の成功が何かというのは、極めて相対的な概念である。それは歴史や文化によって、はたまた思想的・教育的視座のいかんによってさまざまに異なる。それは事実のみならず価値観を反映したものであり、そこにもかなりの多様性が見られる。第2言語習得研究、およびそれに基づくコミュニケーション重視型言語教育においては、ある特定の形での成功が念頭に置かれているが、それは明言されることなく当然のものと見なされているのが常である。したがってそれに関して論ずることは困難であるが、そこで理想とされている言語学習者が、言語体系に関する認識を単一言語話者と同様の形で内化し、その初学言語の体系を母語話者並みに流暢に、正確に、機能的に用いつつ、自らの既得言語に頼ることなく単一言語で意思を疎通させることのできる能力を身に付けた人であることについては、どうやら間違いなかろう。改善というのもこの目標へ向かう動きと捉えられているが、そもそも非母語話者が母語話者になることは定義上不可能である（Davies 1995, 2003）ので、この目標を完全に達成することは無理な話だ。それゆえ、この意味での成功は実現可能なものではなく、理想化したものにとどまらざるをえない。

　さて、いま仮にこの理想化された成功の考え方を受け入れたとして、その場合、訳は学習者がその成功を得るうえでの役には立たない、それどころか障害にすらなってしまうという理屈はありえよう。しかしながら、もし成功に関する別の考え方、ひいては「改善」に関する別の概念を採ればどうだろうか。訳について不利に働いていたはずの証拠も、今度は有利なものになりうる。例えば「成功」の要素として、二言語を行き来すること、おのおのの言語およびその差異に関する明示的知識を持つこと、既得言語

によって規定される自己を喪失することなく初学言語を操ること、初学言語を自分のものとするのみならず、それに対して影響を与えながら、場合によっては既得言語の言葉遣いや考え方を持ち込むことなどの能力を含めて考えればどうだろうか。そうすれば成功の基準も変わり、第2言語習得の研究者から見れば失敗例となる学生がにわかに成功例となること、逆に成功例が失敗例となることなどもありえよう。外国語訛りや、意味は通じるものの非母語話者的な表現の使用などがよいものと見なされ、一方で生半可に母語話者をなぞることはもはや魅力のあるものではなくなることもありえよう。このような文脈では（先述したとおり、文学作品において外国語の影響を広く受け入れることが評価されることもあるのと同じで）従来「干渉」や「負の転移」と見なされてきたものが突如として好意的に評価されることもあろう。

　第3章で論じたとおり、さまざまな事情が相まって、1990年代から2000年代にかけては、初学言語だけを単独で操ることが言語学習の成功であると見る考え方から、二言語による自己規定というものに理解を示す見方への転換が既に見られた。言語学習とは一時的に自己を捨てることではなく、恒久的な自己の建て増しによって新しい混成の人格を形作ることであるとの見方が現れ始めている。スリダールとスリダール (Sridhar and Sridhar 1986: 5) は次のように述べている。

　　第2言語習得の目標は二言語併用の能力であるとの事実を、まさに第2言語習得の研究者こそが無視してきたように思われる。

パブレンコとラントーフ (Pavlenko and Lantolf 2000) はこの一節を引きつつ、初学言語との出会いの核にあるのは、それを別個のものと見ることではなく既得言語との「関係」において捉えることであり、その際に起こっていることを喩えるとすれば、習得というよりは参加という比喩のほうがよい、と述べている。この関係に対する意識を高めるものとして有力な候補となるのが、訳であると言えるのではなかろうか。

　証拠が価値観に対して相対的であるということは、成功に関する議論が堂々巡りになりやすいことを意味する。訳の仕方を教わっている学生はそうでない学生よりも訳すのが上手くなるだろうが、もし学生に対する評価

が初学言語単独での使用のみを基準とするのだとすれば、それもほとんど意味をなすまい。学生を完全に単一言語使用へと転換させようとする方式であれば、既得言語が初学言語に及ぼす影響は「干渉」（すなわちよからぬもの）と見られるのも致し方ないが、別の考え方では必ずしもそうとは限るまい。言い方を変えれば、科学的研究においてはある結果を特定の教授法・学習法と結びつけることはできても、どの結果のほうが優れているのかを述べることはできない、ということである。例えば、カルクヴィストによる科学的研究では、スウェーデン人大学生の2つの集団に対して訳を用いた場合、用いない場合の教育効果を比較した結果、訳に触れた集団のほうが訳の作業に秀で、単一言語内での指導を受けた集団は単一言語内の作業に秀でるという結論を得た。ごく当たり前のことである。

　同じことは処理の速さを成功の尺度と考える見方についても言える。速いことが常に望ましいかどうかは時と場合による。訳すことで必ず言語処理の速度が落ちるという証拠がないのは既に論じたとおりであり、実際わたしはそうだろうと思っている。しかしながら、仮にそういう証拠が出てきたとしても、だからといって訳が絶対的に断罪されることにはなるまい。コミュニケーション重視型言語教育の言うような流暢さこそすべてという話が通用しないのと同様で、速さはあらゆる作業における美徳であると言えるようなものではない。学習者が言いたいこと、書きたいことを形作る際に訳が役立つことがあるのは、まさにそれが作業の速度を落とし、自分の発言について注意深く考えることを可能にし、自分が触れた言葉の理解や自分の述べたい言葉の構築をできるだけ正確にするための方便を与えてくれるからである。

　もう1つ、改善という概念に潜んでいるのは、進歩という前提、すなわち、言語教育は過去よりも現在のほうが優れたものになっており、将来はさらに優れたものになっていくとの考え方である。この前提は言語教育理論研究者に広く共有されており、また実際その研究活動を正当化するよりどころの1つにもなっている。例えば第2章で確認したとおり、ロングとロビンソンは、従来の教育手法は

　　教室での言語学習の成功を説明する要素として擁護されることが多い。しかしながら、初学者数および疑似初学者数に比した習得完了者数の

> 割合が証明するとおり、上記の手法はむしろ失敗に結びつくことが多い

と述べている。これは非科学的な主張の典型例と言えるが、それには表層的なものも根本的なものも含めさまざまな理由がある。

　まず第1に（深刻さの度合いとしては最も軽いが）、論者たちが前提にしているような情報資料は存在しないということである。上記のような主張を科学的に展開するのであれば、あらゆる時代、あらゆる状況の言語学習者に対して行われた調査の結果が必要となる。人間の言語学習は遅くとも古代ギリシャ・ローマ時代、あるいはおそらく有史以前から行われている。しかしながら、ローマ帝国国境付近出身のローマ軍兵士によるラテン語学習や異邦人奴隷による古代ギリシャ語学習は、現代の英語学習と比して優れていたとも劣っていたとも言うことができない。確証と言えるような記録はごく最近のものしか残っていないからである。実際のところ、情報資料のない中でせいぜい言えることがあるとすれば、人間は（文法訳読法・聴覚口頭教授法・段階的構造教授法・サジェストペディア・サイレントウェイ・コミュニケーション重視型言語教育・作業課題中心型言語教育など）あ・ら・ゆ・る・教授法・教育手法を駆使して、その巧拙のいかんにかかわらずとにかく言語を学んできたということである。むろん、時が経てば、言語能力をめぐる体系的な記録が幅広い時代の幅広い状況に関して蓄積され、この証拠が教授法・学習法と結びつけられることになるかもしれない。だがまだ我々はそのような段階にはない。我々の分野には、生物学で言うところの化石の記録に当たるものが存在しない。したがって、言語学習法は絶えず改善されてきているというような主張はすべて、純粋に推測でしかありえないのである。

　第2に、上記のような主張は、科学の知識・理解が蓄積によって進歩していくのと同様の形で、言語学習も蓄積によって進歩するものだということを前提としている。例えば、新たに物理学に触れる学生は、かつて物理学を研究してきたあらゆる先人の試行錯誤の恩恵を被るがゆえに、事をゼロから始める必要がない。しかしながら、おそらくこれは言語学習には当てはまらない。各人が言語学習の過程を新たに始めるのであって、その言語知識は共有のものではなく個人的なものである。

第3の、そして上記のような主張の妥当性に関して最も深刻な問題は、価値観という不安定なものを客観的な基準と混同しているという点である。理論・方法論の研究者としてかつての教授法を振り返り、例えば話し言葉よりも書き言葉を、流暢さより正確さを、意思疎通より規則に関する知識を、日常言語より文学言語を重んじることや、小説は読めてもコーヒーの注文すらできない人を生み出してしまうことなどを批判したいのであれば、その成果を現代の基準ではなく当時の基準で解釈すべきである。おそらく理論研究者が注意すべきなのは、言語学習の成功の定義が絶えず流動するものであること、異なる時代や状況に置かれた教師はそれぞれ異なる目的を持って自らの教育手法を効果的なものと考えていたのだということである。そうなると、次に検討すべきなのは、この現代世界の需要に照らした場合に言語学習の成功の定義として最も適切なのはどのようなものか、ということになる。このような定義は絶対的・恒久的な真理として定められるべきものではない。あくまでも一時的かつ相対的なもの、また時代や状況が変化すれば将来的には否定されるべきものとしての定義である。

# 第6章
## 教育のあり方をめぐる議論

　前章の初めに触れたとおり、教育の理論においては、教育課程と教授細目、別の言い方をすれば、教育政策を下支えする原理とその実践との間に線引きをするのが常である。言語教育に限って言えば、初学言語以外の言語を学生に教えるべきかどうか、それはどの言語であるべきか、何歳で教えるべきか、目的は何か、などといった問題は、すべて教育課程にかかわるものだ。このような諸問題について意見の一致が見られた時点で、今度は実践に関する意思決定が必要になるが、それが教授細目の問題である。
　しかしながら、言語学習に関しては、別の言語を学ぶことが何にせよ「よいこと」であるという共通認識が漠然とではあるができあがっているがゆえに、なぜそうなのかという議論がほとんどなされないこともある。ここ最近の言語教育に関する文献では、教授細目の段階での意思決定に焦点が置かれている場合が多く、その裏付けとなる教育哲学についての議論はほとんど見られない。例えば、世界の大半の国々における学校の教育課程では、教授する外国語は英語を中心とすることが特段の議論もなく前提とされており、その一方で英語使用国においては、伝統に従って言語を選択しているか、あるいは（中国語教育・日本語教育の拡大に見られるような）なんらかの変化が起きている場合には、英語を国際的な学習言語へと押し上げた理屈の延長で、役に立つからとの理由で言語を選んでいることが多い。このように、言語学習をめぐる議論ではほとんどの場合、別の言語を教えるというそもそもの意思決定とその言語の選択は既に済んだこと、当然のことと見なされている。それを教える最良の方法は何かという問題だけが残っている、といった体である。
　本章の後半で詳述するが、このような前提の一例を垣間見ることができるのが（韓国・メキシコ・中東の一部地域・欧州連合諸国など）世界の多くの地

域で推進されている内容中心型言語教育である。初学言語（ほとんどは英語）を媒介として学科科目を教えるというこの教授法は、そうすることによって学生が言語能力も当該科目の知識も同時に身に付けることができるという前提に基づいている。この運動は、言語学習についても教育のあり方についても所与のものとして扱われている部分が非常に多いという意味において、教育の目的を論じようとしている本章の中で再検討するに値するものと言えよう。

　意思決定にかかわる上記 2 つの段階はそこまで明確に区別できるものではない。初学言語の教育課程の実践をめぐる議論では、方針やその背後にある哲学を再考することによって恩恵を得られる場合が多いようである。訳すことが絶えず敵視され、またそのような排斥に抗う動きが不思議なほどに見られない理由の 1 つは、おそらく教授細目をめぐる議論が、根本的な目的や価値観に立ち戻ることなく進められているという点にある。本章の目的は、教育のあり方をめぐる議論へと回帰し、そもそも別の言語を学ぶのが「よいこと」であるのはなぜかを検討したうえで、さまざまな教育哲学が教授細目の実践に対してどのような示唆を持つのかを詳述することにある。次章で訳を用いた教授法を論じるうえでの御膳立てである。

## 1. 教育課程の哲学

　言語教育の課程としての目的がいつも当たり前のものと考えられてきたかと言えば、そうではない。とりわけ極めて集中的に研究が行われたのが 1980 年代である。当時、教育課程理論[1]に言語教育なりの解釈を与えようとした論者たち（Allen 1984, Stern 1983, Clark 1987）は、基礎となる教育哲学を 3 つから 4 つの大きな枠組みに分類し、さまざまな教育制度や慣習をそれぞれが依拠する原理に従って定義した。用語法については差異があるが、その概念に関してはかなりの一致が見られる。ここではアレン[2]

---

1) これに関する当時の議論はスキルベック（Skilbeck 1982）に依拠するところが大きい。

2) 別の有力な分類法として、クラーク（Clark 1987）は「古典的人文主義的（classical humanist）」（アレンの言う「学問的」とほぼ同義）、「再構築主義的（reconstructionist）」（アレンの言う「社会変革的」とほぼ同義）、「進歩主義的（progressivist）」（アレンの言う「人間主義的」とほぼ同義）という用語を用いている。クラークはアレンの言う「技術的」に当たる分類を個別に設けていない。

(Allen 1984)の用語を採ることとし、それぞれを以下のように解釈する。

1. 技術的教育観（technological perspective）では、教育とは実用的な目的に資するべきもの、一般的なもの（読み書き・計算・情報技術など）も専門的なもの（例えば医療技術）も含め、個人・社会が必要とする技術を与えるものと捉えられる。
2. 社会変革的教育観（social reformist perspective）では、教育とは社会に望ましい変化をもたらし、特定の価値観・思想・行動を促す手段と捉えられる。例えば、市民としての望ましいあり方、特定の宗教への信仰、政治的信条などを根付かせるための手段にもなりうる。
3. 人間主義的教育観（humanistic perspective）では、教育とは実用的・社会的理由からのみならず本質的な善として、個々人の自己実現と成長を促すべきものと捉えられる。
4. 学問的教育観（academic perspective）では、教育とは特定の学問分野に関する知識・理解を維持し、発展させ、伝達すべきものと捉えられる。

クラーク（Clark 1987）が指摘するとおり、これらの教育観にはそれぞれ、実践に関する示唆が含まれている。評価、内容、優れた教育実践、変化をもたらす権利を有するのがだれかなどといった点については、それぞれの哲学にそれぞれ異なった考え方が存在する。例えば技術的教育は、専門教育や雇用などにかかわる選抜を主たる関心事としているため、評価は必然的に規範を基にした相対評価（norm referenced）で行われる。[3] 社会変革的教育では、社会全体で目標を達成することに重きが置かれるがゆえに、評価は必然的に平常の達成度を測る絶対評価（criterion referenced）で行われる。したがってこの2つの方針では試験に対する考え方も根本的に異なっ

---

[3] 規範を基にした（norm-referenced）評価では、各学生の評価は他の学生との相対的比較によって行われる。この場合の成功というのは他の学生よりも優れた成績を取ること、失敗というのは他の学生よりも劣った成績を取ること、平均的というのは全体の物差しの中で中間あたりに位置することを意味する。対照的に、平常の達成度を測る（criterion-referenced）評価では、学生の評価はお互いの比較ではなく特定の目標を達成したかどうかによって判断され、したがってすべての学生が成功すること、失敗することもありうる。

てくる。一方で、この両者には共通する点もあり、それが人間主義的教育および学問的教育との差異となっている。先の2つの教育観は行為の結果に重きを置き、扱いや観察がしやすい形で学習目標を定め、その成功を「成果」（学生を「成果」と見なす場合すらある）によって測る。また、両者は上意下達式で実行される傾向があり、その動力は政府や（こと技術的教育の場合は）雇用者の要求である場合が多い。技術的教育と社会変革的教育でもう一点共通しているのは、教師が学生にとってのよき模範と位置づけられていることである。例えば、運転ができないのに運転を教えられるはずがない、無神論者が善きキリスト者のあり方を教えられるはずがないといった具合で、教師自身が持っていない技能や価値観を教えるのは無理がある、というわけである。しかしながら、実際は技術的・社会変革的教育課程のいずれにおいても、教師本人としては共感しかねる社会原理について無理矢理主張させられていたり、あるいは少なくとも無言を貫かされている可能性は常に存在する。言い方を変えれば、技術的教育・社会変革的教育は、教師がある考え方を持っている事実というよりも、そういう考え方を持っているとの前提に基づいている面が大きいということになろう。

　人間主義的教育においては、技術的・社会変革的教育とは対照的に、力点が個々人や教師・学生間の関係にあるため、その焦点は方法論に、そして教育の成果ではなく過程に置かれることになる。学生は自らの学習に責任を持つものと見なされ、教師はその学習の模範ではなく援助者として、しばしば学生との間に交渉の機会を持つ。評価は教師・学生両者の自己評価によって行われ、教育課程の改変や一新は「下から上へ」、つまり教室に端を発したものが「上向きに」教育機関全体へと広がる形で進められる。

　学問的教育の主眼はまた異なっているが、技術的教育と共通する要素もある。そこには、内容が重視されることによって生じるさまざまな特徴が見られる。第1に、教師は本質的に知の門番であり伝道者であるため、教師が語り学生が聴く、という教師中心の活動が大部分を占める。これはつまり、教室の構成員がそれぞれ同じ歩調で進まなければならないということであり、したがって段階別・能力別クラス編成が促されることになる。能力別でクラス編成を行えば、規範を基に相対評価の基準を設定することが正当化される。規範を基にした相対評価の基準が重視されれば、試験の重要性が増大し、それが教育課程の改変において「波及効果（washback）」

的な形で決定的な役割を果たすようになる、というわけである。

　現実問題としては、上記 4 つの考え方の要素をすべて併せ持つ教育実践が存在するとしても不思議ではなく、ある特定の教育手法をほかから区別するとすれば、その場合はどれか 1 つの教育観に絶対的に依拠しているかどうかではなく、相対的に見てどの教育観の要素が色濃く出ているかが問題になる。ただし、（どの分野でも大差はないが）こと言語教育に当てはめて言えば、上記の教育観のうちどれか 1 つを重んじている手法、あるいはどれかが動力となっている手法を見出すのは難しいことではない（先に論じたとおりであるが、教育課程の問題がその教授細目としての実践と切り離すことができないということはここからもうかがえる）。専門言語教育（Language for Special Purposes＝LSP），学術的言語教育（Language for Academic Purposes＝LAP），職業的言語教育（Language for Occupational Purposes＝LOP）は技術的教育の例であり、いずれも専門的な技能の向上という特定の行動目標を動力としている。「社会変革的」言語教育の例は、異なる言語集団の間の相互理解を促すことを目指す教育課程の中に見出すことができる。例えば、カナダの学校でのイマージョン（immersion）によるフランス語・英語教育課程では、英語母語話者がフランス語による学校教育を、フランス語母語話者が英語による学校教育を受けることになっている。EU 内で積極的に推し進められている内容言語統合学習（CLIL[4]）は、EU の市民同士がお互いの言語の能力を高め合うことによって EU 全体の効率を高めようとする点においては技術的教育であり、同時に EU 加盟国の結束を強めようとする点においては社会変革的教育でもある。「人間主義的」視点が見られるのは、過程型授業構成（Breen 1984, 1987, Candlin 1984, 1987）を初めとした 1980 年代、1990 年代の学習者中心型教育手法（learner-centred approaches）である。学問的言語教育は、「伝統的な」言語教育、すなわち、言語体系および文学作品の正典に関する形式的知識を重んじ、世代から世代へと受け継ぎ発展させていくべき一連の知として各学科を教えるという手法と結びつくものである。

　このような教育課程上の目標をめぐる分類には依然として大きな動きも見られず、その妥当性は今日でも 1980 年代当時と同様であると言ってよ

---

[4]　別称として EMILE (*Enseignement d'une Matière par l'Intégration d'une Langue Etrangère*) がある。

かろう。政府が教育目標に関連して発表した声明を眺めれば、程度の差こそあれ上で述べたような目標の痕跡が見られる。例えば、イギリスの現在の教育課程における「価値観・目標・目的」は次のように規定されている。

> 教育は社会の価値観を、そして我々が望む社会のあり方を動かすものであり、また映すものでもある。（中略）なかんずく重要なのは、家庭においても学校においても、個々人の精神的・道徳的・社会的・文化的・身体的・心的成長およびそれによる幸福への道筋として、教育を信じるということである。また、教育はすべての人にとっての機会均等、健全かつ公正なる民主主義、生産的な経済、そして継続的発展への道筋でもある。教育は上記の目的に資する永続的な価値観を反映したものでなければならない。[5]

中国の教育の枠組みを定めた「中国改革発展計画」[6]には次の文言がある。

> 　新课程的培养目标应体现时代要求。要使学生具有爱国主义、集体主义精神，热爱社会主义，继承和发扬中华民族的优秀传统和革命传统；具有社会主义民主法制意识，遵守国家法律和社会公德；逐步形成正确的世界观、人生观、价值观；具有社会责任感，努力为人民服务；具有初步的创新精神、实践能力、科学和人文素养以及环境意识；具有适应终身学习的基础知识、基本技能和方法；具有健壮的体魄和良好的心理素质，养成健康的审美情趣和生活方式，成为有理想、有道德、有文化、有纪律的一代新人。
> ［この新たな教育課程の目標は時代の要請を反映したものでなければならない。学生は、
> ・愛国主義・集産主義精神を有し、社会主義を愛し、中華民族および革命の優れた伝統を継承・発揚しなければならない。
> ・社会主義的民主主義法制に対する自覚を有し、国家の法および社会道徳を遵守しなければならない。

---

5) http://curriculum.qca.org.uk/key-stages-1-and-2/Values-aims-and-purposes/index.aspx（2009年5月10日閲覧）
6) 中国共産党中央委員会および国務院改革発展計画、1993年2月13日、http://news.rednet.cn/c/2008/06/19/1533296.htm（2009年5月15日閲覧、ツァイ・グォジー訳）

・正しき世界観・人生観・価値観を形成しなければならない。
・社会に対する責任を持ち、人民に尽くすよう努めねばならない。
・革新の精神、実践能力、科学と人文学の素養、および環境への意識を持たねばならない。
・生涯を通じた学習を行うための基礎知識、技術、実践法を身に付けねばならない。
・壮健な身体、充足した精神を育まねばならない。
・美の鑑賞と健全な生活様式を習慣としなければならない。
これにより学生が理想・道徳観・知識・規律を有する新たな世代の担い手となることを企図するものである。]

(China Education and Research Network 2001)[7]

ブラジル政府が言語教育について述べた声明には以下の文言が見られる。

*Os temas centrais nesta proposta são a cidadania, a consciência crítica em relação à linguagem e os aspectos sociopolíticos da aprendizagem de Língua Estrangeira.*
[この提言は、国民としてのあり方、言語に対する批判的意識、および外国語学習にまつわる社会的・政治的側面にその要点がある。]

(SEF 1998: 13)

続けてこの声明は以下のように述べている。

*A Língua Estrangeira no ensino fundamental tem um valioso papel construtivo como parte integrante da educação formal. Envolve um complexo processo de reflexão sobre a realidade social, política e econômica, com valor intrínseco importante no processo de capacitação que leva à libertação. Em outras palavras, Língua Estrangeira no ensino fundamental é parte da construção da cidadania.*
[国定教育課程の一環である中等学校での (10歳から14歳までの生徒

---

7) 原文の中国語をツァイ・グォジーが本書用に翻訳。

に対する）外国語教育は、生徒に対する公教育の構成要素として重要な役割を担っている。外国語教育は、社会的・政治的・経済的問題を省察するという複雑な過程を内包している。これは権利を獲得し自由を得る過程において重要な意味を持つものである。換言するならば、外国語教育は国民としてのあり方を構築する営為の一環なのである。］

(前掲書：26)[8]

　以上のような文言にさまざまな理屈が混在していることからもうかがい知れるとおり、実際の教育政策・実践をめぐる現実は複雑なものである。本節で概説した4つの教育観は理想化された概念であり、特定の学校・教室・授業で起こっている現実を捉えたものではない。純粋に技術的・社会変革的・人間主義的・学問的な教育制度や授業を目の当たりにすることはまずないものであり、また上記の3つの文言からも分かるとおり、4つの教育観が混在する比率もさまざまである。しかしながら、教育実践を分類・評価する方便として上記の名称は有用なものであり、以降本章では引き続きこの分類名を用いていくことにする。わたしが主張したいのは、4つの教育観のいずれにおいても、教育訳を正当化する強力な理由が見つかるということである。

## 2. 技術的教育としての教育訳

　まずは、個人および社会に必要とされる技能の発達という実用的な教育目標、すなわち技術的教育観の検討から始めることにしよう。

　従来の言語教育は多くの場合、技術として訳すこと自体を必要とするのは翻訳・通訳の専門家を目指すごく少数の学習者に限られることを前提としてきた。これはつまり、教育訳をめぐる議論がその賛否のいかんにかかわらず、教育訳を目的ではなく手段として評価してきたということである。そのうえで多くの論者が教育訳はよろしくないとの結論に至ったことは既に述べたとおりである。しかしながら、この区別、そして訳す技術という成果を必要とするのはごく少数の学生に限られるとしてこれを切り捨てる

---

8) 原文のポルトガル語をデニス・サントスが本書用に翻訳。

見方については、疑う余地が十分に存在する。多言語的・多文化的社会（といえば近年ではほぼすべての社会を指すわけであるが）、そしてさまざまな言語にわたる超文化的な地球規模の意思疎通が常時行われている世界においては、訳は日常的な状況で広く必要とされるものでこそあれ専門的な活動などでは決してないと考えるに足る理由がさまざまな形で存在する。これについては、訳すという営みを「ある言語による文章形式を別の言語による同意義の文章形式に」（Catford 1965: 20）置き換えて文章や発話を生み出すこと、という定着した意味で解釈しても、あるいは（ハウス（House 1977: 1）による翻訳者の定義を援用して）「2つの異なる言語共同体に属する単一言語話者同士が意思疎通の当事者である場合に、二言語話者がその媒介として」行うこと、という緩やかな意味で解釈しても言えることである。実際、第4章で述べたとおり、訳すという営みはこの二極の間に幅広くさまざまな形で存在する。

現代世界において、訳はこのいずれの意味でも、多くの人の個人的・職業的生活に必要な技能、ありふれた活動であり、多くの組織が経済的に生き残るためにも、はたまた国際的な問題に取り組むためにも不可欠なものである。もし交流が連続する同心円上で発生するものと捉えたうえで、最も親しい間柄のやりとりを中心に、共同体や職業上の生活をその外に、国際的なやりとりを周縁に置いて考えるならば、既に第3章で論じたとおり、このような需要がいずれの規模においても存在していることが分かる。さまざまな形の交際、家族、共同体、社会的交流、旅行、仕事、そして世界を舞台にした活動など、枚挙には暇がない。

例えば、言語が混在する形での交際や結婚では、どちらか一方が相手の言語の知らない単語に出くわすたびに訳が必要になる。このことは、双方がお互いの言語を解する場合でも、どちらか一方だけが二言語に通じている場合でも、あるいは双方にとって母語ではない言語を用いてやりとりしている場合でも同様である。また、お互いの一族からそれぞれ親戚がやって来て対面するような場合にも、互いの姻戚の言語をほとんど知らない、あるいはまったく知らないというのは当然のことなので、やはり訳が必要になる。移民の家庭でも、祖父母と孫のやりとりにおいて訳がある程度は必要になるであろう。これは何も、以上のようなすべての場合において、等価な言葉を長々と几帳面に生み出すという意味での訳が行われていると

いうことではない。聞き慣れない単語を訳すだけのことも、聞いた言葉の一部しか理解できないときにその概要を説明することもあろう。とはいえ、いずれにしても訳していることに変わりはない。このように常時訳が必要な状況は、だれもがその場所の言葉を話せるわけではないような共同体にまで広げて考えても、家庭内の場合と同様のことが成り立つ。例えば、第3章で述べたとおり、学校の中には新たな入学者やその家族に対して訳が必要になるところも多く、また、そのほかにも多言語状況であればこれは日常的に見られる営みである。わたし自身の例で言えば、わたしの息子はある程度までのロシア語を話せる二言語話者であるが、彼が9歳のとき、通っていたロンドンの学校に、英語はまったく分からないがロシア語ならばどうにか話せる（ただし母語はクルド語である）グルジア出身の女の子が転校してきた際には、彼が通訳を務めるように言われた。息子自身はこの依頼をおかしなこととも思わなかったようで、学校では、ロシア語のほかにも英語以外の言語が必要になることはもっと頻繁にあって、そういう言葉を話せる友達は「いつも同じようなことをしている」、と言っていた。さらに話を一般化すれば、旅行の増加、インターネットの使用、さまざまな言語共同体の統合などによって、訳はさまざまな社会状況でその必要度をさらに増していると言える。友人を互いに紹介すること、電子メールの中身を要約すること、はたまたメニューや掲示物の中身を読むといった日常的な作業などはそのほんの数例にすぎない。異言語間の仲立ちをすることは、多言語状況では日常茶飯事なのである。

　このように、個人・家庭・教育・社会においては訳が必要になることが頻繁にあり、また重要な意味を持つことも疑いようがない一方で、技術的教育ではむしろ仕事の世界、つまり雇用・業務にかかわる有用性が重視されている。とりわけ英語教育においてはこの優先順位のあり方が顕著で、有用な言葉、目標達成・業務遂行に必要な用語に重きが置かれるのが一般的である。一般的にこの道理によって推進されているのが作業課題中心型言語学習であり、その定義にはこの道理にまつわる用語が頻繁に見られる。そもそも「作業 (task)」なる用語は仕事という言葉の類義語であり、たいていは退屈で苦しい仕事 (drudgery) という意味合いが含まれている。「作業」を定義する中ではっきりと仕事という言葉を用いている場合も多い (Long 1985: 89, Nunan 1988: 10)。より具体的な言い方をすれば、専門

言語教育・職業的言語教育が拡大する動きは、学習すべき言語を当該の「業務に」必要なもの、あるいは内容言語統合学習の場合で言えば学習している科目に必要なものに限定しようとする動きでもあったということになる。[9]

 とはいえ、このような教授法に関してありがちなのが、実際に仕事の場で用いられる可能性の高い言葉と、明らかに仕事志向と思われる教授法において提示される言葉の間に、なんらかのずれが生じているということである。ここで問題なのは、このような教授法が、学生が目標としていること、必要としていることは初学言語を単一で操ることであり、したがっていかに単一言語話者の規範を受け入れてそれに同化するかが成功の評価基準になるとの前提を暗に持っていることである。初学言語およびそれに結びつく文化に関心があること、自分もその一部になりたいと望んでいることは当然だとされているわけである。しかしながら、このような前提は実情とかけ離れていることが多い。パレスチナ人学者であるエドワード・サイード (Edward Said) はいささか身もふたもない言い方で次のように指摘している。

> 大半の学生がどういう理由で英語を学んでいるのかについて、ある教師がいささか不満そうではありながら率直に語ってくれた。多くの学生が最終的に航空会社や銀行で働きたいと思っており、そこで世界的な共通語 (*lingua franca*) として英語が用いられているからだ、というのである。(中略) コンピュータを使うため、注文に応じるため、テレックスを送るため、積荷の目録を解読するため、などなどの目的で英語を学んでいるのだ。　　　　　　　(Said 1994: 369)

つまるところ、英語、あるいはそれ以外でも各地域で雇用上必要とされるような言語を学ぶ場合は、初学言語およびそれにまつわる文化そのものに関心が (派生的に生じることはあっても、それが根本に) あって学んでいるのではなく、純粋に業務にかかわる実際の必要性に応じて学んでいるだけだということである。とはいえ、この実際の必要性というものが、授業計

---

 9) この考え方に対する批判は Widdowson (1983, 1984: 189–200) 参照。

画者の目にどう映っているかではなく実態としてどういうものなのかをよくよく考えてみると、その内情としては、単一言語使用と横断的言語使用の割合は少なく見積もっても同程度であり、したがってそこには訳が含まれていることが分かる。例えば、ロシアや中国において、ある人がその英語の堪能さゆえに、経営陣の大半が単一言語話者である企業に雇われた場合を考えてみよう。この場合、この人物の英語使用は、上層部にいながらこの人物ほどには二言語使用に通じていない役員のために二言語間の仲介役を務める、というのが目的となるはずである。換言すれば、この人物は、中国語やロシア語を知らない外部者と、その相手方の言語を知らない内部者との意思疎通を円滑化することを期待されている。このような状況では、純粋に実際的かつ「技術的な」理由で訳の技能が必要になる。

　ここで指摘しておきたいのが、社会の要請と個人の要請の共生関係、およびそれによって教育者がその両方に対して持つことになる責任についてである。社会はその機能を果たすために個人が特定の技能を持つことを必要とし、一方で個人もまた業務上の利益と成功を得るために同様の技能を必要としている。この意味で、技術的教育観は社会だけでなく個人の要請にも応えるものである。また、業務は個々人の人生における自己実現と成長の一要素と捉えることもできるという意味においては、おそらく人間主義的教育観とも通じる部分がある。以上の点を考慮すれば、必要とされる技能を提供しようとしない教育実践、例えば訳す技能の訓練を施すことがない言語教育などは、個人に対しても社会に対してもその義務を果たしていないことになる。

　ここまでの数段落においては、業務という言葉をあたかももっぱら通商・商取引のみに関連したもののように取り扱ってきたが、言うに及ばず、業務には国際的な意思疎通そのものにかかわるものも存在する。この分野でも、訳の役割は大きい。例としては、事件報道、コンピュータプログラミングや携帯機器関連技術、国際市場調査、映画の字幕作成および吹き替え作業、書籍の翻訳などが挙げられる。

　訳を必要とする意思疎通の広い裾野の果てに位置するのが、外交、貿易機関、条約機構、およびあらゆる種類の交渉における、制度化された国際的意思疎通である。国連、世界銀行(the World Bank)、世界保健機構（World Health Organization＝WHO）といった主要な国際機関は、膨大な数の翻訳

者・通訳者を雇用している。欧州連合では、業務言語として 23 の言語を認めているため、さまざまな言語の組み合わせによる膨大な訳業が行われている。欧州連合議会、欧州連合理事会、欧州連合司法裁判所ではそれぞれおよそ 700 人[10]、また総局ではおよそ 1,750 人の翻訳者が雇用されている。[11] このような仕組みが整い制度化されている官僚機構においてはともすれば見すごされがちであるが、ここでは訳が国家間の和平と相互理解のよりどころとなっているのであり、それがなければ今よりも血生臭い対立が頻発しているかもしれないと考えると、改めてその重要性に思い至る。いみじくもゲーテは次のように述べている。

*Denn was man auch von der Unzulänglichkeit des Übersetzens sagen mag, so ist und bleibt es doch eines der wichtigsten und würdigsten Geschäfte in dem allgemeinen Weltverkehr.*
（von Goethe 1982: 353）
［何人がいかに難点を挙げようとも、訳すことが世界全体の情勢において最も重要かつ価値ある関心事の 1 つであることに変わりはない。］[12]

## 3. 社会変革としての教育訳

　前節では、優れた訳は狭義においても広義においても、個人的・社会的・職業的・政治的に必要かつ有用な技能であり、したがって技術的教育観の枠組みの中で正当化できるものであることを主張した。本節では、優れた訳は社会変革的教育観においても正当化できるものであるうえ、こと教育訳に関して言えば、ほかの物事のように技術的な視点と社会変革的な視点が矛盾することもない、と主張したい（例えば、社会変革を根拠として競争原理よりも利他主義を、報復行為よりも非暴力を推進する場合、それが技術的な意味での国家的利己主義と合致しない可能性がある）。教育訳については、倫理的視点からも実用的視点からも正当な根拠が得られるのである。

---

10) http://europa.eu/languages/en/chapter/15（2009 年 5 月 17 日閲覧）
11) http://ec.europa.eu/dgs/translation/index_en.htm（2009 年 5 月 17 日閲覧）
12) この翻訳は Morgan (1959: 276) より引用。訳者名は明記されていない。

社会変革的教育観の枠組みでは、その実行者が善であると考える形で社会を構築することがねらいとなる。教育関連の文献では、たいていこの教育観は平等主義・進歩主義の動きと結びつけられることが多いが、そうでなければならない理由はない。社会が向かうべき「正しい」方向性をめぐってはさまざまな相いれない考え方が存在するものであり、したがって教育によって社会を変革しようという考え方を支持するにしてもその観点には実にさまざまなものがありうる。この発想は使いようによってはどんな思想を推進する理屈にもなりうるのであって、その内容が民主主義であれ全体主義であれ、資本主義であれ共産主義であれ、はたまた宗教的思想であれ無神論であれ関係はない。その価値を信じる人の目から見ればどの思想も正しいものと映るからである。社会変革は、内容のいかんにかかわらず、価値観を推進・維持する道具として教育を用いる点に決定的な特徴がある。つまり、これに限った話ではないが、わたしがここで論じようとしている教育訳に関する社会変革的な原理も、ある特定の価値観を念頭に置いたものにならざるをえないということである。わたしが教育訳によって推進されると考えるのは、自由主義、人間主義、民主主義の価値観である。異言語・異文化の接触において、差異の理解・意識、対立の回避・解決、機会と地位の平等は概して望ましいものであること。教育訳は概してこれらの目的に資するものであること。ただしそれは、言語教育の手法の定めとして、ときにまったく逆の価値観を強めることになることもあり、また、以下で論じるとおり、訳によって理解を深めることが対立や不和を緩和するどころかかえって煽ることにもなりうること。わたしがここから先の議論の基礎に据えるのは以上のような考え方である。

　教育行政そのものと同様、社会変革的な教育計画の大半は国家単位で実施される。ある場合には、言語教育は国内における相互理解を促す方便として用いられる。例えばカナダの政策は、英語話者の児童にはフランス語学習を、フランス語話者の児童には英語学習を促すことを目指している。また、国家内外でよい関係の構築を促すことを目的とした言語教育政策も存在する。例えば戦間期のヨーロッパでは、かつての交戦国同士の間で子どもたちがお互いの言語を学べば、将来の対立を回避することができるかもしれないという考え方が存在した（まったくの誤りであったわけだが）(Titone 1968)。このように、学習言語の選択は政治的な価値観（ここでは

国家間・共同体間の融和）を表すとともにそれを推し進めるものでもある。しかしながら、学習言語の選択は排他的な形で現状を維持する意味合いをも持ちうる。例えばヨーロッパ諸国の学校教育課程において、現代外国語教育の主眼がヨーロッパ諸国の国家言語（英語・フランス語・イタリア語・スペイン語・ドイツ語など）のみに限定され、少数派とはいえ人口にして相当の数になる移民系の子孫が話す言語（アラビア語・ヒンディー語・トルコ語・ウルドゥ語など）やヨーロッパの固有語ではあるが国家言語ではないもの（例えば、バスク語・ブルトン語・カタロニア語など）は考慮されず、また公教育においては少数派言語（世界的に見た場合にそれがどれだけ話者の多い言語かはともかく）よりもヨーロッパの国家言語のうちどれか1つで成功を収めるほうが高い評価を与えられていることは注目に値する。

## ■ 社会変革としての内容言語統合学習

　この言語選択という問題に新たな重みを加えているのが内容言語統合学習である。というのも、内容言語統合学習は理論的にはいずれの言語を推進してもよいことになってはいるものの、実際はほとんどの場合英語教育拡大の道具になっているからである。これは世界中で行われている内容中心の言語教育課程のほぼすべてについて明確に当てはまることである。ヨーロッパではそれ以外の言語もかかわってくるのでいささか複雑にはなるが、それでも英語が選ばれる割合は圧倒的に高い。したがって、事実としては、内容中心の教育においては任意の (*a*)、つまりあらゆる (*any*) 言語を学ぶことができるとの教授上の主張が、実際に教えられるのが特定の (*the*) 言語になってしまうという政治的な現実との矛盾を来しているのである。初期に英語が中心になるのは、より幅広い言語で内容言語統合学習が行われるようになるまでの布石にすぎないという主張（Marsh 2002: 76）は説得力を欠いており、まだ論証も不足している。同様に、内容言語統合学習は学生の第1言語の発達を阻害するものではないという議論や研究も根拠が弱いように思われる（前掲書）。その長期的な影響を評価するにはまだまだ日が浅いうえ、仮に短期的には学生個々人の日常的な既得言語使用の能力に害がないとしても、例えばもしオランダ語による物理学教育が行われなくなるとすれば、言語を総体として見た場合には長期的な害が生じる可能性がある。

内容言語統合学習は、英語も含めた数カ国語のみに偏向しているにもかかわらずヨーロッパでは強く支持されており、それは言語教育理論研究者や応用言語学者による研究・開発・実践・推薦に EU が投資するという形でも表れている。これを推進する理屈は専門用語と空想的理想主義がない交ぜになったものである。

> 地球規模化の流れが世界中の国々を新たなる時代、知の時代へと突き動かしている。それに伴って社会およびその教育制度が果たすべき役割にも抜本的な変化が生じている。知の時代における成功の鍵となる資源は、創造性・知性・連結性である。　　　（CLIL Consortium）[13]

その背後に潜む動機には（意思疎通の効率を高めるという）技術的な面もあるが、引用部の福音主義的な響きからも察せられるとおり、内容言語統合学習は社会変革的教育の典型であり、政府と学界との協力による上意下達の仕組みによって課せられている。
　応用言語学の観点から内容言語統合学習を支持している議論（Dalton-Puffer 2007: 257–277）は、言語に触れること、意味上の折衝を行うことが言語学習成功の鍵であるという古い第 2 言語習得理論の見解をそのよりどころとしている（ただしイマージョンにおいてはその補足として言語そのものに特化した指導が必要であることもある程度まで認識されてはいるが）（前掲書: 261）。この種の論者がおおむね了解している事項には、「言葉に触れることが成功の必須要件である」、「現状では（4～12 歳における）早期の導入による利が大きい」、といった概念がある（Marsh 2002: 9）。しかしながら、内容言語統合学習の場合に関しては、言語習得の面に注目が集まる一方で、このような「改革」を上意下達で課するうえでの社会的影響に対する考慮が抜け落ちていることがあまりにも多い。仮に背後にある言語学習理論がいかに健全なものであったとしても、その実践においてはほかにもさまざまな要因を考慮する必要がある。内容中心型言語教育は、カナダのようなおおむね二言語が併用される環境での「第 2 言語」教育や、（アメリカやイギリスにおける他言語話者への英語教育（ESL/TESOL）の場合

---

13)　http://www.clilconsortium.jyu.fi/index.php?option=com_content&task=view&id=5&Itemid=6

のような）単一言語の教育制度下で外から新たに参加してくる学習者に対して行う教育であればおそらくその効果を発揮することもあろうが、そもそも外国語として認識されてきた言語で同じことをするのであれば、その場合には複雑な政治的問題や社会的緊張が生じる。そのような教育手法が、それを課する当局とは相反する見解を持つ教師からの反発を招きやすいということは、ヨーロッパ以外の各地域で展開されてきた英語による教育課程の経験を踏まえれば察せられることである。さらに、このような教師の見解は、学生の親の見解とも衝突することがある。親の側には、子どもの将来的な教育上・職業上の成功を内容中心型言語教育と結びつける考え方があるからである。

　換言すれば、内容言語統合学習は言語政策に大きな意味合いを持つものであるにもかかわらず、そのことが言語習得を中心に据えた議論の中では脇に追いやられている。そこでは、（第3章で論じたような）1980年代に現れた意味中心の言語教育が直面した問題も（目下本章で論じているような）教育のあり方に関して常時存在する諸問題も見すごされているようである。その実用主義的な原理の中では、英語（あるいはそれ以外の強力な外国語）を中心とした教育へと大きく舵を切ることによって生じる可能性の高い、多様性や自己規定に対する複雑な影響というものがほぼ無視されている。また、内容言語統合学習がもたらす「地球規模での問題解決策」は地域ごとに多様な、文化の差異を意識した形で実現されていくものであって、その「結果は幅広くさまざまな形態を採る」[14]、という主張もあるが、これについても、その影響を全体として見れば、かつては学生の既得言語が支配していた教室や科目分野に英語中心の単一言語主義を拡大させることになるのだという事実の認識が抜け落ちている。

　内容言語統合学習に対する学問的な批判は驚くほど少ないが、その実践を要請された教師の側には、その背後にある動機に対する強い批判・疑念があり、またそれが言語多様性および翻訳という営為の維持に対して与える害についての認識も見られる。あるブログ[15]では次のような記述が見られる。

---

14) http://www.clilconsortium.jyu.fi/index.php?option=com_content&task=view&id=21&Itemid=39

15) http://sarolta.wordpress.com/category/efl/clil/

わたしがこの問題を取り上げているのは、二言語話者教育や内容言語統合学習といった言葉がヨーロッパ連合内で流行語のようになってしまっているからである。内容言語統合学習の実験的研究には多大な資金が注ぎ込まれており、外国語教育に取って代わる勢いである。これは、一方では EU が翻訳に費やしている多大な経費の節減になるが、他方では特定の 1 つのヨーロッパ言語が支配する状況を裏口から導入していることにもなろう。最悪の形での統合が、しかも多大な代償を払って達成されるわけである。

アラブ首長国連邦の教師は、インターネット上の研究論文で次のように述べている。

英語を 1 つの外国語として扱うのと、模範校のような形でそれを教授言語とすることには大きな違いがある。大半の学生が難しいと言っている数学や物理を教えるときには（中略）英語よりも彼らの母語であるアラビア語で教えたほうがよかろう。なぜか？　答えは簡単である。アラビア語で科学系の科目を教えれば、理解の妨げになる言語障壁がなくなって理解しやすくなるからである。　　　　　（Sarsar 2007）

また、韓国では、政府主導によるイマージョン教育課程の導入が暗礁に乗り上げたようである。教師の反発がその一因だったとのことである。[16]

## ■ 教育訳、社会変革、言語の平等

　内容言語統合学習とは異なり、教育訳は語学授業に限定された活動であり、言語を教えることがその主眼であって、なんらかの内容を用いるとしてもそれはあくまでこの目的に資するかぎりでのことである。しかしながら、最も重要な違いは、教育訳がその定義上、学習の過程で（それが初学言語の学習であっても）学生の既得言語を別の言語に置き換えるのではなく、既得言語の存在を維持する形で行われる点にある。また、内容言語統合学習と同様で、教育訳は理論上、対象とする言語を選ばない手法である。

---

16）　http://www.koreatimes.co.kr/www/news/nation/2008/03/117_21054.html

つまり、どの言語を、どの言語の話者に対して教えるにしても、訳を用いることができる。

とはいえ、実際のところ、内容言語統合学習も含めたあらゆる言語教育手法の宿命として、教育訳も1つの政治的な現実に直面する必要がある。それは、規模や影響力の大きな言語ほど広く教えられ、規模や影響力の小さな言語ほど教えられる機会が少ないこと、つまり、多くの言語学習者にとって、言語教育の環境はより大きな世界で生じている不平等を反映した形になっている、という現実である。学習者は、自分たちの側にはほかの人々が話している言語を学ぶ必要があったとしても、その相手側が同じようにこちらの言語を学んでくれると期待することはできない。また、既に論じたとおり、教えている相手の言葉に通じていない母語話者教師が重用されていることを含め理由はさまざまであるが、学習言語の規模が大きければ大きいほど、訳を禁止するという考え方は深く根付いているようである。このようなもろもろの事情ゆえに、社会変革としての教育訳をめぐる議論においては、どうやって言語を教えるかだけではなく、どの言語を教えるかを考慮することが不可欠である。地球規模化が進み、言語間の力の不平等が顕在化している現状 (Crystal 2000b) にあっては、社会変革の手段としての言語教育を、国家または地域規模のみならず地球規模で行うということにも一定の理がある。教育訳の復権は、危機に瀕している言語の話者の主体性を維持し、強大な言語の話者が他言語の性質とその窮状に意識を向けるよう促すものとして、そのような教育課程に貢献しうるものである。なぜそう言えるのかを、さらに突き詰めて考えてみることにしよう。

言語そのものは平等であったとしても、その話者の関係は平等とは限らない。つまり、あらゆる言語は同程度に複雑な体系をなしており[17]、同程度に複雑な機能を同程度に果たすことができる。しかしながら、言語はその話者数、地理的分布、使用国の経済力・軍事力に関しては対等ではない。

---

[17] あらゆる言語は同程度の複雑さを有するという近代言語学の常識に反して、N. エリスとラーセン=フリーマン (N. Ellis and Larsen-Freeman 2006: 573) は、中には学習が容易である言語もあり、その「容易さ」はその言語が外部者 (学習者を含む) と接触した度合いに関係がある、という興味深い説を提示している。もしこれが正しいとすれば、皮肉なことだが、それは世界で最も弱小な言語が世界で最も複雑な言語になることを意味する。多くの学習者を得られる可能性が最も低い言語だからである。

信頼のおける統計はなかなか得られるものでないうえに情報としてはすぐ古くなってしまうため、見積もりにも差が生じてくるが、全体像についてははっきりしている。[18] 母語話者の数を百万単位で計算した場合、英語（およそ3億5,000万人）は中国語の普通話[19]（およそ8億人）やヒンディー語・ウルドゥー語[20]（およそ4億2,000万人）には及ばないが、第2言語話者および外国語話者となると（このつかみどころのない用語をどう定義したとしても）事情は大きく変わってくる。クリスタルの試算によれば、早くも1997年には、第2言語としての英語話者が4億人、外国語としての英語話者が1億人存在したようである（Crystal 1997: 360–361）。それ以降はさらに増加していると思われるが、この時点の数字を見ただけでも、英語は母語話者より非母語話者のほうが多いという（ラテン語以外では）歴史上例を見ない地位を占めていることがうかがえる。その一方、世界にはそれよりはるかに規模の小さい言語が数多く存在して（おり、それが世界に6,000あると言われている言語の大半を占めて）いるが、その話者は限られた地域に分布した、国際的な舞台ではほとんど影響力を持たないごく特定の民族集団である。このような言語の話者が旅行するときや他言語の話者と意思疎通を図るときには、自分たちの側が別の言語を学んで用いるか、さもなくば通訳を使わなければならないと考えるのが前提としては正しい。またその逆で、相手は自分たちの言語を学ぶどころかその名称すら聞いたことがないはずだということも彼らは認識している。例として、［訳者注：英語で発音した場合に］名称こそほとんど同じであるが権力関係からすれば天と地ほどの差がある2つの言語、イングーシ語（Ingush）と英語（English）を対比してみよう。前者は北東カフカス諸語の1つでその話者はおよそ18万人[21]（Hewitt 1992）、後者は（先述のように控えめに見積もっても）およそ10億人である。ごく小さな言語とごく大きな言語を両極とした連続体の中で、この両者はまさに両極端に位置するものと考えてよかろう。対極

---

18) しばしば Lewis (2009) が引用される。

19) 北京官話（Mandarin Chinese）という別称でも知られている。

20) 同一言語の異形態というのが多くの言語学者の見解である。互いに意思疎通が可能な言語ではあるが、書記体系は異なる（Dil 1992）。

21) ここでも数字にはばらつきが見られる。イングーシ語の話者数をかなり多く見積もっている資料もある（例えば Lewis 2009）。

に位置する言語では、話者をめぐる状況がまったく違うのである。

　世界最大級の言語の話者は、自らの言語の持続性、名声、影響力、旅行した場合にその母語話者の共同体を見つけられる可能性、そしてその学習者が大勢存在することなどを確信することができる。とりわけ英語話者は、英語が国際共通語としては抜きん出た存在であり、科学や商業における主要な意思疎通の手段であり、世界で最も強大な国家の言語であることを認識している。したがって、教室外の現実世界では、対等でない形の接触を避けることは不可能である。言語政策の立案者が言語多様性を維持し強制的にでも機会の平等をもたらそうとどれだけ努力しても、現実はそう甘くない。例えばウェールズの法律[22]では、公的機関においてはウェールズ語と英語を同等に扱うという点が強調されており、また2000年以降、16歳までの学生に対するウェールズ語教育はウェールズの全学校で必修とされている。しかしながら、現在のウェールズを訪れる旅行者は英語が通じるという前提でやって来るのであり、その事実ばかりは無効にすることができない。同じように、国際的な意思疎通においては、英語以外の言語を用いたり通訳を雇ったりする場合もあるものの、教育を受けて専門職に携わる人の中には英語を解する人の割合がますます増えており、近い将来英語の通訳や翻訳は（話者の立場を象徴的に示したり、交渉上の対等な関係を保証したりする目的で必要になる場面はあるにせよ）実際のところ必要でなくなってしまう可能性が高まっている。

　とはいえ、話者同士が不平等な形で接触せざるをえないこの現実世界の状況を、必ずしも教室という人工の状況にまで浸透させる必要はない。言語教育理論では教室をできるかぎり現実に近付けることが何の疑いもなく正しいこととされている場合が多く、またそう考えるに足る理由もないわけではないが、一方でこの2つの領域を分離しておくことにも利はある。教育機関には重要な防衛線を張って、外界にはびこる不正を一時的に食い止める力がある。自由主義的および社会主義的教育者は学校や大学が持つこの隔離された自立性を利用して校外の世界の不平等に対抗し、その内側では性別・社会階層・民族的背景にかかわらずすべての学生を平等に扱うことを保証しているわけである。そこには、この学校という壁の内にある

---

　22)　1993年ウェールズ語法および1998年ウェールズ行政法による。

対等性の高さがやがて外界におけるものの考え方にも影響を及ぼすことを期待する意図がある（例えば1960年代のアメリカの公民権運動で火種となったのが学校だったのはこのためである）。言語に関してもこれと同じ考え方を援用すれば、外界ではともかく教室内では話者人口の差、影響力、話者分布を度外視し、さまざまな言語を対等に扱うということも可能である。強大な言語を用いた直接教授法は、学生の既得言語を禁じることによってこの権力格差を再生産することになる。それはまた、言語教育が一方通行のものであって、教師は学生にとっての初学言語を教えるに当たり、それを学生の既得言語と関係づけて理解したりそのような関係づけを促したりする必要はないと見なす手法でもある。

　これに対して、訳をするには、対象となる言語の両方およびその関係性に関する知識・理解が必要となる。この訳という営みは、仮にそれが教室内に限定されたものであって、外では学生は引き続き単一言語で意思疎通をするのだとしても、言語障壁を超えた意思疎通が双方向的な活動であること、どちらか片方の言語ではなく2つの言語の相互作用によって意味を生み出す活動であることを思い知らせるものである。それはまた、差異と類似に対する意識を高め、さらにはその差異と類似点がどのようなものなのかに関する相互理解を深めるものでもある。訳という営みにおいては、言語はその地位や影響力にかかわらず対等な形で接触する。訳においては双方の言語とその関係性に関する知識・理解が不可欠だからである。

　しかしながら、差異を理解することが必ず寛容さを促し対立を緩和することになるというのであればそれは安易に過ぎる考えだと言えよう。そのような考え方の背後には、あらゆる文化的価値観は理解できさえすれば等しく受け入れられるものであり、その平和的な共存も問題なく可能だとの見方がある。またこの考え方は、人は対話を重ねれば重ねるほどにお互いに好意を抱くという、精神療法の流れを汲む通念にもつながるものがある。

　　「二者の間の不和を解決する最良の方法は、対話をさせることである」
　　「人がもっと意思疎通を行えば、数多くの論争が解決に向かうであろう」

キャメロン（Cameron 2000: 161–175）はイギリスの全国意思疎通調査に見

られるこの 2 つの文言を引用しつつ、その誤りを指摘している。相互理解は緊張を緩和する場合もあるが、その一方で、相手の行動や思考を理解すればするほど不寛容や敵意の度合いが増してしまう場合もある。また、はっきりと物を言い合うことが必ずしも平和につながるわけでもなければ、逆に意思疎通を欠いていることが必ず敵対心につながるわけでもない。

　キャメロンは同一言語話者間での意思疎通を念頭に置いているが、同様のことは言語横断的な意思疎通についても言える。歴史を紐解けば、お互いの言語を知り尽くしていながらその関係には情けも容赦もない共同体は例に事欠かない。相手の言語を知っているがゆえにこそその話者が遍く持っている考え方への反感がいっそう増すという場合すらあるように思われる。[23] 旧ソビエト連邦の体制下にあった国々では国民の多くがロシア語能力を持っていたが、だからといって反ソビエト感情が和いだわけではなかった。イギリス植民地で英語による教育を受けた人々は、その経験ゆえにイギリス帝国主義への反感を強める場合が多かった。また、言語学習は監視や転覆を目的として行われることも多い。だからこそ優れた諜報機関は敵の言語に目を光らせるのである。冷戦時の西側諸国では軍部を中心にロシア語学習が広く行われたが、それを推し進めた主因はソビエトによる 1957 年のスプートニク 1 号打ち上げであった。アメリカは 9.11 以後、今更ながら語学訓練への資金を増強したが、その目的は敵国に対抗し同盟国との意思疎通を強化することであった (Kramsch 2005)。また、同一の言語と言っていいような言語間でも、あえて相互理解を拒絶して差異を強調する場合がある。旧ユーゴスラビアの内戦以前にはセルビア＝クロアチア語は 1 つの言語として扱われていたが、現在ではセルビア語、クロアチア語がそれぞれ別の言語と見なされており、その結果、両言語の話者が接触する際には、実はお互いに相手の言うことがすべて分かっているにもかかわらず通

---

23）　ただし、これが言語を文化やイデオロギーと混同した危険な議論であることは申し添えておく。ある言語の話者が全員特定の思考を共有しているというのはあまりにも単純に過ぎる見方である。ソビエト連邦崩壊以前のロシア語話者がだれしも親ソビエトであったわけでもなければ、大英帝国全盛期のイギリス英語母語話者がだれしも帝国主義論者であったわけでもなく、また現在のアラビア語話者がだれしもイスラム原理主義者であるわけでもない。しかしながら、このような過剰な一般化が外国語教育の政策や姿勢に影響を与えているのは紛れもない事実である。

訳を使うという奇怪な事態が生じている (Greenberg 2004: 136)。要するに、相互理解はお互いに対する寛容さをなんら保証するものではない。そう考えるとすれば単なる感傷的空想主義でしかないのである (Block 2008)。

トーマス (Thomas 1998) は異文化間接触に害などまったくないというのんきな見方を痛烈に批判しつつ、訳は言語間・文化間の差異をむき出しにさせることによって、和解不能である事実を隠すどころかむしろあらわにするものであるとまで述べている。しかしながらトーマスはこれを積極的な意味で捉え、討論・批判的思考・自己批判・自己意識といった古典的な人間主義教育の価値観をもたらすことのできる「健全な衝突」と見ている。アラビア語と英語の例を用いつつ、言語相対性理論に立脚しながらトーマスが論じるところによれば、訳が可能にするのは

> 自らが持つ理念に創造的な再評価を行うことで批判精神を刺激すること、自分が無意識のうちに抱いている偏見や言語構造そのものに組み込まれている理念から自己を解き放つことである (中略)。強調すべきなのは、翻訳者が文化的衝突をもたらすことによって我々の信念を積極的かつ創造的に揺るがす役割を果たしていること、ときにはいささか衝撃的な形で我々とは正反対の考え方を突き付けることによって言語および文化の檻から我々を解放する役割を担っていることである。
>
> (前掲書)

とはいえ、お互いのことを (文字どおりの意味でも広い意味でも) 十分に理解しているもの同士の対立は、無知から生じる誤解とは質の違うものである。ある言語に通じているからといってその話者によい感情を抱くとは限らないとはいえ、言語を知ることがよい関係を醸成するうえでなんの役割も果たしていないかといえば、それは違う。訳を通じてお互いに得られる言語の理解は、相互理解そのものを促すとは限らないうえ、場合によっては相互理解を損なうこともあるが、少なくとも将来的な和解の土台としてまず根本的な差異を洗い出すことにはなる。本書冒頭で触れた in-shâ'-llâh (إن شاء الله) はその一例である。このアラビア語表現を明示的・可視的な形で英語に訳すとすれば、それはこの表現に潜む翻訳不可能性、この表現によって浮かび上がる、2 つの言語の話者がそれぞれ抱いている世界観の相

いれない部分を踏まえたものになるであろう。語用論的な「おそらく」という訳でも、字義どおりの「神のご意思のままに」という訳でも十分ではない。いかなる訳も、しょせんは暫定的で不完全なものにしかならない。2つの文化には根本的な差異があり、それがこの翻訳上の問題によって明るみに出る。ただし、その問題をどう扱うかはまた別の話である。自らの価値観を強引に肯定して対立意見を封じ込め、消し去るための努力を強める場合もあろう。はたまた、差異に関する理解を手がかりとして穏健な妥協の道を探る場合もあろう。つまるところ、訳は平和をもたらす万能薬でもそれを保証するものでもない。しかしながら、相互理解や対等な関係を欠いた異なる2つの言語の話者が現状の克服を目指して社会変革的教育を行う場合、訳はその重要な要素となるのである。

## 4. 人間主義教育としての教育訳

　すべての学生にとっての自己実現を重視する人間主義の教育手法は、学生の成功を測る基準が政界・実業界・学界などといった外部から課されたものではないという点で、ほかの3つの（技術的・社会変革的・学問的）教育手法とは一線を画すものである。教育者は学生をある一定の方向へと導きはするが、それは究極的には学生自身の願望と価値観に合致したものでなければならない。「自己実現」とは、その性質上、各人の内から出てくるものでなければならず、したがってその評価は、自分の経験の成否について学生自身がどう感じているかを考慮せずに行うわけにはいかない。それゆえ、ほかの教育手法では不満を抱く学生、失敗に終わる学生が数人いたところで全体の主義主張自体が無効になることはないが、人間主義の教育手法では全員を満足させるだけの柔軟性・多様性を求める必要がある。学生自身が成否の究極の決定者になるということである。
　特定の活動や成果（例えば教育訳）を人間主義の枠組みで評価しようとする場合にいささか厄介なのはこの点である。というのも、この場合に評価の善し悪しを決めるのは、活動や成果そのものではなく、それが個々人の願望や志向といかに合致しているかということだからである。学生の数と同じだけ多様な判断基準が存在する、というわけだ。
　言語教育をめぐるさまざまな推進論においては、ある特定の手法がすべ

ての人に適したものであるとの前提を暗に踏まえているがゆえに、個々人の学習法や性向の多様性に対する認識が抜け落ちている場合がほとんどである。皮肉なことだが、英語教育においては、一部の「学習者中心（student-centred）」をうたっている手法が、表面上は人間主義の原理に依拠しているにもかかわらずこの過ちを犯している場合がある。このような手法においては、証拠もないただの思い込みに基づいて、暗記・反復・誤文訂正といった従来の活動では学生の「スイッチが切れて」しまう、むしろ生活に即した作業課題、グループやペアでの作業、意味上の折衝などに力を注ぐべきだと主張されることが多い。同じように、表面上は人間主義をうたっている手法の推進論者は、学生が言語横断的教育よりも単一言語内教育を好むのだという古くからある前提も疑うことなく受け入れており、[24] したがって、人間主義的な理由から教育訳を導入するといった可能性を検討することもない。真に人間主義的な手法を採るのであれば、検討されてしかるべきであるにもかかわらず、である。

とはいえこの議論は諸刃の剣で、学生の嗜好に対して先入観を持っているという非難は、人間主義の観点による教育訳の擁護論にも当てはまる。人間主義的な学習法が推奨されるときの常で、教育訳の擁護論に関しても、あくまでそれを学生が拒否しなければ、という条件が付くのである。20世紀の言語教育およびそれにまつわる一連の通念が目の当たりにしてきた失敗から学ぶべき教訓があるとすれば、それは、あらゆる環境の、あらゆる時代における、あらゆる種類のあらゆる学生が満足するものと言える手法は1つとして存在しないということである。教育訳も決してその例外ではない。しかしながら、教育訳が学生に与える満足は一般に思われているよりは大きい、という話であれば、そう考えるだけの理由は十分にある。第3章で概説したさまざまな研究が示すとおり、さまざまな環境・年齢・段階にある学習者の考え方を先入観抜きで実際に詳しく調査すると、直接教授法に不満や物足りなさを感じている場合は多い。換言すれば、二言語併用教育（そして潜在的には訳）を好意的に見ている学生は、従来想定されてきたよりは多いということである。このような嗜好が幅広く見られるものであるということは、理論研究者からの猛烈な批判を受けてもなお（第1

---

24）例外もある。第2章のサジェストペディアおよび共同体言語学習に関する議論を参照。

章で論じたとおり）自習用教材に二言語併用のものが多く存在する事実や、さまざまな環境で教育訳が引き続き主流をなしている事実から察することができる。また、翻訳の投げかける難問から（数独、クロスワード、チェスなどのような娯楽と同じ類の）知的満足を得ていたり、翻訳が要する複雑な職人技から美的満足を得ていたりする学習者が少なくないことも、それを証明するためにはさらなる研究が必要だが、可能性としては十分にある。

## 5. 学問的教育としての教育訳

　教育訳は学問的教育の目的を果たすものである、という擁護論には、いささか逆説めいたところがある。場合によっては、同じ理屈が教育訳の反対論になりうるからである。19世紀に教育訳が凋落し、それ以降絶えず排除されてきたのは、教育訳があまりにも学問的すぎるという感覚があったからである。実社会の活動や需要とはかけ離れており、その中身も手続的知識ではなく宣言的知識ばかりだ、というのである。また教育訳は、帰納的教育ではなく演繹的教育、流暢さではなく正確さ、話し言葉ではなく書き言葉、実際の言語使用ではなくでっち上げの言語使用と結びつけて考えられてきた。とはいえ、これらは文法訳読法の特徴としては正しいが、教育訳全般に当てはまるかといえば、決してそうではない。教育訳は、実社会での意思疎通のあり方に焦点を当てた形で行うこともできるのであり、その点では社会一般の言語使用を教える他の教授法と変わりないのである。

　しかしながら、訳の指導、訳にまつわる諸問題の議論が学問的要素を含んだものになりやすいことについては間違いない。言語体系および各言語についての明示的・宣言的知識やその形式的記述のための説明言語が不可欠になるという点については、第4章で論じたとおりである。例えば、教育訳において文字どおりの訳と自由な訳との葛藤を論じる場合には、言語形式と機能、意味論的意味と語用論的意味の区別をなんらかの形で利用する必要があろう。そのような場合には、新しい用語を後付けで考えようとするよりも、言語に関する学問研究の中で作り上げられてきた既存の理論や記述法に依拠するほうが賢明であるように思われる。実際、教育訳ではほとんどの場合このようなことが実践されており、伝統文法や文学批評の

用語、はたまたより厳格な言語学由来の記述体系などが利用されてきている。したがって、教育訳はその副産物として、あらゆる言語の分析に必要となる学問的な説明言語や、言語および言語使用一般の性質に関する深い理解を学生に与えることになる。要するに教育訳は、言語にかかわる研究のうち最も学問的な色彩の強いもの、すなわち言語学への導入となるのである。これに文学研究が結びつくことも多々あるが、そうなると教育訳の学問的な風合いはますます強まることになる。

　このように、教育訳は学問的な側面を持ち、またそれは既存の学問体系に依拠するものでもある。そのこと自体が言語学習にとってそもそも有害である、というのが「コミュニケーション重視」を主張する論者の批判であるが、果たしてその理屈は成り立つであろうか。言語教育をめぐる議論の常であるが、ここにもまた隠れた前提がある。ひとたびその前提があぶり出されると、その中身は極めて疑わしいものであることが分かる。まず第1に前提とされているのは、学問的な教育手法には意思疎通のための言語使用を可能にするという実用的な目的と相いれない部分がある、ということである。学問的知識を増やすことは実用的技能とはなんの関係もなく、もっと役に立つ活動に使えそうなせっかくの貴重な時間を奪い取ってしまうものだと見られているわけである。このようにはっきりと言葉にすると、この前提にはかなり奇怪なところがある。別の分野での学習に当てはめてみれば、宣言的知識と手続的知識には関係がない、ある物事について知ることはそのやり方を知ることの妨げになる、というのはなんともおかしな話である。例えば医学生が解剖学、恒常性、生物学を学ぶことは、それだけで優れた医師になれると言うわけではないにしても、おおむね病気の診断や治療の役に立つと考えられているのであって、その妨げになるという話にはならない。音楽学校で楽理を学ぶのは、それだけで事足りるわけではないにしても、演奏や作曲の能力に役立つかもしれない部分があるからである。同じ理屈で、言語に関する知識がその使用能力の害になるという根拠は皆無である。実のところ、言語を学ぶ学生がその学習過程で得られた証拠に照らして二言語の構造や関係に関する仮説を立てようとすること、別の言い方をすれば、学生が「学問的な」見方をしようとすることを、どうやってやめさせるというのであろうか（Widdowson 2003: 1–19）。証拠に照らして理論を構築することは、人間が新たな知識を処理する方法とし

ては自然なものであり、またそれは学問研究の真髄でもある（もっとも、学問的知識および研究には「実社会」とのかかわりなど一切存在しない、という極端かつ明らかに誤った見方を採るのであれば話は別であるが）。これは何も、あらゆる学問研究はその実用性によって評価されると言うのでもなければ、知的研究の中に難解かつ不毛なものがあるという事実を否定するのでもない。しかしながら、これは学問的研究の価値と必然性、および学生が学びの過程でその恩恵を被る権利を肯定する事実であり、また、学生がただ学問的な知を受動的に飲み込む存在ではなく、言語および訳という営みの総合的理解に積極的に貢献できる存在であることを認める事実なのである。

　教育訳の学問的性質を擁護し、それが言語学習を阻害するという見方に反論する場合には、控え目の主張と強めの主張の両方がありうる。控えめな主張は、このような学問的側面は言語使用の向上をなんら妨げるものではなく、また本章で論じたそれ以外の教育目標（必要な技能を与えること、前向きの価値観を推し進めること、自己実現を可能にすること）を妨げることもない、というものである。強めの主張は、それ自体価値のあるものとして、また実用的能力の習得を促すものとして、教育訳に肯定的な意味を見出すものである。後者を採れば、学問研究全般に言えることだが、研究対象に距離を置いて体系的な分析を行うことが批判的思考を促し、それが情報操作や欺瞞の防波堤となるとの主張ができるであろう。いい加減で不十分な訳がさまざまな問題を引き起こしかねないこの世界にあって、訳の過程を学問的に理解することが果たす役割は、学界のみならず実社会においても極めて大きい。それどころか、この実社会対学界という人工の対立構図自体が言語教育にとって有害な神話の1つであるということも、見えてくるはずである。

　本章では、それぞれの教育実践がいかなる教育哲学に依拠していたとしても、教育訳はそれを推進する役割を果たせるものであり、しかもその役割は1つや2つの基準にとどまらずさまざまな基準で考えても妥当なものであることを主張した。教育理念は、教育課程をめぐる多種多様な動機や目的を認識・尊重しているもの、多種多様な利益集団の存在を考慮しているものこそが最も優れたものであると言える。学生、教師、保護者、行政、学界、そして社会全般（および各集団内における多数派・少数派）にはそれ

ぞれにもっともな言い分がある。ある特定の原理や利益集団に偏った教育課程は脆弱になりやすく、また自滅の種を抱えやすい。あらゆる要素にはそれぞれ果たすべき役割があり、またそれぞれが絡み合ってしまうことも必然である。教育訳は、そのような競合する利害関係、競合する基準を調整する役目を果たすことができるものなのである。

　しかしながら、原理を実践に移すことにはこまごまとした難題がつきものである。次章ではこの実践面を検討する方向へと歩を進めたい。

# 第7章
# 教育の方法をめぐる議論

## 1. イバラの道を行く

　言語教育・言語学習の方法を推奨するうえでは、言語学的・心理学的にいかに有利な証拠が揃っていたとしても、それが教授上使い物にならないのであれば意味がない。この点についての利が教育訳にないのだとすれば、本書がここまで述べてきた主張を推し進めても、そこに頭の体操以上の意味はない。そろそろ概論はさておいて、どのような訳が、どのような状況で、どのような教師によって、どのような学生に対して使用できるのかを、より具体的に検討する必要がある。

　既に論じたとおり、教育訳に対する反対論は多い。教育訳は学習の役に立たない、使えない、退屈だ、権威主義的だ、人気がない、人工的だ、学生の足枷になるなど、その主張（というより当てこすり）はさまざまである。本章の任務は、教育訳が必ずしもそういうものとは限らないということを示すことである。とすれば多少はイバラを掻き分けることも必要になってくる。

　本書の内容はここまでおおむね理論的なものであった。教育訳が拒絶されてきた歴史とその原因（第1〜3章）、証拠に基づく議論と教育のあり方をめぐる議論（第5〜6章）を検討する傍らで、訳すことそのものの本質（第4章）についても論じた。これは本書の序論で述べた目的に沿ってのことである。本書全体としても、また本章だけを取っても、その意図は実用的な教授の手引きや訳の使い道を網羅した目録を作ろうというところにあるのではない（この種のことを網羅したものとしては、本章でもしばしば引用する各書を参照されたい。例えば、Duff 1989, Deller and Rinvolucri 2002, González Davies 2004, Butzkamm and Caldwell 2009）。とはいえ、理論を

論じればその実践法に対する疑問が生じるのは必然である。本章ではこのような実際的な問題のいくつかを直接的に取り扱ってみたい。

何を、いつ、何のために、だれが、だれに対してといった諸問題は、明確に切り分けることができるものではない。おのおのの問題を行ったり来たりするのが必定である。例えば、使用できる活動の種類、教師の能力、学生の構成には関連性が見られるものである。ただし、話を分かりやすくするためには、本章が答えようとする問いを列挙し、それを各節の表題とするのも得策といえよう。

- 教育訳はどのような教師にとって有効であるか。
- 教育訳はどのような学生にとって有効であるか。学習者の年齢、学習段階およびその他もろもろの特徴によってその使い方はどのように変化するか。
- どのような教育訳の活動が使用できるか。教育訳は既得言語の異なる学生が混在している場合にも使用できるか。教育訳は教師が学生の既得言語に通じていない場合にも使用できるか。

## 2. どのような教師か

イバラの道の1条目(すじ)は、訳を言語教育に復活させようと主張すればすぐに2つの反論を受けるのが目に見えている、ということである。1つは、学生がある同一の既得言語を共有しているのに教師がそれを話せないという状況に関するもの。もう1つは、異なる既得言語の話者が混在した状況での訳の使用に関するものである。後者については活動の種類を論じる節で後述する。

### ■ 学生の既得言語を話せない教師

教育を抜本的に改変する試みには、教員養成や現職教員の地位・自覚に対する影響が付き物である。直接教授法の拡大はまさにこのような影響を伴うものであった。言語教師は学生の既得言語に通じていなければならないという考え方は終わりを迎え、母語話者としての言語能力と単一言語による教授能力だけを要件とした教師の雇用市場が拓かれたのである。母語

話者教師はその定義上第1の能力を有しており、第2の能力についても訓練次第で習得が可能であった。一方、非母語話者教師は、教授言語にどれだけ精通しておりその教授法にどれだけ習熟していたとしても、(これまたその定義上) 母語話者になることは不可能であった。このような母語話者教師の地位向上は、非母語話者・二言語話者教師の地位に対して深刻な悪影響を及ぼし (Medgyes 1994, Braine 1999, Seidlhofer 1999, TESOL 2006, Clark and Paran 2007)、以来今日まで母語話者のほうが非母語話者の二言語話者よりも優れた教師になるという思い込みが一般に普及している。ある典型的なインターネット上の言語教育サイト[1]は、本書執筆時には「本物の英語教師による本物の英語授業」を看板に、その教師陣について次のように吹聴している。

・全員がイングランド出身の英語母語話者です。
・第2言語としての英語 (ESL) を教授する資格・経験も十分です。
・人柄にも優れ、親切で、外向的で、学習者一人一人に向き合います。

また別のサイト[2]には次のような売り文句がある。

教師陣はみな教えている言語の母語話者です。例外は一切ございません。当方で開講されていない言語の母語話者のみなさん、是非ご一報ください。あなたの力が生かせるかも。

このような姿勢が、極端な場合には、*EL Gazette* 誌 2000 年 3 月号で報じられた以下のような事件に発展することもある。

あまりに日本人らしすぎるという理由での解雇は不当である、という英語母語話者教師の訴えは、日本の法廷には聞き入れられなかった。教師グウェンドリン・ギャラガーさん (44) は 12 年勤務した私立旭川大学を解雇された。2 月 1 日、旭川地方裁判所の斉木教朗裁判長は、ギャラガーさんが長年日本で生活しているうえに夫も日本人であるため過

---

1) Doyouspeak.com (2009 年 8 月閲覧)
2) http://www.avatarlanguages.com/requirements.php (2009 年 8 月閲覧)

度に日本人らしくなってしまった、という大学側の主張を踏まえ、ギャラガーさんに対する解雇は正当であるとの見解を示した。大学側は、現状ではギャラガーさんの外国文化を教える教師としての資質が欠けつつあるため、新しく外国人を雇用する必要がある、と述べている。

　興味深いことに、雇用者側は自らの弁護として、当該の教師を（おそらくは意図的に）「外国語を教える教師」ではなく「外国文化を教える教師」と呼んでいるが、これはつまり、当該の大学では語学教育という重要な業務を担っているのは日本人英語教師であり、母語話者教師の役割はあくまでもそれに対する補助的なものと見られていたことを意味している（これは母語話者・単一言語話者教師と非母語話者・二言語話者教師が互いに相補的な役割を果たすことは可能か、という問題にかかわってくるが、それについてはまた後で論ずる）。しかしながら、既に述べたとおり、文化と言語はそう単純に区別して考えられるものではない。また、2つの異言語、2つの異文化をまたいだ生活をしている人が不可避的に複雑な自己認識を持つことや、それに伴って混成的な言語形式が生じること（外来の教師が次第に学生の母語干渉による誤りに釣られてしまう、いわゆる「駐在員症候群」という言語現象も含む）は、必ずしも悪いものと捉える必要はない。もしそれをよからぬものと考えるとすれば、それは（第3章で論じたとおり）各国家・各言語をそれぞれ明確に区別しようとする純粋主義のゆえである。要するに、二言語併用や二文化共存を不利益ではなくよいものと捉えるかぎりにおいては、そのような差別は不当なものとしか言いようがない、ということである。

　ここで問題となるのは、従来敵視されてきた二言語併用教育や訳を復活させようとすれば、直接教授法が非母語話者・二言語話者教師に与えたのと同じ類の悪影響を、今度は母語話者・単一言語話者教師に及ぼしてしまうことになるのではないか、ということである。とはいえ、母語話者教師が路頭に迷ってしまうことはないだろう。学生の既得言語に通じていない単一言語話者教師の数、（とりわけ私立語学学校や移民向け授業などにおける）異言語話者が混在した教育現場の数からすると、徹底した二言語併用教育への回帰が大きな規模で実現される見込みは極めて低い。また、問題は実際的な面のみにとどまらない。直接教授法に見られた極端主義を、逆

の方向で繰り返すべきではない。訳の使用を提唱するうえでは、単一言語話者教師の地位に対する配慮が必要である。直接教授法革命は、非母語話者教師を二流の地位に追いやり、その差別意識は今もまだ雇用者の中にくすぶっている。もし訳に対する擁護論が同様に単一言語話者教師の役割を軽視した形で展開されるなどということは、あってはならないことである。肝要なのは、単一言語内教育と言語横断的教育が互いの長所を認め合う形での調和を図り、さらに異言語話者が混在する状況や単一言語話者が教える状況でも可能な訳の使用法を提供してこれを補強することなのだ。ブツカムとコールドウェル（Butzkamm and Caldwell 2009: 25）はすべての教師が二言語を併用できなければならないとの見解を示しているが、わたしはむしろ、特に異言語話者が混在する場合や二言語話者教師と共同で教える場合においては、単一言語話者が果たすべき役割が依然として存在するのではないかと考えている。このような状況下での訳の使用法については、活動の種類を論じる節で後述する。

　ただし、どんな人ならば訳を用いた教え方ができるかという問題は、単純に母語話者か非母語話者かの二者択一で収まる話ではない。単一言語状況で教えている母語話者教師の中には、学生の既得言語にも堪能で、同僚の非母語話者教師と同じように二言語を結びつけた教え方ができる者もいる。かつてブラジルで英語を学んだある学習者は次のように述べている。

　　わたしの英語の恩師といえる先生には共通点があります。それはおふたりとも、英語にもポルトガル語にも非常に堪能だったことです。おひとりはイギリス人、もうおひとりはブラジル人でした。

　ある意味で、教師が単一言語話者かどうかの問題は、その人が単一言語による教え方を採るかどうかとは（もちろん無関係とは言わないが）別の問題である。直接教授法専制主義において二言語話者教師が学生の既得言語に通じていることを隠さざるをえない、あるいは隠すのが得策と言える状況に置かれていたのがその証拠である。また、言語の知識は不変のものではない（当然のことである。さもなくば言語を教えることにも学ぶことにも意味がなくなってしまう）のだから、学生の既得言語に通じていない、あるいはあまり堪能でない教師も、それを学び始めたりその向上に努めたり

することは可能である。

　しかしながら、特に英語母語話者教師の中には、移動労働者となってしまい、各地の言語を多少知ってはいるものの、授業で訳を多用できるほどの能力には達していない場合が少なからずある。彼らの名誉のために言うが、これには酌量の余地が大いにある。雇用形態やそれにまつわる圧力ゆえに各地を転々とすることを余儀なくされ、その結果として多少は聞きかじっている言語がいくつかあっても、そのうち十分に理解しているものは１つもないという母語話者教師は少なくない。また、英語母語話者の場合は、地元の言語を知らなくても用を果たせる国が多いので、それを学ぶ必要も動機もほとんどないのが常である。これは（道を尋ねたり買い物をしたりといった）日常生活に限らず、人間関係や社会的人脈を築くことにも当てはまる。同僚が英語教師で、英語に堪能なばかりか職業柄その使用に対する興味を抱いている場合は特にそうである。加えて、個人間の言語横断的な意思疎通では経済的・政治的に力の強い言語のほうが主導権を握ることが多い（Baker and Prys Jones 1998: 30）ことから考えても、英語母語話者と非英語母語話者の意思疎通がもっぱら英語で行われる可能性は極めて高く、またそれは個人の力でどうにかなるようなものではない。このような状況をすべて考慮すれば、自らを速やかに「再訓練」して別の言語を学び、訳を用いた教え方ができるだけの習熟度にまで達しようとする教師が大勢現れるなどということは、仮にその手段があり、しかもそれを望む者がいたとしても、現実的には考えにくい話である。

　このような大規模な改変よりも現実的で、実現の見込みも高くしかも望ましいのは、徐々に力点や価値観を動かしつつ二者の調和点を見出すことである。二言語話者教師には単一言語話者教師が多用できないような言語横断的活動を行う貴重な能力がある、ということは広く認識されてしかるべきである。また、単一言語話者教師の側では、学生の既得言語を学ぶ、あるいは学ぼうとすることにも利があることを認識してしかるべきである。これはさまざまな授業内活動の可能性を切り開くだけでなく、学生を動機づけ、また教師と学生の関係を強化することにつながる。自分たちの先生が自分たちと同じような難題に取り組んでいる姿を見せることになるからだ。二言語話者教師が言語学習の成功例を示すことができるのであれば、単一言語話者教師もそれに倣ってみることは可能であろう。

## 3. どのような学習者か

イバラの道の 2 条目は、さまざまな種類の学習者に対して教育訳がどの程度まで有効かということである。本書はここまで特段の区別をせずに教育訳をひとまとめにして考えてきた。あらゆる状況のあらゆる学習者に当てはまる議論も多いという点ではこの扱い方も誤りではないが、学習者の到達段階・年齢・嗜好・学習方法・経験などによっては、訳を用いる活動の種類・量・働きも変えていく必要が生じる。

### ■ 初 学 者

教育訳の果たす役割は、学習者が初学者か上級者かでまったく異なってくる。初学者はその定義上、初学言語を知らないので、最初の数回の授業で習う言葉を使えば言えるようなごく簡単な、もしくは極めて人工的な内容を除けば、学習の初期段階での意思疎通には既得言語が特に必要である。教師と学生との間で、授業中のある部分、ある活動をはっきりと特定したうえで、その間に限っては初学言語だけを用いるという約束を設けることは可能であるが、そのような単一言語状況をすべての授業のすべての部分にまで広げるとすれば話はまったく違ってくる。先に論じたとおり、ここでわたしが訳と言うのは、あらゆる二言語併用教育では避けられない要素としての訳と、それ自体を特定の活動として行う訳の両方を指している。訳は、学生の既得言語使用全般の中の一部として、説明を添えたり問題を解決したりする必要のある状況で用いられるものでもあり、はたまた、それ自体が話題の中心になりうるものでもある、ということである。言語教師が絶えず時間配分の問題に悩まされることを考えれば、訳を後者の目的で用いる場合には、各授業内での適切な時を見計らい、しかもはっきりと時間を区切って行うことが肝要になるであろう。

既得言語をまったく使わなかったり、あるいは使うとしてもその時宜と目的が不明確であったりすれば、授業に混乱を来すばかりか学習者のやる気をそぐことにもなりかねない。ブルックス゠ルイスは、直接教授法に対する学習者の態度を調査した研究の前置きとして、自らの言語学習の経験について書き記している。少々長文になるが、多くの人が経験してきたに違いないことが見事に表現されているので、以下に引用したい。

本研究はわたしが大人になってから再び外国語を学ぼうとしたときの個人的な体験が発端となっている。わたしの第1言語は英語で、そのときはスペイン語を学ぼうとしていた。わたしはテキサスにある2つの大学で外国語としてのスペイン語の授業を履修した。成績こそ優良であったが、経験としてはなんとも残念なものであった。いくらか文法規則を学んだ気はするのだが、使い物になるようなスペイン語は身に付かず、あまつさえわたしは自分の学習能力そのものにすら疑いを抱くようになった。事は授業の初日、先生がスペイン語だけを話したところから始まった。わたしは三幕構成の演劇の第2幕から入ったような、あるいはそもそも教室を間違えたのではないかというような感覚を覚えた。わたしはまず言葉を覚えようと思ったからこそ初級クラスに登録したのであって、それでいきなり先生の言っていることを理解できようはずもなく、また、それなのに先生は先生でこちらが理解できて当然というような態度であったので、ただでさえ重圧を感じているのに余計に不安が増した。（中略）わたしは、自分自身が不安と幻滅を感じたような経験をほかの人にもさせてしまうことがいよいよ我慢できなくなり、自分の学習経験・教育経験を分析してみることにした。この2つの経験について考えてみると、共通点として2つの要因が浮かび上がってきた。1つは学習者が蔑ろにされていること、もう1つは、大人を相手にした外国語教育には始まりというもの、「第1幕」に当たるものがないことであった。　　　（Brooks-Lewis 2009）

　皮肉なことながら、このような完全な単一言語主義による極めて人工的な方式を採る場合、最初の授業で学生がブルックス＝ルイスの述べているような戸惑いやおぼつかなさを感じないようにするためには、学生の既得言語による説明が必要になる。直接教授法教材の説明書や前書きに見られるのがまさにそれである。例えばロゼッタ・ストーン社の「独自の言語学習ソフト」は、「ダイナミック・イマージョンという概念を採用」しており「母語に訳したり単語の一覧を覚えたりする必要がない」[3]ことをうたっているが、この引用からも分かるとおり、既得言語を使用しないこと自体を

---

3) http://www.rosettastone.co.uk/personal/how-it-works（2009年8月閲覧）

学生に説明するためには、やはり既得言語を使わなければならないのである。これでは自滅しているようなものであり、またそれによって、初学者を相手にする場合にはすべてを初学言語で行うわけにはいかないことを証明してしまっているのである。

　このように、いかに極端な単一言語教育といえども、その枠組みは必然的に既得言語で説明しなければならない。とすれば、訳の多用も含め、異言語間を行き来することを認めるほうが、初学者を相手にするならば明らかに賢明なことのように思われる。これは何も、学生が手っ取り早く既得言語に頼りたくなるようなことがあれば、教師もたまには初学言語を使わせるという縛りを緩めればよい、と言っているのではない。そうではなくて、柔軟な方式を採れば、必要に応じて学生にとっては意味の確認を求めること、教師にとっては説明をすることが可能にはなるであろう。そうすれば、教師は学生の理解度を注視し、話が見えなくなっている学生がいないかどうかを確かめ、また学生に考え・要求・不安などを表現させることができる。このように考えると、権力と支配力を教師だけの手に確実に集中させることになる単一言語教育と比べれば、訳を含めた既得言語使用のほうがはるかに学生の権利と立場を重視することになるのではないかと思われる。

　しかしながら、変化の兆候もある。初学言語と既得言語との行き来を認めることによって、こうした権力を乱用してやる気をそいでしまうことを建設的な形で放棄すべく、さまざまな提案がなされているのである。国際教員養成機関（The International Teacher Training Organization）は現在、研修生に対して次のようなことを推奨している。

　　最後に、外国語としての英語教育においては、第1言語による質疑応答の時間が重要である。これは、学生が授業や言葉に関する疑問がある場合にはどんなことでも既得言語で議論できるよう、定期的に設ける時間のことである。頻度としては、必要に応じて、各授業の最後の10分を使うことも、あるいは週単位・月単位で行うことも可能であろう。そういう機会があることがあらかじめ分かっていれば、学生は自分が苦手な部分などについて時間をかけて考えることができる。それがやる気の向上にもつながる。後で第1言語で議論する機会を持てる

ことが分かっていれば、学生にとっては英語による活動でいろいろなことを試してみることも容易になるであろう。教室では母語の出番はないと言われるよりも、第 1 言語を使える時と場を与えられたほうが、学生の安心感が増し、学習姿勢の向上につながることは多いであろう。

(ITTO 2009)

## ■ 上 級 者

　今度は、到達段階で言えば真逆に位置する学習者である上級者について考えてみよう。順番が前後するが、中級者については次節で論ずる。

　概して言えば、上級の学習者は初学言語での意思疎通を行うことができる。自分の考え・要求・疑問などを教師に伝えることができるわけである（そもそも、上級者ともなれば既にれっきとした能力を身に付けた言語使用者ということになるので、「初学言語」「学習者」なる用語自体が適切ではないかもしれない）。したがって、実際の意思疎通上の要請に応えることを根拠とした教育訳の擁護論は、初学者ならばともかく上級者の場合には通用しないことになる。初学言語での議論や活動が、訳を介さずとも進行できるからである。しかしながら、初学者や中級者でも同様に、訳を用いたほうが意思疎通上の問題が素早く解決できる場合もある。これは必ずしも「学習者然とした」行為というわけではなく、2 つ以上の言語に通じている人であればだれでも頻繁に使うことがありうる意思疎通手段である。二言語話者がどちらかの言語で言ったことを正確に説明しようとする場合や、母語話者が自分の既得言語の語彙では言えない内容を別の言語の言葉で補おうとするときなどには、訳を用いることが多い（とりわけ専門用語ではこのようなことが起こりやすい。例えば、イングランドで運転教習を受けたあるロシア語母語話者が語ってくれたところによると、彼女はロシア語の *stsepleniie* [сцепление] という言葉を、英露辞典で clutch という単語を調べてみて初めて知ったそうである）。ここで思い出されるのは、上級者ともなると、学習者としての分類があいまいかつ複雑になるのだということである。「学習者」がどの段階で「熟達者」や「二言語話者」になるのかを特定することは困難である。また、母語話者や二言語話者が「学習者」よりも必ず物事をよく知っているかといえば、そんな理由はない。知識量に差がなくなってくると、教師が教える形よりはむしろ議論をする形を採る

ことになる。上級者向けの授業においては、教師が果たす役割は、目標言語の基本形式に関する正確さと流暢さを向上させることよりも、厄介な言語形式（慣用句、つまり、学生にとって既習である「規則」から逸脱するような変異形・特異形）をめぐる文化的背景の説明や解説をすることにあると言えるのかもしれない。

しかしながら、上級者向けの授業における教育訳の使い道は、このような議論の文脈のみに限られたものではない。とりわけ重要になると思われる使い道はほかに2つある。1つは訳す能力そのものを必要な技能として向上させること。もう1つは、訳をめぐる諸問題を議論することによって、二言語間の関係についての明示的知識を深めることである。これらについては、活動の種類を述べる節で後述する。

### ■ 中 級 者

中級者とはその定義上、初学者と上級者の中間に位置する学習者ということになる。したがって、当然ながら、中級者に対する教育訳の使い方には、初学者・上級者に対する教育訳の使い方と重なる部分があるが、一方で多少調整が必要なところもある。具体的に言えば、中級者の場合は説明のために教育訳を用いることが少なくなり、訳の技能向上や明示的知識の増進に教育訳を用いることが多くなるであろう。初学者の場合と共通することとして、後付けで訳を添えたり、説明を補うために二言語間を行き来したり、あるいは初学言語だけを用いる時間を限定的に設けたりすること（先述の「約束」）もあろう。また、授業全体ないしは一部を使って学生に訳し方を明示的に教えることもあろう。このようなさまざまな手法は、訳の技能そのものを伸ばすだけでなく、問題の原因究明や解決を促し、また、上級者の場合と同じで、二言語に関する明示的知識を増進させることにもつながるだろう。例えば中級者は、翻訳上の対応語を調べることによって新しい語彙を学ぶことができる。また、ある特定の語とそれに対する慣例的な訳語が完全な対応関係になっていない、というような翻訳上の問題が生じた場合には、既得言語でそれを議論することもできる。さらに、二言語辞書、単語帳、字幕つき映画の視聴といった二言語併用の資料や素材を、上級に進むことを意識した形で使用するよう指導することもできよう。このような諸活動は、既存の知識と新たな知識を関連付けるものであるがゆ

えに、中級者が既知の事項に対する自信を深め、また学習事項が整理されていく感覚を得ることにもつながるだろう。単一言語教育ではこういった部分が欠けていることがあまりにも多い。教師には分かっていることでも学生にはわけが分からないままで、行き先も立ち位置も見失ったような戸惑いを覚えてしまうのである。それはほかでもない、学習者にとっては世の中を理解するための一番大きな手段である既得言語が、不自然かつ理不尽な形で足元から奪われてしまうからだ。この問題を回避して中級から上級へと進もうとする際には、教育訳が果たす役割が重要になるかもしれない。

## ■ 年少の学習者

　教育訳の使い方が学生の年齢によってどう変わるか、年齢と学習段階がどう関連するかは複雑な問題である。学習段階と年齢には必然的な関連性はない（したがって何歳であっても初学者は初学者である）が、上級者は年齢も上であることが多く、また年少の学習者はたいてい初学者である。これを踏まえて本節では、例外の存在を考慮しつつも、年少の初学者ないしは中初級者を、段階を問わず年長の学習者と比較した場合の差異について検討していく。本章でここまで述べてきたことはほぼ年長の学習者に関するものであった。今度は年少の学習者だとどう違ってくるかを考える必要がある（理由は後述するが、「年少の学習者」「子ども」という用語をここでは思春期以前の学習者という意味で用いる）。

　年少の学習者に言語を教える際の最良の方法を論じるうえで厄介なのは、子どもの言語学習能力に関する誤解や、家庭での言語学習と学校での言語学習とを混同する見方がはびこっていることである。子どもが生活上の事情で思春期以前にある言語環境から別の言語環境に移った場合、特に正式な教育を受けずとも初学言語に対する母語話者並みの能力が身に付くことはよく知られており、また十分な論証もなされている（Lenneberg 1967）。つまり、例えばソマリ語話者の子どもがドイツ語話者の家庭の養子になり、ドイツ語で養育されドイツ語を教授言語とした学校で学ぶことになると、その子どもはドイツ語母語話者になり、特に保持の努力がなければソマリ語の能力は喪失するということである。また、家庭の内外で別の言語を用いている子どもは二言語話者、すなわち両方の言語について母語話者並み

の能力を身に付けた話者になる。つまり、例えば日本語話者の家庭の子どもがスペインで養育されスペインの学校で教育を受けつつ家庭では日本語を使い続ければ、スペイン語と日本語の両方について母語話者並みの能力が身に付く可能性が高い（その後に二言語がどう発達していくかはさまざまな要因に左右される）。このようなことが教育を受けずに起こるという事実ゆえに、子どもが学校の教育課程で学んでも同じように言葉が身に付くはずだとの誤解が蔓延し、小学校での「早期教育」推進論が過熱することになる。しかしながら研究からも経験からも分かるのは、それが希望的観測にすぎないということである（Poole 1999）。実際に意思疎通上の必要もない状況で、週に数時間の授業でだけ言語に触れるのは、ある言語共同体から別の言語共同体に移り住み、社会的存在として機能するために初学言語が必要となる子どもが毎日1日中言葉に触れるのとはわけが違う。

　とはいえ、年少の子どもと年長の学生とでは初学言語とのかかわり方が著しく違うのは間違いない。ただし、この違いは諸刃の剣で、年少の学習者であることには利点も欠点も存在する。一方では、子どもはある種の新しい知識に対する心理的抵抗が少ないという面がある。例えば、子どもは音や抑揚を型どおりに真似することにかけては高い能力を持っている。心理的圧迫や自意識によってためらいを感じたり、最終的な結果を気にしたりすることも少ない。他方では、このようなこだわりのなさ、自発性、直感といった性質が裏目に出る場合もある。子どもは授業外での学習意欲が高くないことが多い。言語そのものに対する説明的思考力にも欠けており、年長の学習者のように頭の中を整理したり新しい知識を分類したりすることがうまくできない。つまり、二言語間の関係についての宣言的知識を増進させる手段として教育訳を用いるという理屈は、年少の学習者に対しては妥当性が弱い。添削式近似訳（詳細は後述）のような形式重視の活動はおそらく避けるのが得策だろう。要するに、年少の学習者を相手にする場合は、「コミュニケーション重視の」、つまり言語を使いながら学ぶ方式のほうに多少なりとも利があるということである。ただし、だからといって訳や説明がまったく役に立たないわけではない。後述するとおり、意思疎通を意識した形で訳を用いる方法はいろいろある。学習に対する抵抗のなさや自発性が年少の子どもの長所の1つであるとすれば、必要に応じて訳も使用できるような柔軟な形を採るのが最善の策ではないかと思われる。

## ■ 学習者の学習方式・経験・嗜好

　教師の二言語併用能力（の欠如）、学習者の到達段階・年齢といった既述のもの以外にも、使用できる教育訳の程度や種類を左右する要因は多々ある。直接教授法時代に関する最悪の特徴を1つ挙げるとすれば、それは当時の教育手法・教授法こそがあまねくすべての学生に適用できる普遍的真理であるという、教義めいた主張が存在したことである。これが、第1章で直接教授法を支える4つ目の柱として述べた絶対主義である。訳の使用はあらゆる状況において絶対的な善であると主張するならば、それは教条主義に対して教条主義でやり返しているだけであって、その反論にはなるまい。さまざまな状況にさまざまな学習者が存在するのであり、その学習目的、受けてきた教育の経験、学習方式などによって、教育訳に対する需要・嗜好・評価の程度は異なってくる。初期直接教授法およびコミュニケーション重視型言語教育は、それ以前に、またさまざまな慣習の中で培われたさまざまな考え方を持つ学生や教師の意向・経験を踏みにじるものである場合が多かった。とはいえ、直接教授法の登場から100年、コミュニケーション重視型言語教育も登場から40年を経て、両者は多くの教師・学生の思想に深く根付いてしまっている。直接教授法やコミュニケーション重視型言語教育がそれ以前の世代の目には持論と敵対・対立するもののように映ったのと同じく、教育訳も今の世代から見れば持論に反するものとなるのかもしれない。いかなる教育手法も、強い反感を押し切って強制するのであれば得るものは何もない。教育訳を採用するならば、願わくばその先達とは違って、多様性というものに対する配慮をした形で行いたいものである。

　あらゆる教育実践法の常で、教育訳の実践方法も、学習者の需要・学習方式・姿勢・信条のみならず、学生数・時間・教具・教材といった実際的な要因に左右される。とりわけ、学生の構成や教師の能力によって必然的に変わってくる面があるのは既に論じたとおりである。学生に異言語話者が混在する場合や、学生がある言語を共有しているところで単一言語話者教師が教える場合には教育訳を多用することができない、というのがその理由である。教師の知識の問題は既に論じたとおりである。学生に異言語話者が混在した状況で教育訳をどう使用するかの問題についてはまた後で

改めて論ずる。

## 4. どのような活動か

　ここまで概観してきたとおり、教育訳はさまざまな二項対立において、常に「古い」側のものと結びつけられてきた。ここで言う二項対立とは例えば以下のようなものである。

　　　形式　　　　　　対　　意味
　　　正確さ　　　　　対　　流暢さ
　　　人工　　　　　　対　　本物
　　　宣言的知識　　　対　　手続的知識
　　　権威主義教育　　対　　協同学習

ここでは、この構図で左側に位置する要素を「古い」もの、右側に位置する要素を「コミュニケーション重視の」ものと呼ぶことにする。ただし、かぎかっこに入れることで示したとおり、これらは満足な用語とは言えない。「古い」教育の中にもコミュニケーション重視の要素がある一方で、デイヴィッド・ヌナンが指摘するとおり、「コミュニケーション重視の」活動にも「コミュニケーションを重視したものとは到底言えない」(Nunan 1987: 144) ものは多い。また、それぞれの二項対立の妥当性についても疑わしい部分がある。1つ1つについて言えば、例えば以下のような異論が考えられる。

・形式と意味とは二者択一のものではなく、同一の事象の異なる側面であり、あらゆる言語にはその両方が存在している。(Widdowson 1990b, G. Cook 2000: 48–52, 163–167)
・正確さと流暢さは相補的なものであり、効果的な意思疎通を行うためにはその両方が必要である。(Brumfit 1984)
・人工か本物かというのは性質として固定されているものではなく、ものの使われ方にかかわる要素である。したがって、教師や学生のかかわり方次第では、同一の文章や活動がそのどちらにもなりうる。

(van Lier 1996: 127–128, Widdowson 1978: 80)
・宣言的知識は手続的知識に資するものであり、手続的知識は宣言的知識に資するものである。(Johnson 1996)
・権威主義と権威は違う。協同学習を強要したり、教師が必要に応じて権威を行使する権利を剥奪したりすれば、それこそ極めて権威主義的である。

しかしながら、言語教育理論に上記の二項対立が用いられているのは確かなので、本節でもこれを利用することにする。ただし、わたしが最終的に示したいのは、「古い」要素と「コミュニケーション重視の」要素が二者択一ではなく相補的なものであるということ、教育訳がその両方への注意を促しつつ、ブッカムとコールドウェルが言うところの「二重焦点 (dual focus)」という状況を生み出すのに秀でた手法だということである。

まずは「古い」要素に対する擁護論を展開することから始める。次いで本章の後半では「コミュニケーション重視の」要素へと話を移していくことにする。その中で、学生の既得言語に通じていない教師や異言語話者の混在する状況で教える教師が使える活動についても触れたい。

## ■ 活動その1——添削式近似訳

既に論じたとおり、訳という言葉を極めて緩やかに解釈すれば、異言語間の仲立ちをすることでさえあればあらゆる類のものが含まれることになる。言語教育に当てはめて言えば、難題が生じた場合の既得言語による説明、未知の単語や表現に対する教師の注釈、二言語辞書の使用、そして異文化における規範を議論することまでが、この緩やかな定義に含まれることになる。一方で、(第4章・第6章で論じたとおり) 訳という言葉には、「ある言語による文章形式を別の言語による同意義の文章形式に置き換えること」(Catford 1965: 20) といったような厳密な定義を与えることも可能である。とはいえ、この意味を採ったとしても、そこにはまだ緩やかな解釈とさらに厳密な解釈とを選ぶ余地が残る。例えば、学生に要求するのが「自由な」訳である場合も「文字どおりの」訳である場合もあろう。しかしながら、ここでは厳密のうえに厳密を期した定義を採って、原文にできるだけ近い訳を (ただし第4章で論じた「近さ」の限界は認めつつ) 行うよ

う学生に要求することの有用性について検討してみたい。まさにこの形式重視の近似訳こそ、教育訳の実現形の中でも最も物議を醸しやすく最も悪名高いものであるが、果たしてその悪評は的を射ているだろうか。

　むろん、近似訳はその定義上、学生が手を加える自由や余地を奪うものであり、したがって、学生に選択の自由を与えることを旨としていることが多い現代の言語教育手法とは相いれないものではある。しかしながら、そのような制限をかけることによって得られる利点は多々ある。近似訳が持つ制限は、学生が難題や自らの知識の穴を安易に回避してしまうことを防ぐ手だてになるのである。例えば、スペイン語を学ぶ英語話者が、仮定法の使い方に難があり、また humble に相当するスペイン語を知らない状態で、以下の文をできるだけ忠実に訳すよう言われたとしよう。

　　I hope the next President will be more humble.

正解は以下のようになろう。

　　*Espero que el próximo presidente sea mas humilde.*
　　（*sea* は *ser* の仮定法現在）

ところが、単一言語使用の授業で同じような意味のことを言いたいとすれば、当該の構造や単語を安易に回避して以下のように言うことも可能である。

　　*Según mi parecer un presidente menos arrogante será una cosa buena.*
　　［In my opinion, a less arrogant president would be a good thing.］

このような形で手を加えたり言い換えたりする能力の役割はさることながら、一方で、その回避可能な難題を、それでも直視しなければならない場面が学生にはある。近似訳を求める課題であれば、このような回避の手段を用いることは不可能になる。それは学生と教師の注意をともに問題そのものに向けさせる課題であり、その意味で問題解決の第一歩となる課題でもある。ただし、教師が学生に理解できる形で添削を行う必要があるのは

言うまでもない (Bitchener and Knoch 2010, Truscott 1996)。
　これに対して、作業課題中心型言語教育を提唱する論者からは、特定の構造の使用を引き出したいのであれば（第2章で論じた）いわゆる構造仕込み作業課題というものがある、という指摘があるかもしれない。しかしながらそれも絶対に確実な方法とは言えない。学生の側からすると、目標となっている構造を用いなくても作業課題をうまく遂行できることがあり、仮にそうなった場合、意味と作業遂行に力点を置く作業課題中心型言語教育の主義主張を曲げなければ「添削」できないのではないか、という「危険性」が常に伴うからである。形式重視の訳であればこの問題は生じない。これは回避する選択肢を減らすことによって目的を達成していることになるわけであるが、この場合の減らすというのは必ずしも否定的な意味合いではない。実際、使用可能な構造や語彙を増やしていけば、将来的にはさまざまな可能性が開けてくるのである。
　今、この議論を展開するうえでわたしが持ち出したスペイン語の文は、文法的な要点を例示するための作り物なので、文脈も何もあったものではない、というふうに思われるかもしれない。だとすれば、細切れ、作り物の文を用いることに対するお決まりの非難を免れないことになる。しかしながらこのような反論は、そこにどういう利があるかはともかく、差し当たって今の論点に関しては妥当なものとは言えない。近似訳では、実際に用いられた文でもそうでない文でも同じように例文として活用することができる。学生の知識の穴を示すのであればどちらを使おうと同じだからである。実際のところ、ある特定の文が文法的な要点を例示するための作り物なのか、それとも実際の意思疎通行為から取り出したものなのかは、言われなければはっきりとは分からないものである。したがって、上述の謙虚な大統領に関する文についても、読者諸氏が作り物なのか本物なのかと判別することはできない。そもそもそんなことはどうでもよい。実際の用例であっても作り物であっても目的を果たせること自体、この区別が不適当なものという証拠である (G. Cook 2001a)。また、作り物にしか聞こえない発話が実際に発せられることもある。The cat sat on the mat といえば、考えられるかぎりでは最も作り物くさい文として知られているが、わたしの娘は、まだ幼いころにこれと非常に近い言葉をごく「自然に」発した。家の前に猫が1匹座っているのを見て、娘はごく自発的に Look Dad! The

cat is sitting on the mat. と言ったのである。

　学生の知識の穴には、自分で既に気づいているものだけではなく、知っていると思い込んではいるが実は誤っている、というものもある。語彙について言えば、典型的な例に空似言葉 (*faux ami*＝false friend) がある。つまり、初学言語でも同じ形で存在しているように見えるが実は意味が違う、という単語のことである (例えば、イタリア語で *un preservativo* と言えば、a preservative［防腐剤］ではなくて、コンドームのことである)。奇妙なことだが、第5章でも論じたとおり、訳の反対論の1つとして、等価性に関する誤った感覚を培ってしまう、という説がある。そんなこともあるかもしれないが、それは誤った見方が訂正されなければ、という話である。これに対して、単一言語使用の教室では、空似言葉による混同が見すごされる可能性が高い。フランス語では *la librairie* が「本屋」、*la bibliothèque* が「図書館」を表すことを知らない学生は、図書館で1時間過ごしました、と言おうとする場合、次のようなことを言ってしまうだろう。

　　*J'ai passé une heure dans la librairie.*
　　［I spent an hour in the bookshop.］

ところが、これ自体は文法的にも正しく、また意味の通じる発話でもあるので、教師には何がおかしいのか分からない可能性がある。空似言葉は正しいにしても誤っているにしても関連があることが多いので、そのような誤解が生じているかどうかを確かめるには、訳の添削を行うのがとりわけ効果的である。これは語彙に限った話ではなく、文法や語用に関しても当てはまる。例えばフランス語の *passé composé*（複合過去）は統語的に言えば英語の現在完了に当たるが、その使用法と意味が異なる場合がある。ロシア語と英語の命令文は文法的には同じだが対話での効果が異なる。

　近似訳は問題点をあぶり出すだけではなく、初学言語の難しいと思われる側面に学生の注意を意図的に向けさせるという、先を見越した使い方も可能である。学生の既得言語に通じた二言語話者教師や教材執筆者であれば、学生が特定の初学言語を学ぶうえでどのような問題が生じやすいのかも把握したうえで、そういった問題領域に意識を向けさせるような近似訳の活動を考案することもできる（ついでながら、これは作り物の［あるいは

少なくとも厳選した] 短文を用いることの擁護論にもなる)。もちろん、これは文法訳読法に回帰する技法であり、また対照分析仮説に通じる技法でもある。しかしながら、第2章・第5章で論じたとおり、だからといって近似訳の価値が下がるという証拠は皆無である。

## ■ 活動その2——逐語訳

　近似訳と逐語訳は必ずしも同義でない場合がある。語順を厳密に維持すれば文法的な誤りが生じることが多いからである。例えば、*in-shâ'-llâh* (ان شاء الله) という表現を逐語的に訳せば if wishes God となるが、英語の文法としては誤りになってしまう。目標言語の文法に合わせるためには、多少の調整が必要となるのである (If God wishes)。しかしながら、だからといってこのような逐語訳が教育上・学習上の練習課題としてもまったく無意味だという話にはならない。教室の外での消費を目的とした訳と言語学習に有用な練習課題としての訳との間には、適切な線引きをする必要がある。作業課題中心型言語教育などの手法においては、教室での活動は実社会での活動を直接的に模倣したものでなければならないといった主張がなされるが、技術を伸ばすことが目的であれば、人工的な活動も一役買うことができる。実績のある翻訳の専門家が、過剰に直訳主義にこだわって奇怪な感じが出てしまうのを避けるとすれば、それは必要に迫られたのではなく、自ら選んでそうしているのである。正確に写実した素描をすることのできる芸術家が、それでもあえて抽象画を描くことを選ぶようなものだ。この両者は、手習いの段階にあったころには模倣による技術練習を行っているはずだが、逐語訳は、まさにそのような練習課題になりうる。つまり、文のそれぞれの要素に学生の注意を向けさせることによって、文全体の仕組みをより明確に理解できるようにする、というわけである。

　学習者にとって、文字どおりの訳をするか自由な訳をするかの選択肢が生じるのは、あくまで基礎的な技術が身に付いてからのことである。その段階に達するまでは、語用論的な訳を行うのが精一杯ということになるかもしれない。原文を要素ごとに切り分けることができないうえ、自分の知識の穴を回避する方便としても語用論的な等価物に頼ることになるだろう。例えば、アラビア語の *in-shâ'-llâh* (ان شاء الله) という言葉が語用としては perhaps と同じようなはたらきをすることがあるとは知っていてもそ

の文字どおりの意味 (if God wishes) を知らない場合には、この字義に近い訳を必要に応じて用いるという選択肢がそもそも存在しないことになる。また、それを応用して、例えば *in-shâa al modarris* (إن شاء المدرس) (if the teacher wants) といったような形のよく似た表現を生み出すこともできまい。[4] また、ブツカム (Butzkamm 2001)[5] はフランス語の *S'il vous plaît* を例に挙げている。単に語用的に Please と等価なものという理解ではなく、文字どおりの理解 (If it you pleases / If it pleases you) ができていれば、*Si le jardin vous plaît* (＝If you like the garden) というような別の表現を生み出すことができる、というわけである。

逆に、語用論的な訳に頼った結果かどうかはともかく、言葉を要素ごとに切り分けることができないとすれば、新しい表現を生み出すことができないばかりか、次のような誤りを犯してしまうことにもなりかねない。

　　＊*Comment t'appelles-tu la fille?*　　　（Myles et al. 1999 の例より）

実際にあったこの誤りは、生徒が *Comment t'appelles-tu* を構成する各部分の意味（How yourself call you?）を知らないままひとかたまりの単位であると考えてしまい、What's the girls's name? の正しいフランス語訳である *Comment s'appelle la fille* という文を類推によって生み出すことができなかった、というのが原因である。このような誤りとよく似ているのが、子どもの第 1 言語習得に関してたびたび報告されている、面白い誤分析の例である。例えば、

　　大人：Behave!
　　子ども：I am have.（rave と韻を踏む形で /heɪv/ と発音）
　　　　　　　　　　　　　　　　　　　　　（Peters 1983: 43）

という例では、子どもが、Behave!（行儀よくなさい）という言葉は Be good! Be quiet! に似た形だから、その返事も I am good, I am quiet に倣った形に

---

　4)　アラビア語の *in-shâa* は実際には過去形であるが、現在のことを述べることもある（カリド・アル＝バルーシとの私信による）。
　5)　Butzkamm and Caldwell (2009: 52) も参照。

なるだろう、と解釈している。ほかに次のような例もある。

> 母親： Don't argue.
> 子ども： I don't arg me.（Crystal 1986: 108, Butzkamm 2001 に引用）
> ［訳者注：子どもが argue（口答えする）を arg you と誤分析した。］

このような誤分析は、子どもが祈禱や歌を聞くときには特によく起こる。

> Life is but a dream を Life is butter cream と聞き違い
> 　　　　　　　　　　　　　　　　　　　　　　　（Peters 1983: 64）
> Gladly, the cross I'd bear を Gladly, the cross-eyed bear と聞き違い

ブツカム（Butzkamm 2001）は、親が子どもの誤分析を正すときのやり方を引き合いに出しつつ、「鏡像化（mirroring）」という言葉を用いながら逐語訳の教育的有用性を擁護している。以下がその根拠である。

> 意思疎通を行うことは重要な教室内活動ではあるが、意思疎通こそすべてとはならない。学習者には、言葉を要素ごとに切り分けるという学びも必要である。さもなくば、新しい言葉を学ぶ際にはいちいちほかの人から受け取って記憶しなければならず、そうすると真に新しい言葉は生まれないことになる。言語は、その連結の仕組みを学習者自身が発見したときに初めてその本当の姿を現すものである。（中略）未知の言語を学ぼうとしたことがある人であれば、構造を母語によって鏡像化することがいかに役立つかということが、よく分かるであろう。
> 　　　　　　　　　　　　　　　　　　　　　　　（Butzkamm 2001: 49）

グリーンはこの点を簡潔に例示している。

> 文字どおりに訳すことによって（中略）語順などの構造的特徴がはっきりと見えることがある。例えば（中略）ヒンディー語を学び始めたイギリス人であれば、ヒンディー語では I like it が to me pleasing is になると覚えておくのが便利であることが分かるだろう。

(Green 1970)[6]

## ■ 活動その3──語彙指導

　古くからある効果的な訳の使用法の1つに、新しい語彙の導入がある。実際、教室にたまたま存在しているもの、図や身振り手振りで間違いなく表すことができる物や活動（といってもそう多くはないが）を除けば、訳を用いることは不可欠である。これは、教育現場から得た知見を基に理論を構築している研究者には随分前から認識されていることである。スワンは単一言語による語彙指導がいかにばかばかしいものであるかということ、いずれにしても学生が訳すことは避けられないということを見事に例示している。

> 訳を使わないとすれば、教師は単語の意味を説明・解説するのに四苦八苦する。教師が「カーテン」のような言葉を何分もかけて身振り手振りで伝え、それを戸惑い気味に眺めていたフランス人学生の中で、ようやく1人が安心したような笑顔で「ああ、*rideau* か」と言う、などというのはよくある話である。　　　　　　（Swan 1997）

　空似言葉の場合と同じで、学習が等価性に関する誤解を誘発するなどという主張は、事実とはかけ離れた話である。もし異言語間の特定の単語同士が無条件で等価なものとして教えられるのであれば、さすがにそれは問題があるだろう。しかしながら、訳し方の違いによって生じる等価性の程度を議論の対象とするかぎりにおいて、翻訳上の対応語を学ぶことは有益なはずである。このことは、言語学習ブログで頻繁に見られる議論からも明らかである。例えば、イタリア語の多義・多機能語で、英語には直接対応する語がない *prego* を例に取ってみよう。以下に、この語に関する2つのやりとりがある。1つは訳を用いない直接教授法教材に対する学生の不満に端を発したもの、もう1つは現代の *prego* のさまざまな用法とその原義である I pray とのつながりに関するものであることを付記しておく。

---

　6)　この省略版は Thomas（1976）からの引用である。

### ブログからの引用その1

http://able2know.org/topic/20164-1

（注：表記はすべてブログ投稿時のまま）

KICKYCAN：このオンラインのイタリア語教材をやってるんだけど、prego っていう言葉がいろんな使い方で出てきてよく分からないです。例えば、ウェイターが What would you like? っていう意味で Prego? って聞くこともある。女の人がバーで座っていいかを聞いたら、男の人が of course っていう意味で prego っていうこともある。それから、だれかが grazie って言った後に your welcome の意味で使われることもある。of course とか your welcome になるのはまあ分かるとして、ウェイターが What would you like? って聞くときに使うのが一番分からないです。

LITTLEK：この言葉、英語の正確な訳し方知ってる人いますか？ この単語はほかにも意味がありますか？ 注文を聞くのはごく普通の言い方でしょうか、それとも状況によるんでしょうか？

OSSOBUCO：ええと……そのウェイターのやつ以外は辞書に意味が載ってるね。なんでウェイターが使うのか分からないけど、慣用語かな。分からなくても受け入れるしかないようなものかもね、grass-hoppah さん。

IDURU：母から聞いた話だと……レストランに入ったら si prego とか si accomodi とか言われて、それは要するに yes, how can I accomodate you とか what can I do for you とかいう意味らしいです。母によると、イタリア語は何かにつけて直訳が通じなくて、いろんな言葉にいろんな意味や使い方があるみたいです。ご参考までに。

### ブログからの引用その2

http://slowtalk.com/groupee/forums/a/tpc/f/534601885/m/3311098261

SPINNAKER：prego はありがとうの後の you're welcome の意味で使うのでいいんですよね？ でもそうじゃないところで使われてるのを聞いたこともある気がします。合ってるかどうか分からないですが、please の意味で使うこともありますか？ そうだとしたらどんな場面で使うんでしょう？ どうして per favore を使わないんですか？

ほかにも prego を使う場面ってありますか？

JUIDTH IN UMBRIA：文字どおりには I pray の意味なので、英語の古語みたいなもので、I pray you will って言ったりするときみたいな感じ……質問としてはかなり大げさな、I beg you will or will not do this. みたいな言い方です。

KIMC：please accomodate yourself みたいな形で please と同じふうに使うこともありますよ。これは decobabe さんの言うとおり I pray you will に近い形ですね。だから、レストランで席に案内するときに please sit here とか please make yourself comfortable っていう意味で Prego を使うこともあります。you're welcome が一番標準的だけど、それ以外なら、旅行してるときに一番よく聞く用法はたぶんこれです。

BARBARA (AND ART)：家にお客さんが来て、入っていいか尋ねる意味で permesso? と言ってきたら、please come in の意味で prego と答えますよ。

SPINNAKER：Prego の意味が I pray だと分かってすごく面白いです。アメリカにはビン詰めのスパゲティソースに Prego っていうのがあります。それって I pray that it is good っていう意味ですか？ ☺ 確かにビン詰めのわりにはおいしいです。

G-JAH：Prego が I pray だとは知りませんでしたけど、how can I help you? after you, you're welcome とか、何にでも使える言葉ですね。be my guest みたいな意味かと思ってました。勉強になりました！

どちらの場合も、訳に関する議論が自発的に、活発に行われている。イタリア語の単語に英語の対応語がないということが、学生の興味を引いたわけである。

## ■ 活動その4——訳をめぐる問題を議論する

「古い」手法と「コミュニケーション重視の」手法との違いを述べようとするときによくあるのが、前者は言葉について知ることを、後者はそれを使うことを促すものであるという言い方である。言葉について学ぶための方法と言えば古くからさまざまなものがあるが、中でも構造解析や規則・

語形変化の勉強といった言語形式そのものを対象とした活動は、無味乾燥で退屈な権威主義的教育と結びつくものとして悪役扱いされてきた。しかしながら、このような活動にもそれなりの役割は存在するのであり、また学生からの評判もそれほど悪いわけではない。いずれにしても、言葉について考えること、言葉そのものについて説明的に語ることがすなわち「古い」見方の産物であるかといえば必ずしもそんなことはなく、またそれは学生を受け身的な立場に追いやるようなものでもない。言葉について考えたり語ったりすることを、学生が積極的にかかわる形で、かつ言語使用能力の向上に直接役立つ形で盛り込んだ活動も存在する（さらに言えば、皮肉なことだが、言葉について語るのはやる気をそぐものだ、退屈なものだと主張する論者も、実は自分自身がそう考えているわけではないのは明白である。応用言語学者とはまさにそのような思考に心血を注いでいる存在にほかならない。「言語そのものを対象とする議論はやる気をそぐ」という主張自体がそもそも言語そのものを対象とした見解であるのはなんとも逆説的な話である）。

　訳について議論することは、学生が学習言語そのものについて考える極めて有益な機会となる。例えばゴンザレス＝デイヴィーズは（González Davies 2004）、できるかぎり人間主義的な方法で学習への取り組みを促すという原則を崩すことなく、言語についての知識を眼目とした興味深く楽しい活動を多数紹介している。活動案には以下のようなものがある。[7]

- 誤訳に関する議論（*plato de la casa*［当店自慢の料理］を plate of the house［家の皿］と訳す）
- 映画字幕の批評（警察官：I must chase you, as you run away. 犯人：I must run away from you, as you are after me.[8]）
- 訳題の批評（スウェーデン語の *Garp och Hans Värld*［*Garp and His World*］は *The World According to Garp*［訳注：John Irving の小説。邦

---

[7]　1つ目以外は、ゴンザレス＝デイヴィーズではなくわたし自身が挙げた例である。

[8]　コー・ショウリアン監督、*Curry and Pepper*（1990）の字幕。*Guardian* 2008年11月19日水曜日掲載、デイヴィッド・パーキンソン Ask Parky: Lost in translation より引用。

訳『ガープの世界』]の訳題として適切かどうか)
  ・同一の文章に対する異訳の比較
  ・翻訳上の葛藤についての考察(性差別・人種差別表現は訳においても維持すべきかどうか)
  ・訳せないものの扱い方(例えば広告に見られる洒落)

いずれの活動も、楽しいだけではなく、学習言語に関する具体的で記憶に残りやすい点を取り上げることができる。例には、学生の知識や関心を踏まえて、好きな歌や映画の台本などを利用しつつ、短めで興味深いものを選ぶこともできよう。また、気の利いた言葉、覚えやすい言葉、あるいはとにかくただ面白い言葉を使うこともできよう。例えば、誤訳は旅の土産話としても格好のネタだが、それは子どもの誤分析と同じく、そもそも面白くて覚えやすいだけでなく、言語そのものに関する知識を頭に刻み込むものでもある。第4章で論じた、一見非常に難解なロシア語の動作動詞のことを思い返してみよう。わたし自身がそうだったように、ロシア語を学ぶ学生が、モスクワからロンドンまで歩いた、台所から居間までバスに乗ったなどと言って恥をかいたとしたら、それは「交通機関で移動する」ことを表す動詞と「徒歩で移動する」ことを表す動詞との区別に対する意識を高めるきっかけになる。言語教育に携わった人であれば、経験上そういう例には事欠くまい。以前、あるイタリア人学生が、ピーナッツの入った皿が置いてあるテーブルのほうへわたしを手招きしながら、*Come si dice in inglese?* (How is this said in English? [これのことを英語で何と言いますか])と尋ねてきたことがあった。わたしは「peanutsだね」と答えた。数日後、この学生がわたしの同僚の教師に、ドアを開けて先に通るように促しつつ発した言葉がPeanuts! 丁重かつ大真面目であった分、皆の爆笑を買うことになってしまった。そもそも彼がわたしに尋ねていたのは、ほかでもない、先ほど論じた*Prego!*という言葉の英訳だったのである。

## ■ 活動その5——「コミュニケーション重視の」枠組みに「古い」視点を組み込む

この数十年にわたって、「古い」ものは何かにつけて悪評を受け続け、一方で「コミュニケーション重視の」ものは何かにつけて賛美されている。

そんな中で訳を用いる活動を考案する者もわずかながらいるにはいるが、その姿勢はあくまで前者を否定して後者にくみする、というものである。アラン・ダフによる1989年出版の教授資料集『翻訳』がその好例である。コミュニケーション重視型教授法の全盛期に出版されたこの著作は、その導入部において、教育訳が持つ

> 意味もなく繰り返される練習課題、つまらない作業、罰、（中略）学生が文章との間でわけもわからぬまま展開する孤独な苦闘

といった印象を払拭し、それに代わって

> 自然かつ必然的な（中略）一方通行ではなく双方向による（中略）「作り物」ではなく本物の（中略）有益な

といったコミュニケーション重視主義運動の合言葉で形容することに腐心しながら、

> 学生に書く課題を与えてその誤りを赤字で訂正して返却するばかりが訳ではない。訳すことはむしろ、学生が自分自身の書いたものを比較したり議論したり、あるいは助言を踏まえて書き直したりする機会を常に与えることになる　　　　　　　　　　（Duff 1989: 5–8）

と言い切っている。このような考え方に基づいて活動を提示するならば、そこには習慣としての準備運動的活動、2人での作業、集団での作業、本物の文章、学生の協同による自己評価といったものが盛り込まれることになるはずである。

　しかしながら、皮肉なことに、本の中身を開いていると、5つの見出しで種類分けされた一連の活動には、必ずしも正統な「コミュニケーション重視の」原理を実践に移しているとは思われないようなものも見受けられる。それどころか、その活動の多くがごくごく「古い」もの、形式を重視し、文脈から切り離された例文を用い、1人で訳を書くよう要求したうえで教師が添削するといったものなのである。例えば、「時――時制・法・

相」[9] と題した節では、教師に対しては

> -ing 形、および末尾が -ed, -en になる分詞を含んだ文章を選ぶこと
> (Duff 1989: 74)

といった指示が見られ、一方で学生に対しては

> 以下の文章を 7 行目の初めから訳しなさい。特に、not drinking, not spitting, not speaking your mind など、not を含んだ表現の扱い方に注意しなさい。　　　　　　　　　　　　　　　(Duff 1989: 77)
> 授業以外の時間を使って、以下の文章の訳を書きなさい。
> (Duff 1989: 80)

といった指示がある。事前の準備運動的活動、事後の協同作業活動があるとはいえ、ここに挙げたようなものには既に禁じ手となった「古い」(言語形式、正確さ、独学、教師の訂正などを重視する)考え方などみじんも残っていないと言うのだとすれば理解に苦しむ。

　同様の現象はゴンザレス゠デイヴィーズによる『翻訳授業に多様な声を――活動・作業課題・研究課題』(González Davies 2004) にも見られる。主として「翻訳の教師・学生向き」ではあるが「意思疎通と双方向のやりとりを重視した形で訳の活動を授業に取り入れてみたいと考えている外国語教師向き」にも使用可能とうたった書である (González Davies 2004: 6)。著者は本書について、「時代に合った翻訳の教育を実現する」ために、「主として人間主義の教育理念、コミュニケーション重視の教授法、協同学習および社会構成主義に依拠」(González Davies 2004: 12) したものであり、それによって

> 学生が教室内での議論の場や体験型ワークショップにおける意思決定行為や協同作業を通じて、自らの学びに積極的に関与する
> (González Davies 2004: 帯の解説)

---

9)　ただし、「時」は概念であって形式ではないとの主張もあろう。

> **活動59　映画でシャドーイング・翻訳**
> **目的**
> 　― 翻訳の準備技術を練習する
> 　― 口頭翻訳に必要な言語変換技術について考える
> 　― 高速翻訳を練習する
> 　― 翻訳の過程について検討する
> **対象**
> 　中級・上級
> **作業人数**
> 　1人または2人
> **手順**
> a. 作業しやすい長さ（初回は5分〜10分）に区切った映画・記録映画のビデオを用意する。
> b. 学生は座って画面を見ながら対話を追っていく。映画中で言われていることを、声は出さずに唇だけ動かしながら正確に繰り返す（シャドーイング）。
> c. 第一段階が満足にこなせたら、映像を見ながら翻訳する段階に移る。これも頭の中で、声は出さずに行う。
> d. 教師は音量を上げる。学生は対話を口頭翻訳する。ただし声は出さずに、映像を再生しながら唇だけ動かして行う。学生数が少ない場合は、ペアを組み、声を出しながら行ってもよい。
> e. 終了後、学生が頭の中で行っていた作業、直面した問題、準備技術を用いた結果などについて話し合うのもよい。
> 　［注］この種の活動では、教師の助けを借りずとも、学生が自宅で行いながら能力の向上を目指すことも可能である。

**図4　流暢さに力点を置いたコミュニケーション重視型の翻訳活動「映画でシャドーイング・翻訳」**（González Davies 2004: 178）

ことになると述べている。本書の大半はこのような原則に従って考案された活動の紹介であり、そこでは速さと協同作業が重視されている（図4参照）。

　しかしながら、言語学習の負担を軽減するためのいろいろな要素に包みこまれてはいるものの、その中心にあるのは依然として「古い」くくりに入る重労働である。準備運動・整理運動的な活動、つぶやきながら言葉を書き出すこと、隣同士に座って作業することなどはもちろん楽しいことではあろうが、このような「コミュニケーション重視の」活動も、実際のところその主たる部分に訳すという難題が存在することに変わりはない。「古い」活動の場合と同様で、学生は自分の頭の中の中まで使って、文章に細心の注意を向けなければならない。また教師にも、おそらく学生同士ではできないような助言、添削、説明などの指導を行うことが要求されるわけである。

---

**二言語併用の文構築**

教師　学生の母語の実用的知識がある者
学生　単一言語の話者
対象　初級〜上級
目的　対照文法に対する学生の意識を速成する

1. 学生に円を作って並ぶよう指示する。学生数が多い場合は、円が2つか3つになってもよい。
2. 学生に、これから円の中で言葉を「手渡して」いくのだと説明する。学生は言葉を（例えばその重さや温度などを言い添えながら）物のように「渡して」いく。手渡す際はその言葉を声に出してはっきりと言う。

学生の母語がフランス語の場合、活動は以下のように進む。

- 学生Aは自分で選んだ言葉を言いながら学生Bに手渡す (lapin)
- 学生Bは受け取った言葉を訳して学生Cに手渡す (rabbit)
- 学生Cは受け取った言葉に別の言葉を添える (grey rabbit)
- 学生Dはその言葉を母語に訳す (lapin gris)
- 学生Eは別の言葉を添える (viens, lapin gris)
- 学生Fはその言葉を英語に訳す (come, grey rabbit)
- 学生Gは別の言葉を添える (come here, grey rabbit)
- 学生Hはその言葉をフランス語に訳す (viens ici, lapin gris)

3. 円の中で二言語を併用しながら言葉を流していく。文が扱いづらい長さ（10〜12語程度）になる前に流れを止める。
4. 学生にペアを組ませ、自分たちが組み立てた言葉を二言語両方とも順番に思い出しながらノートに書き出すよう指示する。

　［注］　この活動では自発的に出てくる言葉を用いるので、どんな言葉のつながりが生じるのかをあらかじめ計画しておくことはできない。

---

**図5　文法に力点を置いた協同的翻訳活動**（Deller and Rinvolucri 2002: 29）

　このような「古い」ものと「コミュニケーション重視の」ものを統合しようとする試みは、訳を用いた練習課題を多数紹介しているデラーとリンヴォルクリの『母語を使おう』（Deller and Rinvolucri 2002）にも見られる。力点が置かれているのは楽しみ、双方向のやりとり、実感を伴う経験といったことであるが、ここにも形式を重視する姿勢や教師による添削の使用が必然的に伴うのではないかと思われるところがある。例えば、文法に対する「恐怖を和らげる」ことを目標に掲げた節の中の、「二言語併用の文構築」という活動を見てみよう（図5参照）。

　この活動は、概要としては自発的・身体的・双方向的な面を重視しているが、その実践となると話がずいぶん違ってくるはずである。学生がフランス語と英語の構造の差異について誤った考えを持ったまま終わることの

ないようにするためには、活動中ないしは活動後に、2つの言語における形容詞と名詞の語順や呼応関係といった問題について、具体的な情報や添削を与える必要がある。言い方を換えれば、活動の概要はコミュニケーション重視の枠組みを記述してこそいるものの、その芯（活動の大半を占める部分）はごくごく「古い」ものになる可能性が高い、ということである。

　教育訳にはコミュニケーションを軽視したり徹底して形式を重視したりする要素がそもそも本質的に備わっているわけではない、という点については、以上述べてきた本の著者たちの主張は正しい。訳すことが本物の、意味を重視した、実社会に近い活動であり、その意味でコミュニケーション重視の枠組みにも見事に収まるのであって、準備運動的な活動・コミュニケーション重視の作業課題・協同作業による評価にも、はたまた正確さに焦点を置いた形式重視の練習課題にも無理なく結びつくことを、件の著者たちは証明している。とはいえ、流暢な、意味のある、本物の言語使用が言語学習の目標であるのはさることながら、だからといってそれが言語学習の手段としても唯一のものであることにはならない。訳すことには、「コミュニケーション重視の」教授法が軽視しがちな「古い」見方を促すという面も存在するのである。

　上述の3つの書における「古い」要素と「コミュニケーション重視の」要素の葛藤、著者たちがそのうちの片方だけを旗印とすることにこだわっていること、ただしいずれの著者も自らの主張を完全には実践に移せていないことなどを考え合わせると、旧来の教育訳の実践を完全に「コミュニケーション重視」に変えてしまおうという見方の弱さが垣間見える。むしろ議論としてより説得力があるのは、すっかりコミュニケーション重視の枠組みに置き換えてしまうのではなく、コミュニケーション重視の枠組みを付け加えようという見方である。教育訳に強みがあるとすれば、それは、筋金入りの「コミュニケーション重視」教育がその主義主張を曲げることなく宣言的知識の増進や形式の正確さの向上を図るのに四苦八苦しているのとは違って、教育訳の力点が「古い」ものと「コミュニケーション重視の」ものを両方無理なく取り込める、ということである。訳すという行為は、（例えばゴンザレス゠デイヴィーズによる、映画の台詞を後追いする作業活動のように）学生を切迫した実際の意思疎通の流れに乗せた形で用いることもできれば、はたまたそれを補完するという教育的目的で、（ダフ

の、古い枠組みによる形式を重視した活動のように）あえて言語と距離を置くことでより慎重な考察を行う余地を与え、第4章で検討したような二言語の関係についての宣言的知識を増進させることもできる。「コミュニケーション重視の」視点から「古い」教え方を批判する論者が、宣言的知識だけでは流暢に意思疎通を行う能力としては不十分だと言うのには一理あるが、だからといって、そのような知識を増進させること、およびそれによって学生と教師の両方が得ることができる自信・秩序・満足といった感覚を強めたり深めたりすることの機会を、教育の場から排除してよいということにはならない。教育訳の強みは、「古い」ものと「コミュニケーション重視の」ものを融和させる一助として申し分ない役割を果たせるところにある。これこそが長年言語教育に欠けていたものであり、数々の不毛な流行の移り変わりも原因はそこにあったのである。ダフ、ゴンザレス＝デイヴィーズ、デラーとリンヴォルクリといった著者たちはみな、自覚していないにしても、このような統合のあり方を見事に示している。彼らが紹介している活動自体には問題はない（どれも独創的で、発想力豊かで、有用で、しかも慎重に組み立てられている）。あるとすれば、「コミュニケーション重視」を正統とした枠組みの中で教育訳を論じるためには「古い」要素を隠さなければ、という意図が感じられることである。

　このように理論的な矛盾を抱えている点はともかく、3つの書がいずれも実に独創的で興味深い教育訳の使用法を紹介していることについては疑問の余地はない。とはいえ、おそらく説得力の面でも、また間違いなく世界の英語教育に対する影響力の面でも上だと思われるのは、既に広く使用されている、大手出版社による主流の語学教材である。1990年代以降、このような教材の中にも、従来の言語教育の正統に目配せしたような節がまったくないにもかかわらず、活動の中に訳を取り入れ始めているものがある（Soars and Soars 1986以降、Swan and Walter 1990以降、Littlejohn and Hicks 1996以降）。出版社の場合は、世界的に販路を拡大するために教材で特定の言語に言及するのは避けたい、という意向と、教育訳を用いれば必然的に力点が特定の言語形式に偏るので販路も特定の地域に限定されてしまう、という事実との葛藤が常に存在する。一方、世界的な（見方によっては覇権主義的な）視野を持った組織では、後者のような方向性も必要であることが近年では認識されつつある。例えばブリティッシュ・カウンシ

ルと世界銀行は数カ国において、各国の状況に合わせた外国語としての英語教材を作成するべく、現地の教師との共同で大規模な教科書作成計画を展開している (Bolitho 2003)。しかしながら、一見相反するように思われるこの2つの方向性は、もはや対立するものと捉える必要はない。手作業で煩瑣な植字を行い工場で印刷を行っていた当時であれば、同質性を志向する商業上の要請から直接教授法が支持されることはあったが、コンピュータによって出版業界に技術革新がもたらされた今であれば、電子的に保存されている文章に素早く手を加えることもでき、したがって利幅に影響を与えることなく教材に多様性を持たせることも可能である。19世紀末と同様、生産方法が言語教育のイデオロギーに影響を及ぼし続けているわけである。

## ■ 活動その6──コミュニケーション重視の訳

「古い」活動は、学生の知識の穴の所在を診断しその治療を施すべとして、また2つの言語およびその関係性についての宣言的知識を増進させるすべとして、重要な役割を果たすことができる。しかしながら訳の役割はそれにとどまるものではなく、さまざまな教室での使用法がまだまだ存在する。実はコミュニケーションを重視した形の訳も可能なのである。つまり、教師の介入を最小限に抑え、成否の評価基準を形式の正確さそのものではなく意思疎通上の目標達成に置いた活動の中で用いれば、訳は意味志向の、流暢さを重視した、手続的知識を増進させるものにもなりうるのである。

例えば、学生を数班に分け、各班のうちの何人かに、文章を渡したり録音を聞かせたりしたうえで、それを訳してほかの班員に聞かせるように指示する。この訳がなければ意思疎通を目的とした作業課題が完了できないように仕立てておく。成否の判断基準としては、作業課題を完了できればよしとするのも、あるいは（作業をもっと楽しいものにしたければ）どの班が一番最初に完了できるかを競争させるのもよいだろう。訳の要素や訳す場をこのような形で取り入れることは、作業課題中心型言語教育の中で展開されてきたほぼすべての種類の作業課題において可能である。訳をこういう形で用いれば、訳す役割を与えられた班員は一緒に問題を議論し、訳を受け取る班員は質問をしたり、繰り返しを要求したり、自分たちの理解

度（の不足）について一緒に話し合ったりするので、大いに双方向のやりとりや交渉が行われることになる。いったん作業を始めてしまえば、絶対に必要ではないかぎり教員が介入する必要もない（ただし、事後に評価を与える必要はあろう）。

　要するに、この方式による訳の使用は、コミュニケーション重視・意味重視による作業課題の長所・特性をすべて備えたうえで、そこにやや異なる側面が付け加わった形になっているのである。また、作業課題中心型教育の観点からすると、これは実社会の状況を映した作業課題であるとも言える。例えば、ある会社が外国の提携企業との交渉過程で文書・通信文を受け取ったはいいが、単一言語話者である社員がそれについて議論し行動を決定しようにも、まずその文書などを二言語話者である社員が訳さなければ始まらない、という場合はあろう。あるいは、社会的なやりとりの場合であれば、レストランで食事をしようとしている人が、いざ料理を選ぶ作業に取り掛かろうにも、まずメニューを訳してもらわなければどうしようもない、という場合もあろう。また、法廷でも、証言を訳さなければ判決が下せない場合があろう。これに類した作業課題（業務上の意思決定、社会的文脈での選択、証言の評価）は単一言語教育の中で十分確立されているが、そのいずれにおいても訳の要素を盛り込むことは可能である。

## ■ 活動その7──流暢さを促すものとしての「挟み訳」

　教育訳に対するさまざまな批判の1つに、訳していると何もかもが遅くなってしまうので、コミュニケーション重視教育における「流暢さ」という目標との間に齟齬を来す、というものがある。しかしながら、その理屈も筋の通った部分はある（結局のところ、訳すとすれば言葉の量がほぼ2倍になるからである）ものの、訳すことにはその正反対の効果も存在する。それは、未習の語句の意味を素早く示すことによって、教師が意思疎通の速度を維持しながら事を運べるということである。この可能性を示す例として、ブツカムとコールドウェルは「挟み訳 (sandwiching)」という技法を紹介している (Butzkamm and Caldwell 2009: 33–35)。これは、未習の表現に教師がすかさず注釈を加えたうえでまたその表現を言い直すことによって、聞いたことのない言葉であってもそれを意思疎通に活用したり、あわよくば覚えたりできるようにする、というものである。

> ドイツ人英語教師：You've skipped a line. Du hast eine Zeile übersprungen. You've skipped a line....
> この未習表現に対する挟み訳は、おまけという感じで、ウィスパリング通訳［訳者注：ささやく程度の声で行う同時通訳］のような感じで控えめに行えばよい。外国語教師にとっては重要な技術になるはずである。
> (Butzkamm and Caldwell 2009: 33)

ブツカムとコールドウェルが挟み訳を提唱しているのは、（単一言語教育の枠組みで、制限をかいくぐりながら学生の既得言語を無計画に使うのとは違って）計画性と裏付けを伴った形で学生の既得言語を活用すれば、意思疎通を目的とした初学言語の使用量は減少するどころかむしろ増加するのだ、という大きな議論の一環である。

> 逆説的だが、照準を絞りつつ控えめに第 1 言語を用いれば、教室で外国語を用いているという雰囲気を醸成することはかえって容易になるのである。　　　　　　　　　　　　　　　　　　　　　（前掲書）

プロドロモウ（Prodromou 2002: 5）も、学生の既得言語に対して寛容になることが実は意思疎通を目的とした初学言語の使用を促すことになるとの主張の中で、同様の見方を示している（第 3 章も参照）。

> 我々の行動目標は常に目標言語でのやりとりを最大限まで引き出すことであるが、そこで母語を用いることは、教室内でのこのようなやりとりの質と量を劣化・制限させるどころか、むしろ向上・増加させることにつながる。　　　　　　　　　　　　　　（Prodromou 2002: 5）

また、繰り返しになるが（第 1 章参照）、商業的に大きな成功を収めているミシェル・トーマスの語学教材でも、初学言語の発話に対して後追い的に既得言語による訳と解説が添えられていることは確認しておきたい。

しかしながら、挟み訳は丸ごとすべての文章に対する訳を同時に与えるのとは異なる、というのがブツカムとコールドウェルの見解である。学生が既得言語に頼りすぎてしまうという望ましくない事態が生じてしまう、

というのである。これは確かに危険なことである。二言語で同時に情報を与えられれば、受け手としては自動的に理解しやすいほうの言語を頼ってしまうものだからである。既得言語による字幕があると、映画の音声に注意が向かなくなることがある。原文とその訳が見開きで示されている対訳本にも自滅的な部分がある。読者が興に乗ってくると、既得言語で書かれている部分を読むだけで片付けてしまうことにもなりかねない。

　挟み訳以外にも、異言語混交で話すことを認める二言語併用の技法はいろいろとあるが、そこには似たところも多少ある。例えば、ある英語教師用ブログ[10]の参加者が述べているように、学生が教師の話を理解していることを示したいときや、自分の言いたいことを教師に言い換えてもらいたいときなどには、既得言語で話すことを認めることもあろう。あるいは、極端な提案ながら（Giauque and Ely 1990、それに関する議論は V. Cook 2001a）、初学者の場合は学習言語による発話の中に既得言語由来の言葉を混ぜ込むことを認める、という見方もある。この場合は以下のような混成的な言葉が生じることになる。

*Je am having difficulté with this learning activité.*

この手法の着想は、初学言語の知識が増えれば増えるほど既得言語の割合は減っていくはずである、というところにある。セリク（Celik 2003）も、言語混合によって語彙指導を行う文脈で同様の提案を行っている。まず学生には初学言語（英語）で話を聞かせ、その話の中に特定の単語を既得言語（トルコ語）で挿入しておく、というのがその仕組みである。セリクは、これは人工的でも不自然でもなく、そもそも「二言語話者や移民の共同体ではごく普通に起こること」であると述べている。例えば、セリクが研究で用いた物語には以下のようなくだりがある。

> However, there is another problem. It is to do with police officers. You see, they are very *müsamahakar* towards drivers. They tend to let them go when they break traffic rules.

---

10) IATEFL Literature, Media and Cultural Studies Special Interest Group, http://groups.yahoo.com/group/LMCSSig/

その後の議論や作文作業で、挿入された単語を正しい英語に置き換えるよう学生に指示する、というわけである。

## ■ 活動その8──異言語話者が混在する状況での教育訳

さて、いよいよ、教育訳が異言語話者の混在する状況でそもそも使用可能なのか、そうだとすればどのようにすれば使用可能か、という問題を検討しよう。一見すると、そんなことは不可能であって、それこそが教育訳の大きな限界であるように思われるかもしれない。

しかしながら、問題は教育訳にとってそれほど致命的なものではない。理由は2つある。第1に、異言語話者の混在した環境がごく普通に存在する英語使用国の中であればこのような問題が存在することは疑いようもないが、その状況は決して標準的なものとは言えない。世界的に見れば、言語教育の大半は、単一言語の話者を対象に、学生の既得言語の母語話者でありまた学生と同じ言語をかつては自分でも学んだことのある二言語話者教師によって執り行われているのである。第2に、教育訳が異言語話者の混在した状況でまったく用をなさないなどということはない。むろん、単一言語の話者を対象とした場合に可能な方法がすべて同じように通用するわけではないが、教授・診断・添削の方便として、可能な部分も依然存在するのである。

- 各言語の使用者が2人以上いるのならば、訳を用いた2人ないし集団での活動は可能である。同一の言語を共有している学生であれば、お互いに訳のやりとりをするのもよかろう。
- 学生が訳すうえで直面した問題について考えたり説明したりするのもよかろう（ただし教員には答えが分からない可能性もある）。
- 学生の既得言語の文章や音源のうち、短いながら重要性の高い（難易度の面でも適切な）ものを持って来させて、ほかの学生が分かるように訳すことを指示するのもよかろう。既得言語を用いる自分と初学言語を用いる自分との間の橋渡しになるという意味で、まさにコミュニケーション重視の作業課題と言える。
- 二言語辞書や字幕つき映画など、教室の内外にある二言語使用の素材を学生に活用させるのもよかろう。オンラインの素材を利用する

ことも可能である。例えば、自分と同じ既得言語の話者が特定の初学言語をめぐる経験や知見を語り合っているブログに参加して、(先述したブログに見られたような) 訳に関する議論を行うこともできる。

これらの活動にはいずれも限界があるので、二言語話者教師が単一言語の話者を対象としている場合とは違って、教育訳が授業の中心をなすようなことにはならないかもしれない。とはいえ、既得言語の存在とその価値、実社会の二言語使用における訳の重要性などを示すための一助にはなりそうである。

## ■ 活動その9──学生の既得言語を話せない教師と教育訳

　学生が共有している単一の既得言語を教師が共有していない状況で教育訳を用いる、という場合にも、同じように実際的な問題が生じる。ただし、大きく異なるのは、このような教師はたいていの場合、同じ職場に教育訳を使うことのできる二言語話者教師がいることである (学生が単一言語の話者であり、教師には母語話者教師しか雇わず、しかもその教師の陣容がおおむね流動的であるような私立の語学学校の場合はこのかぎりではない)。ところが、残念ながら、このような教師が両方そろっている環境でも、その業務が別々になってしまっていることは多い。母語話者教師の優越性をうたった直接教授法の神話が、強い緊張関係、深い不信感、そしてお互いに協力をいとうような態度を醸成してしまったからである。単一言語話者・母語話者教師は、授業で訳が使われると疎外感を持ってしまうことが多い。一方、現地の二言語話者教師は、自分の語学能力を疑われてはたまらないので、母語話者の授業に飛び込んでいくことには二の足を踏む (もちろん、既に指摘したとおり、この2つの分類には多くの例外がある。学生の既得言語に通じた二言語話者である母語話者教師もいれば、教えている言語に並外れて熟達している非母語話者もいる)。お互いに距離を感じてしまうと、それが暗黙のうちに業務分担につながってしまうのが必定である。母語話者教師は流暢さ・会話・慣用句・文化的文脈を担当し、非母語話者教師は文法・読解・作文の「いろは」を担当する、というわけである。この硬直した関係を少しでも解きほぐし、優劣を競うのではなくお互

いの差異を認め、均整の取れた語学授業を行うためには二言語併用教育にも単一言語教育にも果たすべき役割があることを認識できれば、現在お互いに抱いている不信感を、2つの教え方の活発な協同関係へと変えることができるかもしれない。つまり、一方では言語切り替えと訳があり、他方では単一言語による授業運営があって、訳を用いたほうがうまく扱える部分は前者が、直接教授法を用いたほうがうまく扱える部分は後者が担っている、という形である。ただし、これは何も、単一言語教師は必要なときであっても二言語話者教師の力を頼ってはならないとか、非母語話者教師は言語学習のうち機械的でない部分にはとにかく触れないでおくべきであるとかいう意味ではない。同じ組織に勤めている母語話者・単一言語話者教師と非母語話者・二言語話者教師であれば、お互いの専門的能力を貴重な財産と考えて、可能なかぎり利用すればよい。状況が許せば、一緒になって教えることすら可能であろう。

　ついでながら、このような分類を超越している教師（学生の既得言語に堪能な母語話者しかり、「母語話者」の定義や母語話者こそがその言語のことを一番よく分かっているとの前提そのものが疑わしくなるほどにとてつもない語学力を身に付けた非母語話者しかり）の権威は特別なものであり、尊重されてしかるべきものである。その権威を過小評価し続けるばかりか、そもそも二言語併用が財産であるとすら認識していないのが、単一言語主義体制というものなのである。

# 結　　論

　本書には二重の目的があった。第1の目的は、もっぱら単一の言語を用いる言語教育の弱さ、すなわち、科学よりも商業的・政治的事情を理由としていること、限られた証拠と疑わしい論理のみを根拠としていること、そして学習者や教師の要望を無視していることなどを明らかにすることであった。第2の目的は、訳が言語学習において重要な役割を果たすものであること、すなわち、言語意識と言語使用を促すものであり、教育方法として効果的なうえに教育のあり方としても望ましいものであり、また地球規模化・多文化化した現代世界に生きる学生の要請に応えるものでもあることを証明することであった。

　歴史上には、永遠に安泰であると思われた支配権力が突如としてそのおぼつかなさ、はかなさを露呈する瞬間がある。20世紀の例で言えば、ソビエト連邦の権力がまさにそういう類のものであった。崩壊直前までは、連邦は政治情勢において不動のものであるかのように見えた。ところが事が終わってみれば、連邦の命運は世紀をまたぐことすらできずついえてしまったのである。今、21世紀の視点から回顧するならば、連邦の存在は、どういうわけかほんのしばらく歴史の間隙を埋めていた間奏にすぎないように思えてくる。

　同様の現象は学問や教育の歴史にも見られる。言語教育は教えている言語単体で行うべきであって訳などに頼ってはならない、という考えにも同じことが言えるのが分かるであろう。なんら疑いの目を向けられることもなく20世紀という時代を支配してきたこの考えも、時代が未来へと進むにつれて、徐々におかしなことのように思えてくるはずである。時が過ぎてしまえば、それも無理からぬことと感じられるかもしれない。短命な政治運動の場合と同様、単一言語による言語教育は、本来その受益者となるはずの人々の意向や希望を軽視・無視しようとしてきた。その根拠は現実ではなく理論に基づいたものであったため、その外側に存在するさらに強力な規範に背いてしまうことになった。それはつまり、人間は既知のもの

から未知のものへと移ること、既存の知識に新しい知識を積み上げることによって教え、学ぶものであるという事実である。言語の学習と教育も、この一般原則から逸れるものではない。訳は、身近なものと身近でないもの、既知のものと未知のものとを結ぶ、まさに橋のようなものだ。このような知の橋を焼き切り、そんなものは存在しなかったかのように振る舞うことは、言語教育・学習の目標であるこの既知から未知へという困難な推移を、促すどころかむしろ妨げるものでしかない。さらに学習者は、自分の言語と文化的独自性とを結びつけておくためにも、その橋を必要としている。別の言語を話しているというだけの理由で、ほかのすべてのものを捨て去るよう強制されるとすれば、そんなことは絶対にあってはならない。

　これこそ、訳を強力に擁護し、単一言語主義をその根底から覆す事実である。教師や学生を訳という行為から遠ざけるためには容赦ない宣伝活動が必要とされてきたが、それすら完全な成功を収めてきたとは言いがたい。そこには理論と実践の食い違い、あるいは（それにかかわる人間という観点で言えば）理論研究者と教育実践者との食い違いがある。教師や学生の中には、訳すべからずという理論研究者の絶対命令に深刻に悩まされ、困惑してきた人もある。あるいは、公式見解と現実との間の相互矛盾に悩まされるような場合もある。つまり、実際には訳を続けているのにそんなことはしていないと言ってみたり、そんなのはいけないことだと主張してみたりするわけである。あまつさえ、学生の既得言語を使うのは職務上の違反行為だと言ってはばからない教師すらある（Mitchell 1988: 28）。しかしながら、単一言語教育の弱さ、訳を使用すべきではないという確固たる理由の欠如が明らかになったからには、教師が単一言語主義に忠誠を尽くす義務も消滅するのが道理である。理論・実践の両方で教育訳を復権させることは、応用言語学研究者の声と語学教師の声との間の距離を縮め、互いの意見にもっと耳を傾けるよう促すことにつながるかもしれない。また、概して単一言語主義の枠組みで理論を構築してきた応用言語学の権威主義的な論調に終止符を打つことにもつながるかもしれない。さらには、訳という行為に対して従来よりも合理的かつ歴史的文脈への配慮を伴った見方が生まれ、それによって理論というものがその権威（権威主義ではなく）を大いに回復することにもなるかもしれない。

　本書では、かつての直接教授法論者が教育訳を完全に否定したのとは対

照的に、二言語併用の説明および訳にも、はたまた単一言語による実践を時間を区切って行うことにもそれぞれ果たすべき役割があるとの見方を採ってきた。いま必要とされているのは、流行を再び極端から極端へと揺り戻すことではなく、学生がさまざまな手法から相補的な形で利益を得られるような共生関係を生み出すことである。それこそが、不毛な差別意識に終止符を打ち、直接教授法の教条主義が自業自得で負った傷を癒すただ1つのすべと言えよう。

　本書は変革のきっかけとなる議論を提示しただけであって、教育訳がそれ相応の形での復興と発展を果たすためにはまだまだ課題が山積している。文法訳読法にはなんの利点もないとほのめかしつつ、その退屈で権威主義的な文法訳読法を教育訳とひそかに結びつけるという考え方は、語学教師の集団的意識にあまりにも深く根付いているため、これを完全に取り除くのは困難であり、ゆえにそれが100年もの間ほぼ不動の見解となってきた。結果として、教育訳の使用と発展は長きにわたる冬の時代を過ごし、言語教育全体に多大なる損失をもたらすことになった。もし理論・実践の両面における教育訳の利点を権力・影響力のある人々や一般の教師が認識するようになれば、その影響が波及し、教室内での実践を超えたさまざまな分野でも新たな動きや革新が生じることになろう。新たな教材を作成し、新たな試験形式を考案し、新たな要素を教員養成に取り入れていく必要も生じよう。また、教育訳の理論・実践・効果をめぐる新たな応用言語学的研究も必要になろう。それこそがまさに、この数十年間、見事なまでに抜け落ちていた研究分野なのである。

# 訳者あとがき

　本書は、Guy Cook, *Translation in Language Teaching* (Oxford University Press, 2010) の全訳である。原題を正確に訳せば『言語教育における訳』となろうが、著者自身が書いているとおり、本書中で「言語教育」の名のもとに論じられている事象のかなりの部分が英語教育にかかわるものであり、また日本においては本書がもっぱら英語教育とのかかわりにおいて読まれるであろうとの判断から、邦題において「英語」を前面に出した。また、題名ばかりでなく本文中においても translation の訳語を「翻訳」でなく単に「訳」としたのは、書き言葉における言語変換を意味することの多い前者に対し、話し言葉における言語変換、さらには認知的な言語変換までを含む原著の translation の訳語として後者のほうがふさわしいと考えたためである。

　著者のガイ・クックは、イギリスを代表する応用言語学者である。ケンブリッジ大学で英文学を修めたのち、ロンドン大学で公立学校教員免許状と修士号、リーズ大学で博士号を取得、同大講師、ロンドン大学教育研究所外国語教育科長、レディング大学教授を歴任し、現在はイギリスの放送大学（Open University）教授を務めるかたわら、イギリス応用言語学会（British Association for Applied Linguistics＝BAAL）の会長として活躍している。代表的な著作として、*Discourse* (Oxford University Press, 1989)、*Discourse and Literature* (Oxford University Press, 1994)、*Language Play, Language Learning* (Oxford University Press, 2000)、*The Discourse of Advertising* (Routledge, 2001)、*Applied Linguistics* (Oxford University Press, 2003) などがある。

　日本の英語関連学界に詳しい人であれば、彼の経歴が英文学と応用言語学の2つの学理にまたがっていることに違和感を覚えるかもしれない。日本の応用言語学は科学志向の強い第2言語習得論（SLA）を学理の中心的な部分に据えているためか、英語科教育における授業研究と結びつくことはあっても、英文学教育・研究を中心とする英文科的な専門性に対しては、

むしろそれをアンチテーゼと見なして距離を置いている感が強いが、イギリスにおいては、英文学教育・研究と応用言語学は自然に結びついている。例えば、イギリス応用言語学会の大御所たるヘンリー・ウィドウソン (Henry Widdowson) は、*Stylistics and the Teaching of Literature* (Longman, 1975) をはじめとする多くの著作の中で、文体研究や言語教育の素材として文学を取り上げており、クックの前に上記学会の会長を務めたノッティンガム大学英文科のロナルド・カーター (Ronald Carter) ももともとは英文学を専門とし、文学を英語教育に取り入れることを旨とした多くの教材や理論書を手掛けている。実は私自身も、同氏の指導のもとで文体論 (stylistics; クックの *Applied Linguistics* [Oxford University Press, 2003] という応用言語学の入門書には、文体論も応用言語学の一分野として紹介されている) の研究を行ったため、英文学教育・研究と英語教育・学習は切っても切り離せないものと認識している。そのような認識が日本においても一般的になれば、教養対実用、文法・訳読対コミュニケーションといった不毛な二項対立を越えた、建設的な英語教育論を展開することができるのではないかと思う。

　本書は、一言で言えば、言語教育における訳の効用を説いた本である。言語教育においてとかく悪者扱いされることの多い訳を擁護するだけの論なら細々と発表されていたものの、その「悪者扱い」が歴史的・学理的に見て根拠を欠いたものであること、訳が極めて豊かな言語活動であること、そして個性重視・多文化共生志向の現代こそ、むしろ訳を積極的に言語教育に取り入れていくべきことを、近年盛んになっている翻訳論の成果をも踏まえ、ここまで説得的に論じた本はかつてなかった。単一の教授法の研究が行き詰まりを迎え、「ポスト教授法時代」と言われる現代の言語教育において、指導法に関する新しい指針を与えてくれる本であることは間違いない。

　ただし、本書の主張がそのまま日本の英語教育の現場に当てはまるかというと、必ずしもそうとは言えない。やはりそこには日本の英語教育に特有な状況が存在するので、それについて補足的な説明を加えておく必要があるだろう。とくに、訳を擁護している本書中においてすら多少批判的に扱われている西洋の「文法訳読法」(Grammar Translation) と日本の英語教育に特徴的な訳の形態である「訳読」が別物であることは確認しておき

たい。この2つの教授法の混同が「西洋ではとうの昔に廃れた文法訳読を日本ではまだやっている」というような言説を生み、日本の英語教育論を混乱させてきたからである。西洋の文法訳読法、あるいは文法訳読式教授法（the Grammar-Translation Method＝GTM）は、本書中にも説明があるとおり、ギリシャ・ラテンの古典語教授から生まれ、19世紀に西洋近代語教育に持ち込まれた教授法であり、人工的に作られた単発の例文を逐一訳しながら文法学習をするところに特徴がある。実はこの教授法は、オルレンドルフ（Heinrich Gottfried Ollendorff）の理論を通じて明治時代に日本にも輸入されたものの、間もなく廃れてしまった（平賀優子「日本の英語教授法史──文法・訳読式教授法存続の意義」［東京大学大学院総合文化研究科に提出された博士論文］、2007年参照）。つまり、GTMは西洋においても日本においても廃れたことになる。一方、日本の訳読は、漢文訓読法が形を変え、洋学経由で英語教育に入り込んだもので、自然な英語で書かれた文章を、文法事項を確認しながら読み進めていく英文読解法である。

　訳読は、日本の英語教育低迷の元凶として批判の対象になることが多いけれども、西洋の文物を一刻も早く輸入しなくてはならなかった明治期にあっては必要不可欠な文章読解法であり、また現代においても、使い方次第で効力を発揮しうる英語教授法である。その長所は、原文の中身を理解しうる知的能力さえあれば、短期間で高度な読解力が身に付く点にある。戦後間もないころに出版された高校3年生用の英語の検定教科書には、イギリスの文豪チャールズ・ディケンズの小説の原文が載っていたりするが、中学で英語を学び始め、毎週数時間の授業を受けただけで5, 6年後にディケンズを原文で読める読解力がついているというのは、考えてみれば驚くべき話である。それが可能だったのは、生徒が自らの既得言語たる日本語を手掛かりとし、その知的能力を十分に発揮して英文と格闘したからにほかならない。

　もちろん、だからといって現代の中学・高校で訳読中心の授業がなされるべきだと主張するつもりは毛頭ないし、本書もそのような授業を弁護するものとして読まれるべきではない。だが、新出の文法項目を導入するとき、複雑な構文を説明したいとき、あるいは生徒・学生の英文理解を確認したいとき、訳を用いることが極めて効果的であることは多くの教師が認識していることであり、それを妨げるような禁令・制約が教室に加えられ

るのは好ましくない。さらに言えば、教室というものが教師と生徒・学生が作り上げる（本来豊かであるべき）教育空間であることを考えるとき、両者が最も自然な人間関係を構築することを可能ならしめる共通既得言語（日本では、ほとんどの場合、日本語）を、たとえ語学の授業とはいえ、そこから一律に排除するのは愚かなことである。

　本書の翻訳に当たっては、まず北氏が下訳をし、それを私が修正する形で進めた。だが、実際には北氏の訳があまりによくできているために、大きな修正を加えることなく完成稿とすることができた。彼は、レディング大学留学中にクックの教えを受け、先ごろ 'Creativity in Second Language Writing: Ludic Linguistic Creativity in a Japanese Context'（創造性と第二言語作文——日本における遊戯言語型創造性）と題する優れた博士論文を東京大学大学院に提出し、見事最終審査に合格した。主査がイギリス人であることもあり、論文の執筆から中間・最終発表、口頭試問に至るまですべて英語で行われたが、論文の英語も見事、質疑応答も実に流暢なもので、英語の運用能力が高い日本人は日本語と英語をきれいに使い分けることができ、訳もうまいという私の説の正しさを証明する実例の一人になってくれた。彼はまた、カタカナ英語の氾濫が日本における英語教育、国語教育双方に悪影響を及ぼしているとの私の考え方に賛同してか、既に専門用語として定着しているカタカナ英語も筋のいい日本語の用語に変換してくれた。用語としての定着度が高いものについては残念ながらカタカナに戻さざるをえなかったが、他の多くは、今後英語教育の分野で定着してほしい日本語訳ばかりである。

　最後に、本書の企画から出版に至るまで、研究社編集部の津田正さんと大谷千明さんには大変お世話になった。心からのお礼を申し述べたい。

　　　2012 年 3 月

　　　　　　　　　　　　　　　　　　　　　　　　　訳者代表　斎藤兆史

# 参考文献

Adendorff, R. D. 1996. 'The functions of code switching among high school teachers and students in KwaZulu and implications for teacher education' in K. M. Bailey and D. Nunan (eds.): *Voices from the Classroom. Qualitative research in second language learning*. Cambridge: Cambridge University Press.

Al-Balushi, K. 2007. *Teaching English language through literary translation in Oman*. Unpublished PhD thesis: University of Nottingham.

Allen J. P. B. 1983. 'General purpose language teaching: a variable focus approach' in C. J. Brumfit (ed.): *General English Syllabus Design. ELT Documents No. 118*. London: Pergamon Press and The British Council.

Althusser, L. 1971. *Lenin and Philosophy and Other Essays* (trans. B. Brewster). London: New Left Books.［西川長夫（訳）(1970)『レーニンと哲学』人文書院（英訳は 1971）］

Angiolillo, P. F. 1947. *Armed Forces' Foreign Language Teaching. Critical Evaluation and Implications*. New York: Vanni.

Anthony, E. 1963. 'Approach, method and technique.' *English Language Teaching Journal* 17 (2): 63–67.

Arthur, J. A. 1996. 'Code switching and collusion: classroom interaction in Botswana primary school.' *Linguistics and Education* 8 (1): 17–33.

Asher, J. 1977. *Learning Another Language Through Actions: The Complete Teacher's Guidebook*. Los Gatos, CA: Sky Oaks.

Atkinson, D. 1987. 'The mother tongue in the classroom: a neglected discourse.' *English Language Teaching Journal* 41 (4): 241–247.

Auerbach, E. 1993. 'Reexamining English Only in the classroom.' *TESOL Quarterly* 27 (1): 9–32.

Austin, J. L. 1962. *How to Do Things with Words*. Oxford: Clarendon Press.［坂本百大（訳）(1978)『言語と行為』大修館書店］

Baker, A. 2008. 'Special report: the bigger picture.' *Language Travel Magazine* November 2008.

Baker, C. and S. Prys Jones. 1998. 'Types of bilingual family' in C. E. Snow, C. Baker, and S. Prys Jones (eds.): *Encyclopaedia of Bilingualism and Bilingual Education* 28–36. Clevedon: Multilingual Matters.

Baker, M. 1992. *In Other Words*. London: Routledge.

—— 2007. 'Reframing conflict in translation.' *Social Semiotics* 17 (2): 151–169.

—— and L. Pérez-González. 2012. 'Translation and interpretation' in J. Simpson (ed.): *The Routledge Handbook of Applied Linguistics* 39–52. London: Routledge.

Baker, P. and J. Eversley (eds.). 2000. *Multilingual Capital: The Languages of London's Schoolchildren*. London: Corporation of London.

—— and Y. Mohieldeen. 2000. 'The languages of London's schoolchildren' in P. Baker and J. Eversley (eds.): *Multilingual Capital: The Languages of London's Schoolchildren* 5–60. London: Corporation of London.

Ball, A. F. and S. Warshauer Freedman (eds.). 2004. *Bakhtinian Perspectives on Language, Literacy, and Learning*. Cambridge: Cambridge University Press.

Barnard, T. C. 1975. *Cromwellian Ireland*. Oxford: Oxford University Press.

Bassnett, S. 1980 (revised edn. 1991). *Translation Studies*. London: Routledge.

Bates, E., W. Kintsch, C. R. Fletcher, and V. Giulani. 1980. 'The role of pronominalisation and ellipsis in texts: some memorisation experiments.' *Journal of Experimental Psychology: Human Learning and Memory* 6: 676–691.

Baynham, M. 1983. 'Mother tongue materials and second language literacy.' *English Language Teaching Journal* 37 (4): 312–318.

Bell, R. 1991. *Translation and Translating: Theory and Practice*. London: Longman.

Benson, M. J. 2000. 'The secret life of grammar-translation' in H. Trappes-Lomax (ed.): *Change and Continuity in Applied Linguistics*: 35–51. Clevedon: Multilingual Matters.

Benwell, B. and E. Stokoe. 2006. *Discourse and Identity*. Edinburgh: Edinburgh University Press.

Bhatia, T. 1992. 'Discourse functions and pragmatics of mixing: advertising across cultures.' *World Englishes* 11 (2): 195–215.

Bialystok E., F. Craik, C. Grady, W. Chau, R. Ishii, and A. Gunji. 2005. 'Effect of bilingualism on cognitive control in the Simon task: evidence from MEG.' *NeuroImage* 24: 40–49.

——, F. Craik, and M. Freedman. 2007. 'Bilingualism as a protection against the onset of symptoms of dementia.' *Neuropsychologia* 45: 459–464.

—— and X. Feng. 2009. 'Language proficiency and executive control in proactive interference: evidence from monolingual and bilingual children and adults.' *Brain and Language*. 109 (2–3): 93–100.

Bitchener, J. and U. Knoch. 2010. 'The contribution of written corrective feedback to language development: a ten month investigation.' *Applied Linguistics* 31 (2): 193–214.

Block, D. 2003a. *The Social Turn in Second Language Acquisition*. Edinburgh: Edinburgh University Press.

—— 2003b. 'Review of Michel Thomas's language courses.' *Language Learning Journal* 27: 74–78.

—— 2006. *Multilingual Identities in a Global City: London Stories*. Basingstoke and New York: Palgrave Macmillan.

—— 2007. *Second Language Identities*. London: Continuum.

—— 2008. 'On the appropriateness of the metaphor of LOSS' in R. Rubdy and P. Tan (eds.): *Language as Commodity: Global Structures, Local Marketplaces* 187–203. London: Continuum.

—— and D. Cameron. 2002a. 'Introduction' in D. Block and D. Cameron (eds.):

1–11.

———and D. Cameron (eds.). 2002b. *Globalization and Language Teaching*. London: Routledge.

Bloomfield, L. 1935. *Language*. London: George, Allen and Unwin. ［三宅鴻，日野資純（訳）（1987）『言語　新装版』大修館書店］

Blunkett, D. 2002. 'What does citizenship mean today?' *The Observer* September 15, 2002.

Bolitho, R. 2003. 'Designing textbooks for modern languages: the EFL experience.' *Center for Languages, Linguistics and Area Studies* available at http://www.llas.ac.uk/resources/gpg/1470

Bourdieu, P. 1977. *Outline of a Theory of Practice* (trans. R. Nice). Cambridge: Cambridge University Press.

——— 1991. *Language and Symbolic Power* (trans. G. Raymond and M. Adamson). Cambridge, MA: Harvard University Press.

Braine, G. (ed.). 1999. *Non-Native Educators in English Language Teaching*. London: Lawrence Erlbaum.

Breen, M. P. 1984. 'Process syllabuses for the language classroom' in C. J. Brumfit (ed.): *General English Syllabus Design. ELT Documents No. 118*: 47–60. London: Pergamon Press and The British Council.

——— 1987. 'Learner contributions to task design' in C. Candlin and D. Murphy (eds.): *Language Learning Tasks* 23–46. Eaglewood Cliffs, NJ: Prentice Hall.

Brooks-Lewis, K. A. 2007. *The significance of culture in language learning: working with adult EFL learners in Mexico*. Unpublished PhD thesis: University of Kent at Canterbury.

——— 2009. 'Adult learners' perceptions of the incorporation of their L1 in foreign language teaching and learning.' *Applied Linguistics* 30 (2): 216–235.

Brown, R. 1973. *A First Language: The Early Stages*. London: Allen and Unwin.

Brumfit, C. J. 1984. *Communicative Methodology in Language Teaching: The Roles of Fluency and Accuracy*. Cambridge: Cambridge University Press.

——— 2001. *Individual Freedom in Language Teaching*. Oxford: Oxford University Press.

———and Johnson, K. (eds.). 1979. *The Communicative Approach to Language Teaching*. Oxford: Oxford University Press.

Butzkamm, W. 2001. 'Learning the language of loved ones: on the generative principle and the technique of mirroring.' *English Language Teaching Journal* 55 (2): 149–154.

——— 2003. 'We only learn language once. The role of the mother tongue in FL classrooms: death of a dogma.' *Language Learning Journal* 2003 (28): 29–39.

———and J. A.W. Caldwell. 2009. *The Bilingual Reform: A Paradigm Shift in Foreign Language Teaching*. Tübingen: Narr Studienbücher.

Bygate, M., P. Skehan, and M. Swain (eds.). 2001. *Researching Pedagogic Tasks: Language Learning, Teaching and Testing*. London: Longman.

———and V. Samuda. 2005. 'Integrative planning through the use of task repetition' in R. Ellis (ed.): *Planning and Task Performance in a Second Language* 37–74. Amsterdam: John Benjamins.

Caldas-Coulthard, C. R. and R. Iedema (eds.). 2008. *Identity Trouble: Critical Discourse and Contested Identities*. London: Palgrave Macmillan.

Cameron, A. and C. Jones 1901. *The Cat Sat on the Mat*. New York: Angus and Robertson.

Cameron, D. 2000. *Good to Talk? Living and Working in a Communication Culture*. London: Sage.

Camilleri, A. 1996. 'Language values and identities: code-switching in secondary classrooms in Malta.' *Linguistics and Education* 8 (1): 85–103.

Campbell, S. 1998. *Translation into the Second Language*. New York: Addison Wesley Longman.

Canagarajah, A. S. 1999. *Resisting Linguistic Imperialism in English Teaching*. Oxford: Oxford University Press.

Candlin, C. 1984. 'Syllabus design as a critical process' in C. J. Brumfit (ed.): *General English Syllabus Design. ELT Documents 118*: 29–46. Oxford: Pergamon Press and the British Council.

—— 1987. 'Towards Task-based Learning' in C. Candlin and D. Murphy (eds.): *Language Learning Tasks*. Eaglewood Cliffs, NJ: Prentice Hall.

Carter, B. and A. Sealey. 2007. 'Languages, nations and identities' available at http://erdt.plymouth.ac.uk/mionline/public_html/viewarticle.php?id=58&layout=html

Carter, R. and D. Nunan (eds.). 2001. *The Cambridge Guide to Teaching English to Speakers of Other Languages*. Cambridge: Cambridge University Press.

Catford, J. C. 1965. *A Linguistic Theory of Translation*. London: Oxford University Press.

Celik, M. 2003. 'Teaching vocabulary through code-mixing.' *English Language Teaching Journal* 57 (4): 361–369.

Chaterjee, P. 2006. 'A translator's tale.' Corpwatch. http://www.corpwatch.org/article.php?id=13992

Chernov, G. 1992. 'Message redundancy and message anticipation in simultaneous interpretation' in S. Lambert and B. Moser-Mercer (eds.): *Bridging the Gap: Empirical Research in Simultaneous Interpretation* 139–153. Philadelphia: John Benjamins.

China Education and Research Network. 2001. *Basic education curriculum reform* (*trial*) http://www.edu.cn/20010926/3002911.shtml

Clark, E. L. and A. Paran. 2007. 'The employability of non-native-speaker teachers of EFL: A UK survey.' *System* 35 (4): 407–430.

Clark, J. 1987. *Curriculum Renewal in School Foreign Language Learning*. Oxford: Oxford University Press.

Cohen, A. D. and S. Hawras. 1996. 'Mental translation into the first language during foreign-language reading.' *The Language Teacher* 20 (2): 6–12.

Cook, G. 1989. *Discourse*. Oxford: Oxford University Press.

―― 1991. 'Indeterminacy, translation and the expert speaker.' *Triangle 10* (Proceedings of the 10th British Council/ Goethe Institute/Ens-Crédif Triangle Colloquium): 127–141: Paris: Didier.
―― 1994. 'Repetition and knowing by heart: an aspect of intimate discourse.' *English Language Teaching Journal* 48 (2): 133–142.
―― 1997. 'Translation and language teaching' in M. Baker (ed.): *The Routledge Dictionary of Translation Studies* 117–120. London: Routledge (revised edn. 'Foreign language teaching' in 2009 (2nd edn.) M. Baker and G. Saldanha (eds.): 112–115).
―― 2000. *Language Play, Language Learning*. Oxford: Oxford University Press.
―― 2001a. '"The philosopher pulled the lower jaw of the hen": ludicrous invented sentences in language teaching.' *Applied Linguistics* 22 (3): 366–387.
―― 2001b. *The Discourse of Advertising* (2nd edn.). London: Routledge.
―― 2003. *Applied Linguistics*. Oxford: Oxford University Press.
―― 2005. 'Calm seas or troubled waters? Transitions, definitions and disagreements in applied linguistics.' *International Journal of Applied Linguistics* 15/3: 282–302.
―― 2007a. '"This we have done". The different vagueness of poetry and PR' in J. Cutting (ed.): *Vague Language Explored* 21–40. London: Palgrave Macmillan.
―― 2007b. 'A thing of the future: translation in language learning.' *International Journal of Applied Linguistics* 17/3: 396–401.
―― 2008a. 'Advertising and public relations' in V. Koller and R. Wodak (eds.): *Handbook of Applied Linguistics Volume 3: Language and Communication in the Public Sphere* 113–138. Berlin and New York: Mouton de Gruyter.
―― 2008b. 'Plenary: an unmarked improvement: using translation in ELT' in B. Beaven (ed.): *IATEFL 2007 Aberdeen Conference Selections*: 76–86. University of Kent: IATEFL.
―― 2009. 'The Best Teacher' in R. Bhanot and E. Illes (eds.): *Best of Language Issues* 245–253. London: London South Bank University.
Cook, V. 2001a. 'Using the first language in the classroom.' *Canadian Modern Language Review* 57 (3): 399–423.
―― 2001b. *Second Language Teaching and Learning* (3rd edn.). London: Arnold. ［初版については米山朝二（訳）（1993）『第 2 言語の学習と教授』研究社］
―― 2002. 'The functions of invented sentences: a reply to Guy Cook,' *Applied Linguistics* 23 (2): 263–272.
―― and M. Newson. 1996. *Chomsky's Universal Grammar: An Introduction*. Oxford: Blackwell. ［初版については須賀哲夫（訳）（1990）『チョムスキーの言語理論――普遍文法入門』新曜社］
Cooke, M. and J. Simpson. 2008. *ESOL: A Critical Guide*. Oxford: Oxford University Press.
Copeland, R. 1995. *Rhetoric, Hermeneutics and Translation in the Middle Ages: Academic Traditions and Vernacular Texts*. Cambridge: Cambridge University Press.

Corder, S. P. 1967. 'The significance of learners' errors.' *International Review of Applied Linguistics* 4: 161–170.
—— 1973. *Introducing Applied Linguistics*. Harmondsworth: Penguin.
Coulmas, F. (ed.). 1981. *A Festschrift for Native Speaker*. The Hague, New York: Mouton.
Creese, A. 2008. 'Linguistic ethnography' in K. A. King and N. H. Hornberger (eds.): *Encyclopedia of Language and Education* (2nd edn.). *Volume 10: Research Methods in Language and Education*: 229–241. New York: Springer Science+Business Media LLC.
Cromdal, J. 2005. 'Bilingual order in collaborative word processing: on creating an English text in Sweden.' *Journal of Pragmatics* 37 (3): 329–353.
Crystal, D. 1986. *Listen to Your Child: A Parent's Guide to Children's Language*. Harmondsworth: Penguin.
—— 1997. *The Cambridge Encyclopaedia of Language* (2nd edn.). Cambridge: Cambridge University Press. ［初版については佐久間淳一ほか（訳）(1992)『言語学百科事典』大修館書店］
—— 2000a. 'On trying to be Crystal-clear: a response to Phillipson.' *Applied Linguistics* 21 (3): 415–423.
—— 2000b. *Language Death*. Cambridge: Cambridge University Press. ［斎藤兆史、三谷裕美（訳）(2004)『消滅する言語――人類の知的遺産をいかに守るか』中央公論新社］
—— 2003. *English as a Global Language* (2nd edn.). Cambridge: Cambridge University Press. ［初版については國弘正雄（訳）(1999)『地球語としての英語』みすず書房］
Cummins, J. 2007. 'Rethinking monolingual instructional strategies in multilingual classrooms.' *Canadian Journal of Applied Linguistics* 10 (2) 221–240.
Curran, C. A. 1976. *Counseling Learning in Second Languages*. Apple River, IL: Apple River Press.
Dalton-Puffer, C. 2007. *Discourse in Content and Language Integrated Learning (CLIL) Classrooms*. Amsterdam: John Benjamins.
Daro, V. 1990. 'Speaking speed during simultaneous interpretation: a discussion of its neuropsychological aspects and possible contributions to teaching' in L. Gran and C. Taylor (eds.): *Aspects of Applied and Experimental Research on Conference Interpretation* 83–92. Udine, Italia: Campanotta Editore.
Davies, A. 1995. 'Proficiency or the native speaker: what are we trying to achieve in ELT?' in G. Cook and B. Seidlhofer (eds.): *Principle and Practice in Applied Linguistics* 145–159. Oxford: Oxford University Press.
—— 2003. *The Native Speaker: Myth and Reality*. Clevedon: Multilingual Matters.
De Fina, A. 2003. *Identity in Narrative: A Study of Immigrant Discourse*. Amsterdam: John Benjamins.
——, D. Schiffrin, and M. Bamberg (eds.). 2006. *Discourse and Identity*. Cambridge: Cambridge University Press.
Deller, S. and M. Rinvolucri. 2002. *Using the Mother Tongue*. London: English

Teaching Professional, Delta Publishing.
Dil, A. S. 1992. 'Urdu' in W. Bright (ed.): *International Encyclopaedia of Linguistics*. Volume 4: 210–212. New York, Oxford: Oxford University Press.
di Pietro, R. 1971. *Language Structures in Contrast*. Rowley, MA: Newbury House. ［小池生夫（訳）(1974)『言語の対照研究』大修館書店］
Dixon, R. M. W. 1980. *The Languages of Australia*. Cambridge: Cambridge University Press.
Dörnyei, Z., K. Csizér, and N. Németh. 2006. *Motivation, Language Attitudes and Globalisation: A Hungarian Perspective*. Clevedon: Multilingual Matters.
Dörnyei, Z. and T. Murphey. 2003. *Group Dynamics in the Language Classroom*. Cambridge: Cambridge University Press.
—— and E. Ushioda (eds.). 2009. *Motivation, Language Identity and the L2 Self*. Clevedon: Multilingual Matters.
Dostert, L. 1955. 'The Georgetown-IBM experiment' in W. N. Locke and A. D. Booth (eds.): *Machine Translation of Languages* 124–135. New York, London: MIT Press and John Wiley.
Duff, A. 1989. *Translation*. Oxford: Oxford University Press.
Dulay, H. and M. Burt. 1973. 'Should we teach children syntax?' *Language Learning* 23 (2): 245–258.
—— and M. Burt 1974. 'Natural sequences in child language acquisition.' *Language Learning* 24 (1): 37–53.
—— and M. Burt 1975. 'Creative construction in second language learning and teaching' in M. Burt and H. Dulay (eds.): *New Directions in Second Language Learning, Teaching, and Bilingual Education* 21–32. Washington, DC: TESOL.
Edge, J. (ed.). 2006. *(Re-)locating TESOL in an Age of Empire*. London: Palgrave Macmillan.
Edstrom, A. 2006. 'L1 use in the L2 classroom: one teacher's self-evaluation.' *The Canadian Modern Language Review* 63 (2): 275–292.
Ellis, N. and D. Larsen-Freeman. 2006. 'Language emergence: implications for applied linguistics.' Introduction to the special issue. *Applied Linguistics* 27 (4): 558–590.
—— and —— (guest eds.). 2006. Special issue: 'Language Emergence.' *Applied Linguistics* 27 (4).
Ellis, R. 1985. *Understanding Second Language Acquisition*. Oxford: Oxford University Press. ［牧野高吉（訳）(1988)『第2言語習得の基礎』ニューカレントインターナショナル］
—— 1993. (1st edn.). *The Study of Second Language Acquisition*. Oxford: Oxford University Press. ［金子朝子（訳）(1996)『第二言語習得序説——学習者言語の研究』研究社］
—— 2003. *Task-based Language Learning and Teaching*. Oxford: Oxford University Press.
—— 2008. (2nd edn.). *The Study of Second Language Acquisition*. Oxford: Oxford University Press.

Fabrício, B. and D. Santos. 2006. '(Re-)locating TEFL: the (re)framing process as a collaborative locus for change' in J. Edge (ed.): *(Re-)Locating TESOL in an Age of Empire* 65–83. London: Palgrave Macmillan.

Fairclough, N. 1989. (1st edn.). *Language and Power*. London: Longman. ［貫井孝典（訳・監修）；吉村昭市，脇田博文，水野真木子（訳）(2008)『言語とパワー』大阪教育図書］

—— 2006. *Language and Globalization*. London: Routledge.

Feinsilver, L. M. 1962. 'Yiddish Idioms in American English.' *American Speech*. 37 (3): 200–206.

Fennell, J. L. I. 1961. *The Penguin Russian Course*. Harmondsworth: Penguin.

Ferguson, G. 2003. 'Classroom code-switching in post-colonial contexts: functions, attitudes and policies.' *AILA Review* 16: 38–51.

Fillmore, C. J. 1992. 'Pronouns' in W. Bright (ed.): *International Encyclopaedia of Linguistics* Volume 3: 281–284. New York, Oxford: Oxford University Press.

Firth, J. R. 1957. *Papers in Linguistics* 1934–1951. London: Oxford University Press. ［大東百合子（訳）(1975)『ファース言語論集 (I) 1934–51』研究社］

—— 1968. *Selected Papers of J. R. Firth* (F. R. Palmer ed.). London and Harlow: Longman. ［大東百合子（訳）(1978)『ファース言語論集 (II) 1952–59』研究社］

Fisiak, J. (ed.). 1981. *Contrastive Linguistics and the Language Teacher*. Oxford: Pergamon.

Fries, C. C. 1945. *Teaching and Learning English as a Foreign Language*. Ann Arbor: University of Michigan Press. ［太田朗（訳・解説）(1977)『外国語としての英語の教授と学習』研究社］

Giauque, G. S. and C. M. Ely. 1990. 'Code-switching in beginning foreign language teaching' in R. Jacobson and C. Faltis (eds.): *Language Distribution Issues in Bilingual Schooling* 174–184. Clevedon: Multilingual Matters.

González Davies, M. 2004. *Multiple Voices in the Translation Classroom: Activities, Tasks and Projects*. Amsterdam: John Benjamins.

Graddol, D. 2007. 'English next: why global English may mean the end of "English as a Foreign Language"'. British Council, available at http://www.britishcouncil.org/learning-research-english-next.pdf

Granger, S. 2002. 'A bird's-eye view of learner corpus research' in S. Granger, J. Hung, and S. Petch-Tyson (eds.): *Computer Learner Corpora, Second Language Acquisition and Foreign Language Teaching* 3–33. Philadelphia: John Benjamins.

Gray, J. 2002. 'The global coursebook in English language teaching' in D. Block and D. Cameron (eds.): *Globalization and Language Teaching*. New York: Routledge.

Gregg, K. 1984. 'Krashen's monitor and Occam's razor.' *Applied Linguistics* 5 (2): 79–100.

Green, J. F. 1970. 'The use of the mother tongue and the teaching of translation.' *English Language Teaching* 24 (3).

Greenberg, R. D. 2004. *Language and Identity in the Balkans: Serbo-Croatian and*

*Its Disintegration*. New York: Oxford University Press.
Grenfell, M. (ed.). 2002. *Modern Languages Across the Curriculum*. London: Routledge.
Guizot, F. P. G. 1821. *Oeuvres complètes de Shakespeare*. Volume 8. Paris: Didier.
Halliday, M. A. K. 1976. *System and Function in Language* (ed. G. Kress). Oxford: Oxford University Press.
―― 2007. *The Collected Works of M. A. K. Halliday* (10 volumes, ed. J. Webster). London: Continuum.
Harmer, J. 2007. *The Practice of English Language Teaching* (4th edn.). London: Longman Pearson.［第三版については斎藤栄二，新里眞男（監訳）（2003）『実践的英語教育の指導法――4技能から評価まで』ピアソン・エデュケーション］
Harris, R. 1998. *Introduction to Integrational Linguistics*. Oxford: Pergamon.
Hatim, B. and I. Mason. 1990. *Discourse and the Translator*. London: Longman.
He, Q. 2000. 'English language education in China' in S. J. Baker (ed.): *Language Policy: Lessons from Global Models* 225–231. Monterey, CA: Monterey Institute of International Studies.
Hedge, T. 2000. *Teaching and Learning in the Language Classroom*. Oxford: Oxford University Press.
Hewitt, B. G. 1992. 'Caucasian languages' in W. Bright (ed.): *International Encyclopaedia of Linguistics* Volume 1: 220–227. New York, Oxford: Oxford University Press.
Hickey, R. 2007. *Irish English: History and Present-day Forms*. Cambridge: Cambridge University Press.
Hobbs, V., A. Matsuo, and M. Payne. 2010. 'Code-switching in Japanese language classrooms: An exploratory investigation of native vs. non-native speaker teacher practice.' *Linguistics and Education* 21 (1): 44–59.
Hoey, M. 2005. *Lexical Priming: A New Theory of Words and Language*. London: Routledge.
Horst, M., T. Cobb, and H. Nicolae. 2005. 'Expanding academic vocabulary with an interactive on-line database.' *Language Learning and Technology* 9 (2): 90–110.
House, J. 1977. *A Model for Translation Quality Assessment*. Tübingen: Gunter Narr.
―― 1997. *Translation Quality Assessment: A Model Revisited*. Tübingen: Gunter Narr.
Howatt, A. P. R. 1984. (1st edn.) *A History of English Language Teaching*. Oxford: Oxford University Press.
―― with H. G. Widdowson. 2004. (2nd edn.) *A History of English Language Teaching*. Oxford: Oxford University Press.
Howells, G. 2009. 'Learning, translating and teaching language: cultural resonance, individual research and the contribution of information technology' in A. Witte, T. Harden, and A. Ramos de Oliveira Harden (eds.): *Translation in Second Language Teaching and Learning* 163–180. Frankfurt: Peter Lang.
Hu, G. 2004. 'Translator-centeredness.' *Perspectives: Studies in Translatology*

12 (2): 106–117.

Hummel, K. M. 1995. 'Translation and second language learning.' *Canadian Modern Language Review* 51 (3): 444–455.

Hymes, D. 1972. 'On communicative competence' in J. B. Pride and J. Holmes (eds.): *Sociolinguistics*. Harmondsworth: Penguin.

ITTO (International Teacher Training Organization). 2009. 'Using L1 in the TEFL classroom' available at http://www.teflcertificatecourses.com/tefl-articles/L1-teflclassroom.php

Ioup, G., E. Boustagui, M. El Tigi, and M. Moselle. 1994. 'Reexamining the critical period hypothesis: a case study in a naturalistic environment.' *Studies in Second Language Acquisition* 16 (1): 73–98.

Jakobson, R. 1959. 'Linguistic Aspects of Translation' in R. A. Brower (ed.): *On Translation*. Cambridge, MA: Harvard University Press.［日本科学技術翻訳協会訳編（1970）『翻訳のすべて』日本科学技術翻訳協会］

—— 1960. 'Closing statement: linguistics and poetics' in T. A. Sebeok (ed.): *Style in Language* 350–377. Cambridge, MA: MIT Press.

James, C. 1980. *Contrastive Analysis*. London: Longman.

Jenkins, J. 2000. *The Phonology of English as an International Language*. Oxford: Oxford University Press.

—— 2007. *English as a Lingua Franca: Attitude and Identity*. Oxford: Oxford University Press.

Jibraa, M. J. 1986. (*The Sonnets*). Iraq: Maktabat Ash Sharq Al Awsat.

Johnson, D. C. 2010. 'The relationship between applied linguistic research and language policy for bilingual education.' *Applied Linguistics* 31 (1): 72–93.

Johnson, K. 1996. *Language Teaching and Skill Learning*. Oxford: Blackwell.

—— 1998. 'Curriculum' and 'Syllabus' in K. Johnson and H. Johnson (eds.): *The Encyclopaedic Dictionary of Applied Linguistics*: 93 and 312. Oxford: Blackwell.［岡秀夫（監訳）(1999)『外国語教育学大辞典』大修館書店］

—— 2001. *An Introduction to Foreign Language Teaching and Learning*. London: Longman.

—— and K. Morrow. 1979. *Communicate*. Cambridge: Cambridge University Press.

Jordan, C. 1970. *Cotton Patch Version of Matthew and John*. El Monte, CA: New Win Publishing.

Joseph, J. E. 2004. *Language and Identity: National, Ethnic, Religious*. Basingstoke: Palgrave Macmillan.

Kachru, B. 1985. 'Standards, codification and sociolinguistic realism: the English language in the Outer Circle' in R. Quirk and H. G. Widdowson (eds.): *English in the World: Teaching and Learning the Language and Literatures*: 11–30. Cambridge: Cambridge University Press.

—— 1995. 'Transcultural creativity in world Englishes and literary canons' in G. Cook and B. Seidlhofer (eds.): *Principle and Practice in Applied Linguistics* 271–289. Oxford: Oxford University Press.

Källkvist, M. 2004. 'The effect of translation exercises versus gap exercises on the learning of difficult L2 structures. Preliminary results of an empirical study' in K. Malmkjær (ed.): *Translation in Undergraduate Degree Programmes* 173–184. Philadelphia, PA: John Benjamins.

—— 2008. 'L1–L2 translation versus no translation: a longitudinal study of focus-on-formS within a meaning-focused curriculum' in L. Ortega and H. Byrnes (eds.): *The Longitudinal Study of Advanced L2 Capacities*. London: Routledge.

Kaneko, T. 1992. *The role of the first language in foreign language classrooms*. Unpublished PhD thesis: Temple University, Japan.

Kanno, Y. 2003. *Negotiating Bilingual and Bicultural Identities: Japanese Returnees Betwixt Two Worlds*. London: Lawrence Erlbaum.

Keenan, J. M., B. MacWhinney, and D. Mayhew. 1977. 'Pragmatics in memory: a study of natural conversation.' *Journal of Verbal Learning and Verbal Behaviour* 16: 549–560.

Kelly Hall, J., G. Vitanova, and L. A. Marchenkova (eds.): 2004. *Dialogue with Bakhtin on Second and Foreign Language Learning: New Perspectives*. Mahwah, NJ: Lawrence Erlbaum.

Kelly, L. G. 1969. *25 Centuries of Language Teaching: 500 B.C.–1969*. Rowley, MA: Newbury House.

Kelly-Holmes, H. 2004. *Advertising as Multilingual Communication*. London: Palgrave Macmillan.

Kenny, D. 2009. 'Equivalence' in M. Baker and G. Saldanha (eds.): *Routledge Encyclopedia of Translation Studies* (2nd edn.) 96–99. London: Routledge.

Kim, S. H. and C. Elder. 2005. 'Language choices and pedagogic functions in the foreign language classroom: a cross-linguistic functional analysis of teacher talk.' *Language Teaching Research* 9 (4): 355–380.

Koller, W. 1989. 'Equivalence in translation theory' (trans. A Chesterman: original German 1979) in A. Chesterman (ed.): *Readings in Translation Theory*. Helsinki: Finn Lectura.

Komissarov, V. 1973. (*Slovo o perevode*). Moscow.

Kramsch, C. 1993. *Context and Culture in Language Teaching*. Oxford: Oxford University Press.

—— (ed.). 2002. *Language Acquisition and Language Socialization. Ecological perspectives*. London: Continuum.

—— 2005. 'Post 9/11: Foreign languages between knowledge and power.' *Applied Linguistics* 26 (4): 545–568.

—— 2006. 'From communicative competence to symbolic competence'. *The Modern Language Journal* 90 (2): 249–252.

—— 2008. Interview for the Open University Masters in Education (Applied Linguistics) January 2008.

—— and A. Whiteside. 2008. 'Language ecology in multilingual settings. Towards a theory of symbolic competence.' *Applied Linguistics* 29 (4): 645–672.

Krashen, S. D. 1982. *Principles and Practice in Second Language Acquisition*. Oxford: Pergamon.

—— 1985. *The Input Hypothesis: Issues and Implications*. London: Longman.

—— and T. D. Terrell. 1983. *The Natural Approach: Language Acquisition in the Classroom*. Oxford: Pergamon. ［藤森和子（訳）(1986)『ナチュラル・アプローチのすすめ』大修館書店］

Kress, G. and T. van Leeuwen. 2001. *Multimodal Discourse*. London: Arnold.

Kumaravadivelu, B. 2003. *Beyond Methods: Macrostrategies for Language Teaching*. New Haven and London: Yale University Press.

Kupferberg, I. and E. Olshtain. 1996. 'Explicit contrastive instruction facilitates the acquisition of difficult L2 forms.' *Language Awareness* 5 (3–4): 149–165.

Lado, R. 1957. *Linguistics across Cultures: Applied Linguistics for Teachers*. Ann Arbor: University of Michigan Press. ［上田明子（訳注）(1959)『文化と言語学』大修館書店］

Lambert, S. and B. Moser-Mercer (eds.). 1994. *Bridging the gap: Empirical Research in Simultaneous Interpretation*. Philadelphia: John Benjamins.

Lantolf, J. (ed.). 2000. *Sociocultural Theory and Second Language Learning*. Oxford: Oxford University Press.

Larsen-Freeman, D. 2000. *Techniques and Principles in Language Teaching*. Oxford: Oxford University Press. ［初版については山崎真稔，高橋貞雄（訳）(1990)『外国語の教え方』玉川大学出版部］

—— and L. Cameron. 2008. *Complex Systems and Applied Linguistics*. Oxford: Oxford University Press.

Laufer, B. and N. Girsai. 2008. 'Form-focused instruction in second language vocabulary learning: a case for contrastive analysis and translation.' *Applied Linguistics* 29 (4): 694–716.

Le Guin, U. K. 1998. *Catwings*. New York: Scholastic. ［村上春樹（訳）(1996)『空飛び猫』講談社］

Lee, J. 2009. 'Interpreting inexplicit language during courtroom examination.' *Applied Linguistics* 30 (1): 93–115.

Lefevere, A. 1975. *Translating Poetry*. Assen: van Gorcum.

Lenneberg, E. H. 1967. *Biological Foundations of Language*. New York: Wiley. ［佐藤方哉，神尾昭雄（訳）(1974)『言語の生物学的基礎』大修館書店］

Levine, G. S. 2003. 'Student and instructor beliefs and attitudes about target language use, first language use, and anxiety: report of a questionnaire study.' *The Modern Language Journal* 87 (3): 343–364.

Lewis, M. 1993. *The Lexical Approach*. Hove: Language Teaching Publications.

—— 1996. 'Implementing the lexical approach.' *IATEFL Annual Conference Report*. Whitstable: IATEFL.

Lewis, M. P. (ed.). 2009. *Ethnologue: Languages of the World* (16th edn.) Dallas, TX: SIL International.

Lightbown, P. and N. Spada. 2006. *How Languages are Learned* (3rd edn.). Oxford: Oxford University Press.

Lin, A. (ed.). 1996. 'Bilingualism or linguistic segregation? Symbolic domination, resistance and code switching in Hong Kong schools.' *Linguistics and Educa-

*tion* 8 (1): 49–84.

——— 2008. *Problematizing Identity: Everyday Struggles in Language, Culture, and Education*. Mahwah, NJ: Lawrence Erlbaum.

Littlejohn, A. 1992. *Why are English language teaching materials the way they are?* Unpublished PhD thesis: Lancaster University.

——— and D. Hicks. 1996. *English for Schools*. Cambridge: Cambridge University Press.

Littlewood, W. 1981. *Communicative Language Teaching*. Cambridge: Cambridge University Press.［吉永光明，大津敦史，石井和仁（訳）(1991)『コミュニケーション重視の言語教育——理論と実践』開隆堂出版］

Liu, Y. 2007. 'Towards "representational justice" in translation practice' in J. Munday (ed.): *Translation as Intervention* 54–71. London: Routledge.

Long, M. 1983. 'Native speaker/non-native speaker conversation and the negotiation of comprehensible input.' *Applied Linguistics* 4 (2): 126–141.

——— 1985. 'A role for instruction in second language acquisition' in K. Hyltenstam and M. Pienemann (eds.): *Modelling and Assessing Second Language Learning* 77–101. Clevedon: Multilingual Matters.

——— 1991. 'Focus on form: A design feature in language teaching methodology' in K de Bot, R. Ginsberg, and C. Kramsch (eds.): *Foreign Language Research in Cross-cultural Perspective* 39–53. Amsterdam: John Benjamins.

——— and P. Robinson. 1998. 'Focus on form: theory, research and practice' in C. Doughty, and J. Williams (eds.): *Focus on Form in Second Language Acquisition* 15–41. Cambridge: Cambridge University Press.

Loschky, L. and R. Bley-Vroman. 1993. 'Grammar and task-based methodology' in G. Crookes and S. Gass (eds.): *Tasks and Language Learning: Integration Theory and Practice* 123–167. Clevedon: Multilingual Matters.

Lowell, R. 1962. *Imitations*. London: Faber and Faber.

Lozanov, G. 1978. *Suggestology and the Outlines of Suggestopedy*. New York: Gordon and Breach.

Lynch, T. 2000. 'Exploring the benefits of task repetition and recycling for classroom language learning.' *Language Teaching Research* 4 (3): 221–250.

Macaro, E. 1997. *Target Language, Collaborative Learning and Autonomy*. Clevedon: Multilingual Matters.

Macherey, P. 1978. *A Theory of Literary Production* (trans. G. Wall). London: Routledge and Kegan Paul.［内藤陽哉（訳）(1969)『文学生産の理論』合同出版（英訳は 1978)］

MacWhinney, B. 2006. 'Emergentism — use often and with care.' *Applied Linguistics* 27 (4): 729–741.

Maier, C. 2007. 'The translator as an interventient being' in J. Munday (ed.): *Translation as Intervention* 1–18. London: Routledge.

Malmkjær, K. (ed.). 1995/1996. *Translation and Language Teaching*. AILA Review No 12.

——— (ed.). 2004. *Translation in Undergraduate Degree Programmes*. Amsterdam,

Philadelphia, PA: John Benjamins.
Marlein, M. 2009. 'Improving syntactical skills through translation? Making L2 word order visible in L1 through word-by-word translation' in A. Witte, T. Harden, and A. Ramos de Oliveira Harden (eds.): *Translation in Second Language Teaching and Learning* 137–152. Frankfurt: Peter Lang.
Marsh, D. 2002. *CLIL/EMILE The European Dimension: Actions, Trends and Foresight Potential*. EU Public Services Contract 2001–3406/001–001 available online at http://ec.europa.eu/education/languages/language-teaching/doc236_en.htm
Martin, J. R. 1985. *Factual Writing: Exploring and Challenging Social Reality*. Oxford: Oxford University Press.
Matthews-Breský, R. J. H. 1972. 'Translation as a testing device.' *English Language Teaching Journal* 27 (1): 58–65.
McElhinny, B. (ed.). 2008. *Words, Worlds, and Material Girls: Language, Gender, Globalization*. New York: Mouton de Gruyter.
McKay, S. 2002. *Teaching English as an International Language*. Oxford: Oxford University Press.
McLaughlin, B. 1987. *Theories of Second-Language Learning*. London: Arnold.
Medgyes, P. 1994. *The Non-Native Teacher*. London: Macmillan.
Mitchell, R. 1988. *Communicative Language Teaching in Practice*. London: CILT.
—— and F. Myles. 2004. (2nd edn.) *Second Language Learning Theories*. London: Arnold.
Morgan, B. Q. 1959. 'A critical bibliography of works on translation' in R. A. Brower (ed.): *On Translation* 270–280. Boston, MA: Harvard University Press.
Moser-Mercer, B. 2001. 'Simultaneous interpreting: cognitive potential and limitations.' *Interpreting* 5 (2): 83–94.
Munday, J. 2001. *Introducing Translation Studies: Theories and Applications*. London: Routledge. ［鳥飼玖美子（訳）(2009)『翻訳学入門』みすず書房］
Mustafin, Y. 1984. *The Bridge* (trans. E. Poptsova-Cook and G. Cook). Moscow: Raduga.
Myles, F. J., R. F. Mitchell, and J. V. Hooper. 1999. 'Interrogative chunks in French L2: a basis for creative construction?' *Studies in Second Language Acquisition* 21 (1): 49–80.
Nabokov, V. 1964. *Pushkin: Eugene Onegin*. London: Routledge and Kegan Paul.
Newmark, P. 1981. *Approaches to Translation*. London: Pergamon.
Newmeyer, F. and S. Weinberger. 1988. 'The ontogenesis of the field of second language learning research' in S. Flynn and W. O'Neil (eds.): *Linguistic Theory in Second Language Acquisition* 34–45. Dordrecht: Kluwer.
Nida, E. and C. R. Taber. 1969. *The Theory and Practice of Translation*. Leiden: Brill. ［沢登春仁，升川潔（訳）(1973)『翻訳――理論と実際』研究社］
Nikula, T. 2007. 'Speaking English in Finnish content-based classrooms.' *World Englishes* 26 (2): 206–223.
Norris, S. 2004. *Analyzing Multimodal Interaction. A Methodological Framework*.

London: Routledge.

Norton, B. 2000. *Identity and Language Learning*. New York: Pearson Education Limited.

Nunan, D. 1987. 'Communicative language teaching: making it work.' *English Language Teaching Journal* 41 (2): 136–145.

—— 1988. *Syllabus Design*. Oxford: Oxford University Press.

O'Connell, J. 2001. 'Cherishing a Minority Language: Irish Language and National Identity.' Paper given at the European Language Minorities Conference: University of Bath.

Odlin, T. 1989. *Language Transfer*. Cambridge: Cambridge University Press.［丹下省吾（訳）（1995）『言語転移——言語学習における通言語的影響』リーベル出版］

Omoniyi, T. and G. White (eds.). 2006. *The Sociolinguistics of Identity*. London: Continuum.

Pachler, N., A. Barnes, and K. Field (eds.). 2008. (3rd edn.) *Learning to Teach: Using Modern Foreign Languages in the Secondary School*. London: Routledge.

Park, J. S-Y. and L. Wee. 2009. 'The three circles redux: a market-theoretic perspective on world Englishes.' *Applied Linguistics* 30 (3): 389–406.

Pavlenko, A. 2005. 'Bilingualism and thought' in A. de Groot and J. Kroll (eds.): *Handbook of Bilingualism: Psycholinguistic Approaches* 433–454. New York: Oxford University Press.

—— and J. Lantolf. 2000. 'Second language learning as participation and the (re)construction of selves' in J. Lantolf: (9th edn.) *Sociocultural Theory and Second Language Learning* 155–179. Oxford: Oxford University Press.

—— and A. Blackledge (eds.). 2004. *Negotiation of Identities in Multilingual Contexts*. Clevedon: Multilingual Matters.

Pennycook, A. 1994. 'Incommensurable Discourses?' *Applied Linguistics* 15 (2): 115–138.

—— 2007. *Global Englishes and Transcultural Flows*. London: Routledge.

Peters, A. 1983. *The Units of Language Acquisition*. Cambridge: Cambridge University Press.

Phillipson, R. 1992. *Linguistic Imperialism*. Oxford: Oxford University Press.

—— 1999. (Review article) 'Voice in global English: unheard chords in Crystal loud and clear.' *Applied Linguistics* 20 (2): 265–275.

Pinker, S. 1994. *The Language Instinct: The New Science of Language and Mind*. London: Allen Lane.［椋田直子（訳）（1995）『言語を生みだす本能』日本放送出版協会］

Polio, C. G. and P. A. Duff. 1994. 'Teachers' language use in university foreign language classrooms: a qualitative analysis of English and target language alternation.' *The Modern Language Journal* 78: 313–326.

Poole, B. 1999. *A critical analysis of early start programmes in UK primary language learning*. Unpublished PhD thesis: London University Institute of Education.

Prabhu, N. S. 1984. 'Procedural Syllabuses' in T. E. Read (ed.): *Trends in Language Syllabus Design* 272–280. Singapore: Singapore University Press/RELC.

Prodromou, L. 2002. 'The liberating role of the mother tongue' in S. Deller and M. Rinvolucri (eds.): *Using the Mother Tongue: Making the Most of the Learner's Language* 5. London: English Teaching Professional and Delta Publishing.

Pym, A. 1992. *Translation and Text Transfer*. Frankfurt: Peter Lang.

―― 2009. 'The Spanish tradition' in M. Baker and G. Saldanha (eds.): *The Routledge Encyclopedia of Translation Studies* 533–542. London: Routledge.

Rampton, B. 1990. 'Displacing the "native speaker": expertise, affiliation and inheritance.' *English Language Teaching Journal* 44 (2): 97–101.

―― 1996. 'Language crossing, new ethnicities and school.' *English in Education* 30 (2): 14–26.

―― 1999a. 'Deutsch in inner London and the animation of an instructed foreign language.' *Journal of Sociolinguistics* 3 (4): 480–504.

―― 1999b. 'Dichotomies, difference and ritual in second language learning and teaching.' *Applied Linguistics* 20 (3): 316–340.

―― 2000. 'Continuity and change in views of society in applied linguistics' in Trappes-Lomax, H. (ed.): *Change and Continuity in Applied Linguistics* 97–114. Clevedon: Multilingual Matters.

―― 2005. (2nd edn.) *Crossing: Language and Ethnicity Among Adolescents* (1st edn. 1995, London: Longman). Manchester: St Jerome Press.

Richards, J. C. 2002. (2nd edn.) *The Longman Dictionary of Language Teaching and Applied Linguistics*. London: Longman.

―― and T. Rodgers. 2001. *Approaches and Methods in Language Teaching*. Cambridge: Cambridge University Press. ［アナハイム大学出版局協力翻訳チーム（訳）（2007）『世界の言語教授・指導法――アプローチ＆メソッド』東京書籍］

――, J. Platt and J. Weber. 2002. (3rd edn.) *The Longman Dictionary of Applied Linguistics*. London: Longman. ［初版については，山崎真稔，高橋貞雄，佐藤久美子，日野信行（訳）（1988）『ロングマン応用言語学用語辞典』南雲堂］

Rieu, E. V. 1953. 'Translation' in: *Cassell's Encyclopaedia of Literature*: 555. London: Cassell Publishers.

Riley, P. 2007. *Language, Culture and Identity: An Ethnolinguistic Perspective*. London: Continuum.

Ritzer, G. 1998. *The McDonaldization Thesis*. Thousand Oaks, CA: Sage. ［正岡寛司（監訳）（2001）『マクドナルド化の世界――そのテーマは何か？』早稲田大学出版部］

Robertson, R. 1995. 'Glocalization: time-space and homogeneity–heterogeneity' in M. Featherstone, S. Lash, and R. Robertson (eds.): *Global Modernities* 25–4. London: Sage.

Rolin-Ianziti, J. and S. Brownlie. 2002. 'Teacher use of learners' native language in the foreign language classroom.' *Canadian Modern Language Review* 58 (3): 402–426.

Roosevelt, T. 1926. *The Works of Theodore Roosevelt* (Memorial edn.) Volume 14:

554. New York: Charles Scribner's Sons.
Rubdy, R. and M. Saraceni (eds.). 2006. *English in the World: Global Rules, Global Roles*. London: Continuum.
—— and Tan, P. (eds.). 2008. *Language as Commodity: Trading Languages, Global Structures, Local Marketplaces*. London: Continuum.
Said, E. 1994. *Culture and Imperialism*. London: Vintage.［大橋洋一（訳）（1998）『文化と帝国主義』みすず書房］
Samuda, V. and M. Bygate. 2008. *Tasks in Second Language Learning*. Basingstoke: Palgrave Macmillan.
Santos, D. 2004. *A study of the textbook in literacy events: language, literacies and TEFL in an educational community*. Unpublished PhD thesis: University of Reading.
Sarkar, M. and L. Winer. 2006. 'Multilingual codeswitching in Quebec rap: poetry, pragmatics and performativity.' *International Journal of Multilingualism* 3 (3): 173–192.
Sarsar, N. 2007. 'Low-level educational achievements in the UAE model schools' available online at http://eric.ed.gov/ERICWebPortal/custom/portlets/recordDetails/detailmini.jsp?_nfpb=true&_&ERICExtSearch_SearchValue_o=ED499085&ERICExtSearch_Search Type_o=no&accno=ED499085
Saussure, F. de [1915] 1974. *Course in General Linguistics* (trans. W. Baskin). London: Fontana/Collins.［小林英夫（訳）（1972）『一般言語学講義』岩波書店］
Schmidt, R. 1990: 'The role of consciousness in second language learning'. *Applied Linguistics* 11 (2): 129–158.
Schneiderman, E. and C. Desmarais. 1988. 'The talented language learner. Some preliminary findings.' *Second Language Research* 4 (1): 91–109.
Sealey, A. and B. Carter. 2004. *Applied Linguistics as a Social Science*. London: Continuum.
Searle, J. R. 1969. *Speech Acts: An Essay in the Philosophy of Language*. Cambridge: Cambridge University Press.［坂本百大，土屋俊（訳）（1994）『言語行為——言語哲学への試論』勁草書房］
—— 1975a. 'A taxonomy of illocutionary acts' in K. Gunderson (ed.): *Language, Mind and Knowledge*, Volume 7 344–369. Minneapolis: University of Minnesota Press.
—— 1975b. 'Indirect speech acts' in P. Cole and J. L. Morgan (eds.): *Syntax and Semantics, Vol. 3, Speech Acts*. New York: Academic Press.
SEF (Secretaria de Educação Fundamental). 1998. *Língua estrangeira: Parâmetros Curriculares Nacionais* [Foreign Language, National Curricular Parameters], Brasília, Brazil: Ministério da Educação.
Seidlhofer, B. 1999. 'Double standards: teacher education in the Expanding Circle'. *World Englishes* 18 (2): 233–245.
—— 2002. 'Closing a conceptual gap: the case for a description of English as a lingua franca.' *International Journal of Applied Linguistics* 11 (2): 133–158.
—— 2010. *Understanding English as a Lingua Franca*. Oxford: Oxford University

Press.

Selinker, L. 1972. 'Interlanguage.' *International Review of Applied Linguistics* 10: 209–231.

Shohamy, E. 2006. *Language Policy: Hidden Agendas and New Approaches*. London: Routledge.

Sinclair, J. McH. 1991. *Corpus, Concordance, Collocation*. Oxford: Oxford University Press.

—— 2004. *Trust the Text: Language, Corpus and Discourse*. London: Routledge.

Skehan, P. 1998. *A Cognitive Approach to Language Learning*. Oxford: Oxford University Press.

Skilbeck, M. 1982. 'Three educational ideologies' in T. Horton and P. Raggat (eds.): *Challenge and Change in the Curriculum* 7–18. Sevenoaks: Hodder and Stoughton.

Smith, K. 2006. 'Rhetorical figures and the translation of advertising headlines.' *Language and Literature* 15: 159–182.

Snellings, P., A. van Gelderen, and K. de Glopper. 2002. 'Lexical retrieval: an aspect of fluent second language production that can be enhanced.' *Language Learning* 52 (4): 723–754.

Soars, J. and L. Soars. 1986 onwards. *Headway Intermediate*. Oxford: Oxford University Press.

Spada, N. and P. M. Lightbown. 1999. 'Instruction, first language influence, and developmental readiness in second language acquisition.' *Modern Languages Journal* 83 (1): 1–22.

Speight, K. 1962. *Teach Yourself Italian*. London: Teach Yourself Books.

Spolsky, B. 1989. *Conditions for Second Language Learning*. Oxford: Oxford University Press.

Sridhar, K. and S. Sridhar. 1986. 'Bridging the paradigm gap: second language acquisition theory and indigenized varieties of English.' *World Englishes* 5 (1): 3–14.

Steiner, G. 1998. (3rd edn.) *After Babel*. Oxford: Oxford University Press.［亀山健吉（訳）(1999)『バベルの後に――言葉と翻訳の諸相』法政大学出版局］

Stern, H. H. 1983. *Fundamental Concepts of Language Teaching*. Oxford: Oxford University Press.

—— 1992. *Issues and Options in Language Teaching*. Oxford: Oxford University Press.

Stevick, E. 1981. *Teaching Languages: A Way and Ways*. Rowley, MA: Newbury House.

Stubbs, M. 1996. *Text and Corpus Analysis*. Oxford: Blackwell.

—— 2001. *Words and Phrases*. Oxford: Blackwell.［南出康世，石川慎一郎（監訳）(2006)『コーパス語彙意味論――語から句へ』研究社］

Swales, J. 1990. *Genre Analysis*. Cambridge: Cambridge University Press.

Swan, M. 1997. 'The influence of the mother tongue on second language vocabulary acquisition and use' in N. Schmitt and M. McCarthy (eds.): *Vocabulary:*

*Description, Acquisition and Pedagogy* 156–181. Cambridge: Cambridge University Press.

—— 2005. 'Legislation by hypothesis: the case of task-based instruction.' *Applied Linguistics* 26 (3): 376–402.

—— 2007. 'Follow-up to Claire Kramsch's "classic" book review of Lado 1957.' *Linguistics Across Cultures: History is not what Happened: The Case of Contrastive Analysis. International Journal of Applied Linguistics* 17 (3): 414–419.

—— and B. Smith. 2001. (2nd edn.) *Learner English: A Teacher's Guide to Interference and Other Problems*. Cambridge: Cambridge University Press.

—— and C. Walter. 1990 onwards. *The Cambridge English Course, The New Cambridge English Course*. Cambridge: Cambridge University Press.

Sweet, H. [1899] 1964. *The Practical Study of Languages: A Guide for Teachers and Learners* (ed. R. Mackin). Oxford: Oxford University Press. ［小川芳男（訳）（1969）『言語の実際的研究』英潮社］

Tanaka, K. 1994. *Advertising Language: A Pragmatic Approach to Advertisements in Britain and Japan*. London: Routledge.

Tannen, D. 2007. *Talking Voices: Repetition, Dialogue, and Imagery in Conversational Discourse*. Cambridge: Cambridge University Press.

Taylor, D. S. 1988. 'The meaning and use of the term "competence" in linguistics and applied linguistics.' *Applied Linguistics* 9 (2): 148–168.

TESOL 2006. 'Position statement against discrimination of nonnative speakers of English in the field of TESOL.' TESOL USA available on-line at http://www.tesol.org/s_tesol/bin.asp?CID=32&DID=5889&DOC=FILE.pdf

Thomas, D. 1999. *Culture, ideology and educational change: the case of English language teachers in Slovakia*. Unpublished PhD thesis: London University Institute of Education.

Thomas, J. 1976. 'Translation, language teaching, and the bilingual assumption.' *TESOL Quarterly* 10 (4): 403–410.

Thomas, M. 2006. *Michel Thomas German Foundation Course: German*. Michel Thomas Series: Audiobook/audio CD (2nd edn. 29 Sep 2006): Hodder Arnold.

Thomas, S. 1998. 'Translation as intercultural conflict' in S. Hunston (ed.): *Language at Work* 98–109. Clevedon: Multilingual Matters.

Thoreau, H. 1854. *Walden*. Boston and New York: Houghton, Mifflin and Company. ［飯田実（訳）（2001）『森の生活——ウォールデン』岩波書店］

Titone, R. 1968. *Teaching Foreign Languages: An Historical Sketch*. Washington, DC: Georgetown University Press.

Tourey, G. 1980. *In Search of a Theory of Translation*. Tel Aviv: Porter Institute.

Towell, R. and R. Hawkins. 1994. *Approaches to Second Language Acquisition*. Clevedon: Multilingual Matters.

Truscott, J. 1996. 'The case against grammar correction in L2 writing classes.' *Language Learning* 46 (2): 327–369.

Tudor, I. 1987. 'Using translation in ESP'. *English Language Teaching Journal* 41 (4): 268–273.

van Lier, L. 1996. *Interaction in the Language Curriculum. Awareness, Autonomy and Authenticity*. London and New York: Longman.
—— 2000. 'From input to affordance: social-interactive learning in an ecological perspective' in J. P. Lantolf (ed.): *Sociocultural Theory and Language Learning* 245–260. Oxford: Oxford University Press.
—— 2004. *The Ecology and Semiotics of Language Learning. A Sociocultural Perspective*. Dordrecht: Kluwer.［宇都宮裕章（訳）(2009)『生態学が教育を変える──多言語社会の処方箋』ふくろう出版］
Venuti, L. 1986. 'The translator's invisibility.' *Criticism* 28 (Spring): 197–212.
—— 1995. *The Translator's Invisibility: A History of Translation*. London: Routledge.
Viëtor, W. (under pseudonym Quosque Tandem). 1882. *Der Sprachunterricht Muss Umkehren! (Language Teaching Must Start Afresh)*. Heilbronn: Henninger.［大野敏男，田中正道（訳）(1982)『言語教育の転換』渓水社］
von Flotow, L. 1997. *Translation and Gender: Translating in the 'Era of Feminism'*. Manchester: St. Jerome.
von Goethe, J. W. 1982. *Werke. Kommentare und Register. Hamburger Ausgabe in 14 Bänden. Band 12: Kunst und Literatur*. Hamburg: Christian Wegner Verlag.
Watts, S. 2005. *The People's Tycoon: Henry Ford and the American Century*. New York: Knopf.
White, R. 1979. *Functional English*. London: Nelson.
Whorf, B. 1964. *Language, Thought, and Reality: Selected Writings of Benjamin Lee Whorf* (ed. J. B. Carroll). Cambridge, MA: MIT Press.［池上嘉彦（訳）(1993)『言語・思考・現実』講談社］
Whyte, J. 2003. *Bad Thoughts: A Guide to Clear Thinking*. London: Corvo.
Widdowson, H. G. 1978. *Teaching Language as Communication*. Oxford: Oxford University Press.［東後勝明，西出公之（訳）(1991)『コミュニケーションのための言語教育』研究社］
—— 1979. 'The deep structure of discourse and the use of translation' in *Explorations in Applied Linguistics* 101–112. Oxford: Oxford University Press.
—— 1983. *Learning Purpose and Language Use*. Oxford: Oxford University Press.
—— 1984. 'Models and fictions' in *Explorations in Applied Linguistics 2,* 21–27. Oxford: Oxford University Press.
—— 1990a. 'Problems with solutions' in *Aspects of Language Teaching* 12–27. Oxford: Oxford University Press.
—— 1990b. 'Grammar, and nonsense, and learning' in *Aspects of Language Teaching* 79–99. Oxford: Oxford University Press.
—— 1994. 'The ownership of English'. *TESOL Quarterly* 28: 377–389.
—— 2003. *Defining Issues in English Language Teaching*. Oxford: Oxford University Press.
Wilkins, D. A. 1972. *Linguistics in Language Teaching*. London: Arnold.
—— 1976. *Notional Syllabuses*. Oxford: Oxford University Press.［天満美智子（訳）(1975)『言語学と語学教育』研究社］

Williams, M. and R. L. Burden. 1997. *Psychology for Language Teachers: A Social Constructivist Approach*. Cambridge: Cambridge University Press.

Willis, D. 1990. *The Lexical Syllabus*. London: Collins.

Willis, J. and D. Willis. 2001. 'Task based language learning' in R. Carter and D. Nunan (eds.): *The Cambridge Guide to Teaching English to Speakers of Other Languages* 173–180. Cambridge: Cambridge University Press.

Witte, A. 2009. 'From translating to translation in foreign language learning' in A. Witte, T. Harden, and A. Ramos de Oliveira Harden (eds.): *Translation in Second Language Teaching and Learning* 91–111. Frankfurt: Peter Lang.

——, T. Harden, and A. Ramos de Oliveira Harden (eds.): 2009. *Translation in Second Language Teaching and Learning*. Frankfurt: Peter Lang.

Wolfson, N. 1989. *Perspectives: Sociolinguistics and TESOL*. Cambridge, MA: Newbury House.

Wray, A. 2002. *Formulaic Language and the Lexicon*. Cambridge: Cambridge University Press.

# 索　引

## ●事項索引

**〔ア行〕**

アイデンティティ　→　自己規定
アイルランド　Ireland　68, 69
アイルランド語　Irish　68, 145
アドニャマダナ語　Adnyamadhanha　92
アフリカ　Africa　76
アメリカ（合衆国）　USA　19, 59, 65–69, 70, 102, 171, 177–178
　〜における他言語話者への英語教育　TESOL, USA　171, 188
　〜陸軍式教授法　American Army Method　42
アラビア語　Arabic　iii–v, 28, 68, 103–104, 108, 123–124, 170, 173, 178–179, 205–206
暗示的な訳　→　明示的な訳対暗示的な訳

異化翻訳対同化翻訳　foreignization versus domestication　120–122
イギリス　Britain/UK　iii, v, 16, 33, 36, 59, 68–71, 76, 97–99, 120, 123, 145, 161, 177　→　cf. ロンドン
異言語話者の混在する状況　mixed language classes　187–190, 201, 223–224
意識的な学習　conscious learning　41, 45–48, 50, 131–135, 142　→　cf. 自然言語習得
イタリア語　Italian　29, 41, 88, 170, 204, 208–210
イディッシュ語　Yiddish　145
イデオロギー　ideology　5, 37–38, 121–122, 178, 219
イマージョン　immersion　53, 160, 171, 173　→　cf. 自然言語習得
意味重視　meaning focus　37–39, 45–53, 135–138, 144, 171–172, 200–203, 217
移民　migration　12, 19, 65–74, 99, 164, 170, 189, 222
イラン　Iran　102

イングーシ語　Ingush　175
インターネット　Internet　82

ウェールズ語　Welsh　68, 176
ウルドゥー語　→　ヒンディー・ウルドゥー語

英語
　〜唯一主義運動　English only movement　65–67
　共通言語としての〜　English as a lingua franca　63, 65, 99, 166

欧州連合　European Union (EU)　156, 168, 170–173
応用言語学　applied linguistics　5, 15–18, 62, 71–75, 125, 130–131, 145, 171, 211, 227
オーストラリア　Australia　118
オーディオリンガリズム　→　聴覚口頭教授法
オランダ語　Dutch　170
音声言語優先　primacy of speech　16

**〔カ行〕**

改革運動　Reform Movement, The　16–20, 23, 35, 40, 57, 130
外交　diplomacy　167
概念・機能型授業構成　notional functional syllabuses　129
学習者
　〜中心主義　student centred approaches　→　cf. 人間主義教育、学習方式
　〜の自主性　learner autonomy　47　→　cf. 人間主義教育、協同学習
　〜の種類　learner types　192–200
　上級〜　→　上級者
　初級〜　→　初学者
　中級〜　→　中級者

年少の〜 young learner 197–198
学習方式 learning styles 199
学術的言語教育 Language for Academic Purposes（LAP） 160
学問的教育 academic education 158–159, 182
カシミール語 Kashmiri 146
カタロニア語 Catalan 69, 170
過程型授業構成 process syllabus 48, 107
カナダ Canada 53, 59, 69, 76, 160, 169, 171
ガリーシア語 Galician 69
環境 → 言語環境
韓国 South Korea 156, 173
韓国語 Korean 118
干渉 interference 44, 58, 132, 144, 146–147, 152–153, 189
広東語 Cantonese 77
慣用句 idioms 116, 148–149, 196, 224

記号的能力 symbolic competence 74
技術的教育 technological education 158–168
既得言語 own-language 11
　教室における〜使用 own language use in the classroom 7–8, 20, 35, 38, 40–44, 56–57, 61–64, 74–80, 83–84, 132–135, 170, 192–194
教育課程 curriculum 25, 48, 53–55, 68, 128, 136, 156–185, 198 → cf. 教育哲学
教育哲学 educational philosophies 37–38, 128, 156–184 → cf. 教育課程
教育訳 TILT［translation in language teaching］ 11
教科書 textbooks 25, 31–35, 40, 48, 219
教師 teachers 25–30, 76–80, 81, 83, 159, 172–173, 184, 187–191, 192–195, 199–201, 208, 224–225
教授法
　アメリカ陸軍式〜/作業課題中心型〜/自然習得式〜/段階的構造〜/聴覚口頭〜/直接〜/場面〜 →各項目を参照。
鏡像化 mirroring 207
協同学習 collaborative learning 200–201, 213–217 → cf. 学習者の自主性、人間主義教育
共同体言語学習 Community Language Learning 42
ギリシャ語 Greek 24, 29, 31–32, 37, 146, 154
グジャラート語 Gujarati 68
繰り返し repetition 48, 219
クルド語 Kurdish 165
クロアチア語 Croatian 178
グローバリゼーション → 地球規模化

形式重視 form focus 37–45, 46, 50, 136–138, 198, 202–203, 217
言語横断型教育 cross-lingual teaching → 「既得言語使用、教室における」
言語環境 language ecology 62–63, 73
言語教育
　学術的〜 → 学術的言語教育
　コミュニケーション重視型〜 → コミュニケーション重視型言語教育
　従来の〜（伝統的な〜、古い〜） traditional language teaching 24, 49, 55, 181–183, 200, 210–220
　職業的〜 → 職業的言語教育
　専門〜 → 専門言語教育
　内容中心型〜 → 内容中心型言語教育
言語切り替え code-switching 13, 22, 53–55, 71–78, 225
言語混合 code-mixing 71–72, 74, 222
言語習得
　自然〜 → 自然言語習得
　第1〜 → 第1言語習得
　第2〜理論 → 第2言語習得理論
言語相対性 linguistic relativity 88–89, 179
現実の言語使用 real language 47, 49, 54–55, 143, 201–205, 222 → cf. 作り物の例文

語彙 vocabulary 24–28, 41, 46, 53–54, 137–138, 195–197, 208–210
語彙型授業構成 lexical syllabus 20, 129
効果の等価性 equivalent effect 102–104
交差 crossing 72, 145 → cf. 言語混合
行動主義 behaviourism 133, 144
コード・スウィッチング → 言語切り替え
コーパス言語学 corpus linguistic 54–55, 90, 149

語学学校　language schools　→　私立語学学校
国際教員養成機関　→　ITTO
国民主義（民族主義）　nationalism　36, 64, 68–71
古典的人間主義／古典的人文主義　classical humanism　25, 157
言葉遊び　language play　112–115
コミュニケーション重視型言語教育　Communicative Language Teaching (CLT)　5, 20, 35, 45–49, 51, 56–57, 98–99, 151, 153–154, 199–201, 210–220
コミュニケーション能力　communicative competence　45
語用論　pragmatics　46, 90–91, 95–101, 103–104, 115–116, 149, 205–206
コロケーション　→　連語関係

〔サ行〕
サイレントウェイ　Silent Way　20, 154
作業課題中心型教授法　task-based language teaching　20, 49–56, 129, 143–144, 154, 165, 203–205, 219–220
サジェストペディア　Suggestopaedia　42–43, 154
サンスクリット語　Sanskrit　146

詩　poetry　103–104, 110, 146　→　cf. 文学、文学教育
自己規定　identity　49, 63–64, 73–74, 83, 125, 152, 172
自習　self study　14–15, 25–26, 28
辞書　dictionaries　15, 58
自然言語習得　natural language learning　21, 45–49, 134–135, 197–198　→　cf. 自然習得式教授法
自然習得式教授法　Natural Approach　45–47, 50　→　cf. 自然言語習得
自然主義　naturalism　21
「実社会の」活動　real-world activities　48, 54–55, 61, 134–136, 143–144, 182–184, 220–222
自動化　automation　47, 132, 142
字幕　subtitles　72, 111–112, 167, 196, 211, 222–223
市民としてのあり方　citizenship　65–69, 158, 160–163

社会変革的教育　social reformist education　158–163, 168–180
ジャンル　genre　91, 102, 110
宗教　religion　v, 64, 67, 105, 124, 146, 158, 169　→　cf. 聖書翻訳
自由訳対文字どおりの訳　free versus literal translation　30, 106–109, 120, 182, 201–207　→　cf. 逐語訳、鏡像化、訳の等価性
出版社　publishers　15, 18, 36, 70, 121, 218
上級者　advanced learners　18, 195–196
衝突　conflict　iii–vi
初学者　beginners　116, 192–197
職業的言語教育　Language for Occupational Purposes (LOP)　160　→　cf. 職場での意思疎通
職場での意思疎通　workplace communication　72, 165–168　→　cf. 技術的教育、職業的言語教育
私立語学学校　private language schools　18–19, 23, 189, 224　→　cf. ベルリッツ語学学校
「人工の」言語　artificial language　47–49, 55, 200, 222　→　cf. 作り物の例文、現実の言語使用
心的言語　mentalese　88

スウェーデン語　Swedish　211
スコットランド・ゲール語　Scottish Gaelic　68
スペイン語　Spanish　33, 69, 74, 77, 78, 96, 100, 134, 148, 170, 193, 202

正確さ　accuracy　24, 29–30, 32, 61, 82, 90, 132, 155, 182, 196, 200, 214, 217, 219
聖書翻訳　Bible translation　104–106, 146
世界銀行　World Bank　167, 219
世界保健機構　World Health Organization　167
説明言語　metalanguage　28–30, 87, 182–183, 211–212　→　cf. 文法用語
セルビア＝クロアチア語　Serbo-Croat　178
セルビア語　Serbian　178
宣言的知識　declarative knowledge　→　手続の知識対宣言的知識
全身反応法　Total Physical Response (TPR)　20–21, 42–43
戦争　conflict/war　120, 123　→　衝突、対

立
専門英語教育　English for Specific Purposes（ESP）　56　→　cf. 専門言語教育、職場での意思疎通
専門言語教育　Language for Special Purposes（LSP）　160　→　cf. 専門英語教育

早期教育　early start programmes　198
ソマリ語　Somali　197
空似言葉　faux amis　204, 208

〔タ行〕
第 1 言語習得　first language acquisition　22, 44, 82, 134, 197–198, 206
第 3 の場　third place/space　115
対照分析　contrastive analysis　28, 43–45, 133, 137–138, 205
第 2 言語習得理論　Second Language Acquisition（SLA）　5, 10–11, 45–50, 54, 75, 80, 130–138, 141–143, 171
代名詞　pronouns　92
対立　conflict　123
多言語使用　multilingualism　54, 62–72, 83, 164–165
タスク中心型教授法　→　作業課題中心型教授法
脱近代主義　post-modernism　74
多文化的社会　multicultural societies　71, 164
タミル語　Tamil　77
単一言語
　〜主義　monolingualism　21, 71, 138–139, 151
　〜教育　monolingual teaching　13, 20, 39, 84, 139, 153, 181, 190
単一言語内教育　inter-lingual teaching　→　「既得言語使用、教室における」/intra-lingual teaching　→　単一言語教育
段階的構造教授法　graded structures　20, 41, 50, 129, 154
談話　discourse　90–92, 101, 111, 115–117

チェコ語　Czech　96
地球規模化　globalization　70–73, 83, 174, 226
逐語訳（逐語的直訳）　word-for-word translation　147–149, 205–207　→　cf. 自由訳

対文字どおりの訳
中級者　intermediate learners　116, 196–197
中国　China　48, 123, 136, 161–162, 167
中国語　Chinese　28, 108, 156, 167, 175
聴覚口頭教授法　audiolingualism　20, 41, 44, 129, 154
直接教授法　Direct Method　10–18, 20–21（用語の定義）, 25, 35–43, 47–48, 61, 66, 75, 79, 130–131, 147–149, 177, 181, 193, 199, 208, 219, 224–225, 227–228

通訳（者）　interpreting /interpreters　14, 92, 117–121, 140–141
作り物の例文　invented sentences　17, 29, 31–34, 54–55, 91, 203–204, 213
訂正　correction　46, 48, 131, 137, 181, 204, 213–214
テスト　testing　→　評価
手続的知識対宣言的知識　procedural versus declarative knowledge　198, 200–201, 217–220
転移　transfer　58, 132–135, 145, 147, 152

ドイツ語　German　40, 59, 68, 148, 170, 197
同化　domestication　→　異化翻訳対同化翻訳
動機　motivation　3–4, 72, 75, 83, 191, 194–195, 210–212
統合型授業構成　synthetic syllabus　24, 48
トルコ語　Turkish　68, 170, 222

〔ナ行〕
内円圏　Inner-circle countries　69, 71　→　cf. アイルランド、アメリカ合衆国、イギリス、オーストラリア、カナダ
内容言語統合学習　CLIL［Content and Language Integrated Learning］　53, 160, 166, 170–173　→　cf. 内容中心型言語教育
内容中心型言語教育　content based language teaching　52–54, 76, 157, 170–172
ナチュラル・アプローチ　→　自然習得式教授法

二言語併用（化）　bilingualism / bilingualiza-

tion 55, 59, 61–85, 87, 139–144, 152, 163–167, 171–172, 182, 189, 220–224 → cf.「既得言語使用、教室における」
二言語併用教育 bilingual teaching 7–9, 59, 76–82, 181, 189, 192, 225
日本語 Japanese 43–44, 76, 109, 144, 156, 198
人間主義教育 humanistic education 158–163, 167, 179, 180–182, 214

年少の学習者 → 「学習者、年少の」

【ハ行】
ハイチ・クレオール語 Haitian Creole 145
バイリンガリズム → 二言語併用
挟み訳 sandwiching 220–222
バスク語 Basque 69, 170
発音 pronunciation 18, 30, 44, 46, 109, 133, 137
バベルの塔の物語 Tower of Babel 67–69
場面教授法 situational teaching 20, 41
パンジャブ語 Panjabi 68

ヒップホップ hip hop 74, 145
評価 assessment 25, 53, 158–159, 163, 213
ヒンディー・ウルドゥー語 Hindi/Urdu 68, 146, 170, 175, 207

フォード式 Fordist production 19
普通話 Putonghua 175 → cf. 中国語
普遍文法 Universal Grammar 44
ブラジル Brazil 162, 190
フランス語 French 33, 40, 46, 59, 68, 76, 81, 97, 103, 111–112, 133, 147–148, 160, 169, 170, 204, 206, 216
ブリティッシュ・カウンシル British Council 18, 218
ブルトン語 Breton 170
ブログ blogs 172–173, 208–210, 222–224
文化 culture 43, 59, 62–69, 74, 83, 91, 97–102, 104–106, 143, 151, 166, 169, 172–178, 189, 201, 224 → cf. 自己規定、多文化的社会
文学 literature 102–104, 107, 112–115, 146, 152 → cf. 詩
文学教育 literature teaching 24, 32, 82, 155, 160, 183
分析型授業構成 analytic syllabuses 48
文法 grammar 40–41, 46, 91, 118, 135–137, 144, 146–147
文法教育 grammar teaching 17–18, 23–35, 40–41, 46, 50, 137
文法的性 grammatical gender 46, 92, 118
文法訳読法 Grammar translation 23–30, 31–35, 38–40, 55, 61–62, 101, 136, 205, 228
文法用語 grammatical terminology 28–29, 41, 182–183 → cf. 説明言語

ベトナム語 Vietnamese 74
ヘブライ語 Hebrew 146
ペルシャ語 Persian 146
ベルリッツ語学学校 Berlitz schools 19–20, 40
ベンガル語（およびシレット語） Bengali/Sylheti 68

母語 mother tongue → cf.「既得言語使用、教室における」、母語話者
母語話者 native speakers iii, vi, 19–22, 35–36, 54–55, 59, 62–63, 69, 76, 79–82, 98, 133–134, 145–146, 151–152, 174–176, 187–191, 195, 197–198, 223–225
〜主義 native speakerism 22, 54–55, 187–189, 224–225
ポルトガル語 Portuguese 76–77, 110–111, 163
翻訳
〜研究 translation studies 87–90, 119
〜理論 translation theory 87–122
異化〜 → 異化翻訳対同化翻訳
聖書〜 → 聖書翻訳
同化〜 → 異化翻訳対同化翻訳
翻訳者 translators 8, 14, 70, 87, 95, 102–103, 109–111, 115–117, 119–125, 148 → cf. 通訳（者）

【マ行】
マヤ語 Mayan 74

民族主義 → 国民主義

明示的な訳対暗示的な訳 overt versus covert

translation　106, 120–122
メキシコ　Mexico　156
『綿布訳聖書』　*Cotton Patch Bible*　105–106

文字どおりの訳　→　自由訳対文字どおりの訳
モノリンガリズム　→　単一言語主義

〔ヤ行〕
訳
　〜による損失　translation loss　88, 109, 115
　〜の等価性　translation equivalence　89–117
　〜の復権　direction of translation　83–85
　〜を用いた活動　translation activities　200–225
　狭み〜　→　狭み訳
やる気　→　動機

〔ラ行〕
ラテン語　Latin　16, 24, 29, 87, 146, 154, 175

陸軍式教授法　→　アメリカ
流暢さ　fluency　18, 29, 72, 82, 132, 139–141, 182, 200, 215, 219–220, 224

連語関係　collocation　90, 100, 148–149

→　cf. 慣用句
練習課題　exercises　41, 50–52, 135

ロシア語　Russian　27–28, 41, 88, 92–95, 112–115, 165, 178, 195, 204, 212
ロンドン　London　68, 71–72, 165

〔欧文〕
CLIL（Content and Language Integrated Learning）　→　内容言語統合学習
CLT　→　コミュニケーション重視型言語教育
content based language teaching　→　内容中心型言語教育
EMILE　→　内容言語統合学習
ESP（English for Specific Purposes）　→　専門英語教育
EU　→　欧州連合
ITTO（International Teaching Training Organization, 国際教員養成機関）　194
Natural Approach　→　自然習得式教授法
Second Language Acquisition（SLA）　→　第2言語習得理論
task-based language teaching　→　作業課題中心型教授法
TESOL, USA　→　アメリカ
TILT　→　教育訳
Total Physical Response［TPR］　→　全身反応法

## ●人名索引

〔A〕
Adendorff, R.（アデンドーフ）　75
Al-Balushi, K.（アル＝バルーシ）　104
Allen, J.B.P.（アレン）　157–158
Althusser, L.　37
Angiolillo, P.　2
Anthony, E.　40
Arthur, J.（アーサー）　75
Asher, J.（アッシャー、ジェームズ）　42
Atkinson, D.　56
Auerbach, E.　76
Austin, J.（オースティン、J. L.）　96

〔B〕
Baker, A.　9

Baker, C.　191
Baker, M.（ベイカー）　102, 123
Baker, P.　68, 71
Ball, A.　63
Barnard, T.　68
Basnett, S.　90
Bates, E.　32
Baynham, M.　56
Bell, R.　101
Benjamin, Walter（ベンヤミン、ヴァルター）　120
Benson, M. J.　3, 35
Benwell, B.　73
Berlitz, Maximilian　19
Bhatia, T.　72

Bialystock, E.（ビアリストック）　140
Bitchener, J.　203
Blackledge, A.　73
Bley-Vroman, R.　50
Block, D.（ブロック）　5, 14, 63, 70, 71, 73, 134, 179
Bloomfield, L.（ブルームフィールド）　16
Blunkett, D.（ブランケット、デイヴィッド）　68
Bolitho, R.　219
Bourdieu, P.（ブルデュー）　37, 70
Brain, G.　22, 188
Breen, M.　48, 160
Brooks-Lewis, K.（ブルックス＝ルイス）　23, 78, 193
Brown, R.　134
Brownlie, S.　23, 75, 76
Brumfit, C. J.　48, 200
Burden, R.　129
Burt, M.（バート）　134
Bush, President George W.（ブッシュ大統領、ジョージ・W.）　66
Butzkamm, W.（ブツカム）　15, 80–82, 147, 186, 190, 206–207, 220–221
Bygate, M.（バイゲイト）　49–50

**(C)**

Cai, Guozhi（ツァイ、グォジー）　161, 162
Caldas-Coulthard, C.　73
Caldwell, A. W.（コールドウェル）　5, 80–82, 116, 186, 190, 206, 220–221
Cameron, A.　110
Cameron, D.　70, 177
Cameron, L.　63
Camilleri, A.（カミレリ）　75
Campbell, S.　84
Canagarajah, A. S.（カナガラジャ）　69, 77
Candlin, C.　48, 160
Carter, B.　63
Carter, R.（カーター）　38
Catford, J.（キャットフォード）　89, 95, 164, 201
Celik, M.（セリク）　222
Chaterjee, P.　120
Chernov, G.　141
Chomsky, N.（チョムスキー）　44, 133, 143
Christie, A.（クリスティ、アガサ）　147

Cicero（キケロ）　107, 109
Clark, E.　188
Clark, J.（クラーク）　25, 128, 157, 158
Cohen, A.　56
Conrad, Joseph（コンラッド、ジョゼフ）　146
Cook, G.　15, 23, 32, 33, 56, 72, 82, 96, 110, 130, 143, 200, 203
Cook, V.（クック、ヴィヴィアン）　7, 44, 47, 75, 76, 78, 81, 83, 222
Cooke, M.　69, 99
Copeland, R.（コープランド）　107–108
Corder, S. P.（コーダー）　15, 133, 134
Coulmas, F.　22
Creese, A.　63
Cromdal, J.（クロムダル）　75
Crystal, D.（クリスタル）　12, 65, 71, 174, 175, 207
Csizér, K.　71
Cummins, J.　76
Curran, C. A.　42

**(D)**

Dalton-Puffer, C.　53, 171
Daro, V.　141
Davies, A.　22, 151
De Fina, A.　73
Deller, S.（デラー、シーラー）　186, 216
Desmarais, C.　141
di Pietro, R.　44
Dil, A.　175
Dixon, R.（ディクソン）　92
Dörnyei, Z.　71, 73, 75
Dostert, L.　89
Dryden, J.（ドライデン）　121
Duff, A.（ダフ、アラン）　136, 186, 213–214
Duff, P.（ダフ）　76
Dulay, H.（デュレイ）　134

**(E)**

Edge, J.　71
Edstrom, A.（エドストロム）　76
Elder, C.（エルダー）　76
Ellis, N.（エリス）　131, 174
Ellis, R.（エリス、ロッド）　38, 50, 51, 52, 145
Ely, C.　222

Eversley, J. 71

**(F)**
Fabrício, B.（ファブリシオ） 77
Fairclough, N. 37, 71
Feinsilver, L. 145
Feng, X. 140
Ferguson, G.（ファーガソン） 76
Fillmore, C. 92
Firth, J. R.（ファース） 33
Fisiak, J. 44
Fisk-Ong, M.（フィスク=オング） 78
FitzGerald, Edward（フィッツジェラルド、エドワード） 107, 109
Freedman, S. 63
Fries, C. C.（フリーズ） 43

**(G)**
Giauque, G. 222
Girsai, N.（ジルサイ） 23, 137
González Davies（ゴンザレス=デイヴィーズ） 136, 186, 211, 214–215
Gorky, Maxim（ゴーリキー、マクシム） 112
Graddol, D. 18
Granger, S. 54
Gray, J. 25
Green, J. 56
Green, J. F.（グリーン） 207–208
Greenberg, R. 178–179
Gregg, K. 135
Grenfell, M. 40
Guizot, François（ギゾー、フランソワ） 103

**(H)**
Halliday, M. A. K.（ハリデイ、マイケル） 90, 101
Harden, T. 82, 116
Harmer, J.（ハーマー） 38
Harris, R. 62
Hatim, B. 101
Hawkins, R. 44
Hawras, A. 56
He, Q. 136
Hedge, T.（ヘッジ） 38
Hickey, R. 145
Hicks, D. 218
Hitler, A.（ヒトラー） 122

Hobbs, V.（ホッブズ） 76
Hoey, M. 54
Horace（ホラティウス） 148
Horst, M. 137
House, J.（ハウス） 102, 120, 164
Howatt, Anthony P. R.（ホワット、トニー） 16–17, 18, 20, 24, 57
Howells, G. 52
Hu, G.（フー） 119
Hummel, K.（ハメル） 56, 136, 139
Hymes, D.（ハイムズ、デル） 45

**(I)**
Iedema, R. 73
Ioup, G. 141

**(J)**
Jakobson, R.（ヤコブソン） 8, 42, 109
James, C. 44
Jenkins, J. 63, 99
Jespersen, O.（イェスペルセン、オットー） 16
Jibraa, M.（ジブラー） 103
Johnson, D. C.（ジョンソン） 66
Johnson, K.（ジョンソン） 21, 38, 48, 99, 128, 143, 201
Jones, C. 110
Jordan, C.（ジョーダン、クラレンス） 105
Joseph, J. 64, 73

**(K)**
Kachru, B.（カチュル） 63, 69, 146
Källkvist, M.（カルクヴィスト） 23, 135–137
Kaneko, T. 23, 137
Kanno, Y. 73
Keenan, J. M. 32
Kelly Hall, J. 63
Kelly, L. G. 5
Kelly-Holmes, H. 72
Kenny, D. 119
Kim, S.（キム） 76
Klinghardt, H. 16
Knoch, U. 203
Koller, W. 101
Komissarov, V.（コミサロフ） 100
Kramsch, C.（クラムシ、クレア） 59–60, 63,

262　索　引

74, 175, 178
Krashen, S.（クラシェン、スティーヴン）
　44, 45, 48, 131, 134
Kress, G.　62
Kumaravadivelu, B.（クマラヴァディヴェル）
　77
Kupferberg, I.　137

**(L)**

Lado, R.（ラドー）　43, 133
Lambert, S.　141
Lantolf, J.（ラントーフ）　63, 152
Larsen-Freeman, D.（ラーセン＝フリーマン）
　29, 63, 131, 174
Laufer, B.（ローファー）　23, 137
Le Guin, Ursula（ル＝グウィン、アーシュラ）
　34
Lee, Jieun（イ、ジェウン）　118
Lefevere, A.　110
Lenneberg, E.　197
Levine, G.（レヴィン）　78
Lewis, M.（ルイス、マイケル）　34–35, 54
Lewis, M. P.　175
Lightbown, P.（ライトバウン）　39, 137
Lin, A.（リン）76
Littlejohn, A.　40, 218
Littlewood, W.（リトルウッド、ウィリアム）
　48, 98
Liu, Yameng（リュウ、ヤーモン）　121
Long, M.（ロング）　46, 49, 50, 153–154,
　165
Loschky, L.　50
Lowell, Robert（ローウェル、ロバート）
　107–108
Lozanov, G.　42
Lynch, T.　50

**(M)**

Macaro, E.（マカロ）　76
Macherey, P.　37
MacWhinney, B.（マクウィニー、ブライア
　ン）　131, 150
Maier, C.　120
Malmkjær, K.　3, 56, 136
Marlein, M.　147
Marsh, D.　53, 170, 171
Martin, J.　91

Mason, I.　101
Matsuo, A.　76
Matthews-Breský, R.　56
McElhinny, B.　71
McKay, S.　99
McLaughlin, B.　135
Medgyes, P.　22, 188
Milton, John（ミルトン）　146
Mitchell, R.（ミッチェル）　39, 76, 132–133,
　227
Mohieldeen, Y.　68
Morgan, B. Q.　107, 121, 168
Morrow, K.（モロウ）　98
Moser-Mercer, B.　141
Munday, J.　120
Murphey, T.　75
Mustafin, Yamil（ムスタフィン）　109–110
Myles, F.（マイルズ）　39, 132–133, 206

**(N)**

Nabokov, Vladimir（ナボコフ、ウラディーミ
　ル）　108, 146
Németh, N.　71
Newmark, P.　103
Newson, M.　44
Nida, E.（ニダ、ユージーン）　104
Nikula, T.（ニクラ）　76
Norris, S.　62
Norton, B.　73
Nunan, D.（ヌナン、デイヴィッド）　38, 128,
　165, 200

**(O)**

Obama, President Barack（オバマ大統領）
　67
O'Connell, J.　68
Odlin, T.　44
Olshtain, E.　137
Omoniyi, T.　73
Ortega y Gasset, José（オルテガ・イ・ガセ
　ト）　120
Ovid（オウィディウス）　121

**(P)**

Pachler, N.　40
Paran, A.　188
Park, J.　69

索　引　263

Pavlenko, A.（パブレンコ）　73, 88, 152
Payne, M.　76
Pennycook, A.（ペニクック）　71, 74, 91, 145
Pérez González, L.　123
Peters, A.　206–207
Phillipson, R.（フィリップソン）　16, 65
Pinker, S.　88
Poirot, Hercule（ポワロ、エルキュール）　147–149
Polio, C.（ポリオ）　76
Poole, B.　198
Prabhu, N. S.　48
Prodromou, L.（プロドロモウ）　77, 221
Prys Jones, S.　191
Pym, A.　119

**(R)**
Ramos de Oliveira Harden, A.　82, 116
Rampton, B.（ランプトン）　12, 22, 62, 72, 73, 145
Richards, J.（リチャーズ）　15, 21, 38
Rieu, E. V.（リュー、E. V.）　102
Riley, P.　73
Rinvolucri, M.（リンヴォルクリ、マリオ）　186, 216
Ritzer, G.　70
Robertson, R.　70
Robinson, P.（ロビンソン）　46, 153
Rodgers, T.（ロジャーズ）　21, 38
Rolin-Ianziti, J.（ローリン゠イアンジティ）　23
Roosevelt, President Theodore（ローズヴェルト大統領、セオドア）　66
Rubdy, R.　71

**(S)**
Said, E.（サイード、エドワード）　166
Samuda, V.（サムダ）　49–50
Santos, D.（サントス、デニス）　25, 77, 163
Saraceni, M.　71
Sarker, M.　145
Saussure, F. de　16, 109
Schleiermacher, F.（シュライエルマッハー）　120
Schmidt, R.　135
Schneiderman, E.　141
Sealey, A.　63

Searle, J.（サール、ジョン）　96
Seidlhofer, B.　22, 99, 188
Selinker, L.（セリンカー）　44, 133–134
Shakespeare, William（シェイクスピア）　103
Shohamy, E.　69
Simpson, J.　69, 99
Sinclair, J. McH.　54, 90, 149
Skehan, P.　50
Skilbeck, M.（スキルベック）　128, 157
Smith, B.（スミス）　45
Smith, K.　72
Snellings, P.　137
Soars, J. and L.　218
Spada, N.（スパダ）　39, 137
Speight, K.　29
Spolsky, B.　129
Sridhar, K.（スリダール）　152
Sridhar, S.（スリダール）　152
Steiner, G.　8
Stern, H. H.（スターン、H. H.）　12, 57–59
Stevick, E.　21
Stokoe, E.　73
Stubbs, M.　54
Swain, M.　50
Swales, J.　91, 102
Swan, M.（スワン、マイケル）　45
Sweet, Henry（スウィート、ヘンリー）　16–18, 30–36, 41, 54

**(T)**
Taber, C.（テイバー）　104
Tan, P.　71
Tanaka, K.　72
Taylor, D.　46
Terrell, T.　48
Thomas, D.　78
Thomas, J.　208
Thomas, Michel　14
Thomas, S.（トーマス）　100, 179
Thoreau, Henry（ソロー、ヘンリー）　34
Titone, R.　169
Tourey, G.　119
Towell, R.　44
Truscott, J.　203
Tudor, I.　56

**(U,V)**

Ushioda, E. 73
van Leeuwen, T. 62
van Lier, L.（ヴァンライアー） 55, 63, 201
Venuti, L.（ヴェヌティ） 121
Viëtor, W.（フィエトル、ヴィルヘルム） 16, 19–20
von Flotow, L.（ヴォン・フロトウ、ルイーズ） 123
von Goethe, Johann（ゲーテ） 168

**(W)**

Walter, C. 218
Watts, S. 19
Wee, L. 69
White, G. 73
White, R.（ホワイト） 98
Whiteside, A.（ホワイトサイド） 74
Whorf, B. 88
Whyte, J.（ホワイト、ジェイミー） 150
Widdowson, H. G.（ウィドウソン、ヘンリー） 13, 15, 20, 55–57, 63, 79–80, 127, 130, 135, 166, 183, 200–201
Wilkins, D. 24, 48
Williams, M. 129
Willis, D. 51, 54, 129
Willis, J. 51, 54
Winer, L. 145
Witte, A. 82, 116
Wolfson, N.（ウォルフソン） 97
Wray, A. 54

《訳 者 紹 介》

**斎藤兆史**（さいとう　よしふみ）1958 年栃木県生まれ。東京大学文学部卒業、同大学大学院修士課程修了。米国インディアナ大学英文科修士課程修了、英国ノッティンガム大学英文科博士課程修了（Ph.D.）。現在、東京大学大学院教育学研究科・教育学部教授。主な著書に『英語達人列伝』（中央公論新社）、『英語の作法』（東京大学出版会）、『英語襲来と日本人』（講談社）、『日本人と英語』（研究社）、『英文法の論理』（NHK 出版）など。キプリング、ナイポールなどの作家の訳書もある。

**北和丈**（きた　かずたけ）1978 年富山県生まれ。2001 年東京大学教養学部超域文化科学科卒業、2003 年同大学大学院総合文化研究科修士課程修了。2004 年英国レディング大学現代英語学科修士課程修了。2012 年東京大学大学院総合文化研究科博士課程修了。現在、東京理科大学講師。専攻は応用言語学。著書に『言語と文学』（共著、朝倉書店）。

英語教育と「訳」の効用

2012 年 4 月 30 日　初版発行

著　者　ガイ・クック
訳　者　斎藤兆史・北和丈
発行者　関戸雅男
発行所　株式会社　研究社
　　　〒102-8152　東京都千代田区富士見 2-11-3
　　　電話　03(3288)7711(編集)
　　　　　　03(3288)7777(営業)
　　　振替　00150-9-26710
　　　http://www.kenkyusha.co.jp/
印刷所　研究社印刷株式会社

KENKYUSHA
〈検印省略〉

装幀　亀井昌彦

ISBN 978-4-327-41079-7　C3082　　Printed in Japan